신약성서해석

Interpretation of the New Testament

김동수

한국성서학연구소
KOREA INSTITUTE OF BIBLICAL STUDIES

신약성서해석 / 김동수 지음

Interpretation of the New Testament

Publishing House Korea Institute of Biblical Studies
Seoul, Korea

ISBN 978-89-86015-94-2 93230

이 도서의 국립중앙도서관 출판예정도서목록(CIP)은 서지정보유통지원시스템 홈페이지(http://seoji.nl.go.kr)와 국가자료공동목록시스템(http://www.nl.go.kr/kolisnet)에서 이용하실 수 있습니다(CIP제어번호: CIP2017008980).

'한 책'의 사람
김정우 교수님과
이달 교수님께
드립니다.

목 차

서문

본서를 쓰고 나서 자문해 보았다. 신약학에서 나의 블루오션은 무엇일까? 나는 유대교 혹은 헬라 문헌과 같은 신약 배경사를 전문적으로 연구하는 학자도 아니다. 그렇다고 내가 하나의 방법론에 의존하여 방법론 중심적으로 신약학을 하는 사람도 아니다. 또 현대적 사회 이슈를 성서를 바탕으로 풀어내는 해석학자도 아니다. 본서에서 내가 쓴 주제들과 내용을 보면서 자가 진단을 해 보니 나는 신약학을 주제로 접근하는 것을 좋아하는 사람이다. 또 내가 다룬 주제들인 교회, 교직 등은 일반 신자들이 교회 생활에서 일상적으로 닥치는 문제와 기도, 성령 충만 등 신앙 체험과 관계된 것들이다. 그렇다면 신약학에서 나의 블루오션은 신약신학을 교회 친화적으로, 주로 체험적인 문제를 다루는 것이 아닐까? 물론, 이렇게 신약학을 하는 사람이 적지 않기 때문에 이것이 완전한 블루오션이라고 말하기는 어렵지만 말이다.

내가 스스로를 교회 친화적 성서학자라고 여긴다고 해서, 교회가 믿고 행하는 것을 무비판적으로 받아들인다는 것은 물론 아니다. 본서에서 나는 끊임없이 교회가 믿고 행하는 일들이 성서적 근거가 있는지를 물었다. 교회가 믿고 행하는 바를 성서의 진리에 따라 교정해야 함을 역설했다. 전통과 문화라는 두 돌덩어리가 성서의 샘에서 진리를 캐내는 데 많은 방해가 되었음을 보았다. 효, 교회, 기도, 교직 제도, 성령 충만 등의 주제에 있어서 한국 교회가 오해하고 곡해했던 것들이 본서를 통해서 교정되기를 희망한다.

이 책을 쓰기까지 여러 사람들의 격려와 도움이 있었다. 본서를 내면서 성서학을 하는 길에서 만난 두 선생님이 떠올랐다. 김정우 교수님은 나에게 성서학도의 길이 무엇인 지를 앞서 보여주신 분이다. 앞서가시는 선생님, 선배님을 따라갈 수 있다는 것이 얼마나 다행인가! 이달 교수님은 내가 한국신약학회 총무를 할 때 회장님으로 모시던 나의 영원한 보스다. 이 분이 삶으로 보여주신 성서 해석의 길 또한 내가 흠모하는 길이다. 이제 총신대에서 가르치시는 일에서 은퇴하시고 학문에만 정진하시는 김정우 교수님과 한남대에서 오래 가르치시다가 은퇴를 앞두고 계신 이달 교수님께 본서를 드린다.

최종 원고를 읽고 한글 교정을 해 준 송진순 박사님과 본서의 출판을 흔쾌히 허락해 주신 한국성서학연구소장 장흥길 박사님께 감사드린다. 토요일 오후까지도 도서관에 머물며 기도보다 연구에 매달리는 남편의 신앙을 늘 의심의 눈초리로 지켜보고 있는 아내에게 본서가 그 의심을 약간 누그러뜨릴 수 있기를 소망해 본다. 성서학자에게 연구가 기도를 대신할 수는 없어도, 때로 연구가 기도로 이어질 수 있기 때문이다.

인천 송도에서
김동수

서론

올 해는 루터가 종교개혁의 종을 울린 지 오백 년이 되는 해다. 그가 친 종소리가 듣는 이에 따라 다르게 들릴 수 있겠으나 성서학자인 내게 그 종소리는 교회에서 일어나는 만사의 근거를 성서에서 발견하겠다는 루터의 결의로 들린다. 내가 신약학자가 되기로 결심한 것도 교회에서 선포되는 말씀이 과연 성서적인가를 알고 싶은 소박한 마음에서였다. 교회에서 기도하고, 예배하고, 치유하고, 섬기는 활동이 과연 성서적 근거가 있는가 하는 것이 나의 학문적 관심사다.

그렇다고 본서가 교회에서 이루어지는 핵심 주제를 포괄적으로 다룬 것은 아니다. 이 책은 내가 개인적으로 관심을 가진 주제들로 구성되어 있다. 신학적 주제로 볼 때 나의 주 관심 영역은 교회론과 성령론이다. 이미 나는 성령의 은사론에 대해서 별도로 연구서를 낸 바 있다. 본서는 성령론 이외에 내가 연구한 논문을 엮은 것이다. 지난 18년간 학자로 활동하면서 내가 알고 싶고 관심을 가졌던 주제를 신약학적으로 연구했다. 어떤 것은 외부의 자극에 의해, 또 어떤 주제는 내 자신의 내적 호기심에 의해 이러한 연구를 수행했다.

본서는 이러한 연구를 신약성서 해석이라는 큰 주제 하에 세 부류로 나누어 정리한 것이다.[1)] 첫째, 어떤 한 주제를 신약성서 전체에서 어떻게 다루는가를 연구한 것이다. 본서에서는 교회, 효(孝), 기도, 치유가 이러한 범주에서 다루어졌다. 여기에서 나는 각 주제에 대한 신약성서 주요 저자의 이해를 내 자신의 관점으로 해석해 보려했다. 둘째, 신약성서의 특정 저자가 특정 주제를 어떻게 다루었는가를 연구한 것이다. 마태의 눈으로 본 교황제도와 누가가 본 기도와 성령세례와 요한의 눈으로 본 유아세례가 본서에서 다루어진 주제다. 이 주제들은 교회에서 많이 회자되지만, 각각이 신약성서 특정 저자의 신학과 연관되어 있다는 것을 사람들은 주목하지 못했던 것들이다. 셋째, 특정 이슈와 관련하여 신약성서학으로 그 문제를 다룬 것이다. 한글 성서 번역 문제를 비롯해서, 한 때 대중매체의 주목을 받았던 유다복음의 문제 등을 여기서 다뤘다.

내가 신약성서를 해석하는 것은 그 무엇보다도 우선, 내가 성서의 진리를 알고 실천하고자 함이다. 다음으로는, 이러한 나의 연구가 한국 신학자들과 나아가 목회자들과 신학생들에게 성서적 진리를 발견하는데 도움을 주기 위함이다. 내가 주로 피하려고 애쓴 것은 특정 이데올로기의 관점에서 성서를 해석하는 것이다. 또 확정된 특정 교파의 교리로 성서를 읽는 것도 피하려 했다. 내가 성서를 통해 발견하고자 한 것은 원 저자의 원의를 파악하는 것이었고, 그것을 오늘에 되살리려고 한 것이 본서의 주안점이다.

---

1) 본서에 수록된 글은 모두 이미 논문의 형태로 여러 학술지에 게재되었던 것이다. 본서는 제목과 내용을 수정 및 보완한 것이다. 그 출처는 다음과 같다. 1. 『성서마당』 98(2011), 23-35; 2. 『신학논단』 43(2006), 389-412; 3. 『피어선신학논단』 5(2016), 63-88; 4. 『성결교회와 역사』 4(2002), 253-73; 5. 『신약논단』 22(2015), 565-94; 6. 『신약논단』 8(2001), 25-38; 7. 『신약연구』 15(2016), 678-701; 8. 『성결교회와 역사』 5(2004), 35-45; 9. 『성경원문연구』 31(2012), 169-77; 10. 『복음과 신학』 9(2007), 126-48; 11. 『한국기독교신학논총』 50(2007), 49-68; 12. *Canon and Culture* 13(2013), 37-62.

제1부 _ 주제별 신약성서 해석

1. 신약이 말하는 교회

구약성서에서는 카할(공동체), 에다(모임), 암 야웨(하나님의 백성), 소드(회의), 스아르(남은 자) 등과 같이 하나님의 백성을 집합적으로 표현하는 용어가 나온다. 교회를 하나님의 백성들이 모인 모임이라고 할 때, 구약성서에도 하나님의 백성으로서의 교회 개념이 있다고 할 수 있다.[1] 교회가 구원을 경험하는 하나님의 백성이라는 측면에서 구약과 신약은 연결된다. 하지만 구원자인 예수 그리스도를 중심으로 모인 종말적 공동체란 의미의 교회 개념은 신약성서에서야 비로소 등장한다.

신약성서에서 말하는 교회란 무엇인가? 사실 통일성 있는 하나의 신약의 교회론이라는 것은 존재하지 않는다. 신약의 교회론은 하나 혹은 몇 개의 범주로 규정할 수 없을 정도로, 신약성서 각 책의 저자들은 다양한 교회론적 개념을 산출하고 있다.[2] 물론 각

1) 강사문, "구약에 나타난 하나님의 교회," 『성서마당』 98(2011년 여름), 10-22; idem, "구약성경에 나타난 교회상," 『교회와 신학』 30(1997), 106-132; 김중은, "구약에 있어서의 교회," 『성경과 신학』 7(1989), 286-302; 김이곤, "교회와 하나님의 백성," 『신학사상』 110(2000년 가을), 34-52; 장석정, "구약성서에 나타난 예배 공동체," 『신학사상』 114(2001년 가을), 104-128.

2) 신약 교회론에 관한 대표적인 저서로는 다음을 보라. D. J. Harrington,

기 다른 교회론 가운데는 공통된 특징들이 나타나지만, 신약성서에는 교회 공동체의 역사적 상황과 신자들의 태도에 따라 서로 다른 교회론이 나타나 있다. 본 장에서는 신약성서의 대표적인 문서들에 나타난 다양한 교회 개념을 살펴보고, 그 안에 어떤 통일성이 있는지를 고찰해 볼 것이다.

1. 예수 운동과 교회

역사적으로 볼 때 신약시대에 나타난 교회는 예수 운동(Jesus Movement)에서 출발한 것이다. 예수 운동은 예수와 그를 따르는 사람들이 일세기 팔레스틴에서 일으킨 하나님 나라 운동이다. 예수 사역 당시 유대교에서는 누가 하나님의 백성을 대표하는가에 대해 격렬한 논쟁이 있었다. 그 대표적인 그룹으로 바리새파는 성결의 실천을, 에세네파는 공동체 생활을 통한 율법의 실천을, 사제계급인 사두개인들은 제사를, 열심당원들은 무력 활동을 하나님 나라 회복을 위한 요체로 보았다. 이런 상황에서 예수는 가르침과 식사와 치유의 행위를 통해 하나님 나라를 선포했다(막 1:15).

예수 운동은 다른 종파와는 다른 핵심 가치가 있었다. 다니엘 해링턴(Daniel Harrington)은 그것을 다섯 가지로 요약한다. 첫째, 그것은 하나님을 아버지라고 부르면서 그를 가까이 하라고 하는 것이다. 둘째, 그것은 사랑의 계명으로 토라의 613개 계명들을 요

『신약성서의 교회』(서울: 대한기독교서회, 2007); M. Bockmuehl & M. B. Thompson (eds.), 『초대 그리스도인들이 품고 있던 교회를 향한 비전』(서울: 솔로몬, 2004); Robert and Julia Banks, 『교회 또 하나의 가족』(서울: IVP, 1999); K. Holl 외, 『신약의 교회 개념』(서울: 한신대학교출판부, 1982); R. E. Brown, *The Churches The Apostles Left Behind* (N. Y.: Paulist Press, 1984); J. Roloff, *Die Kirche im Neuen Testament* (Göttingen: Vandenhoeck & Ruprecht, 1983); E. Schweizer, *Church Order in the New Testament* (London: SCM, 1961).

약한 것이다. 셋째, 그것은 사회적 약자들을 특별히 배려하는 것이다. 넷째, 하나님 나라 백성은 그 마음으로 철저하게 하나님의 가르침을 실천해야 한다는 것이다. 다섯째, 그것은 용서를 핵심적인 윤리적 가치로 보는 것이다.[3)]

이러한 운동을 전개하면서 예수는 제자들을 선택했다. 당시 일반적인 관습은 제자들이 선생을 찾아가는 것이었지만, 예수는 역으로 스승으로서 제자들을 찾아가 자신이 주도적으로 그들을 선택했다(요 15:16). 예수는 가난하고 힘없는 사람들과 함께 어울려 식사하고 병자를 치유하면서 하나님 나라가 어떻게 이루어져야 하는지 몸소 보여주었다. 또한 비유와 말씀을 통해 사람들을 가르치며 하나님 계명의 근본정신을 새롭게 하고, 바리새인들과 사두개인들과 논쟁하면서 하나님 나라의 진정한 의미가 무엇인지 제시했다. 예수는 이러한 사명을 제자들에게 나누어 주지만 그들은 예수가 누구인지, 하나님 나라의 진정한 의미가 무엇인지 알지 못한 채 주어진 사명을 잘 감당하지 못한다. 이러한 상황에서 예수는 십자가에 달려 죽는다. 예수의 제자들이 그를 따르면서 전혀 기대하지 않았던 상황이 된 것이다. 보통 어떤 운동이든 그 창시자가 죽으면 그 운동은 소멸해 버리는 것이 상례이다. 그런데 의외의 반전이 생긴다. 십자가에 달려 죽었던 예수가 부활한 것이다. 절망에 빠진 제자들은 부활한 예수를 목격한다. 이것은 제자들의 예수에 대한 이해를 완전히 바꾸어 놓았다. 예수가 전파한 하나님 나라가 단순히 이스라엘을 정치적으로 회복하는 것이 아니라 온 인류 구원을 위한 하나님의 구속사적 메시지라는 것을 제자들은 깨달았고, 이제 그들은 그것을 전파하는 사명자들이 되었다.

그런데 제자들이 이러한 사명을 감당하는 데 있어 신약성서는 성령이 주도적인 역할을 했다고 기술하고 있다. 사도행전은 제자

---

3) Harrington, 『신약성서의 교회』, 제1장 예수 운동.

들이 복음전파의 사명을 감당하게 된 것은 그들에게 성령의 임재(행 1:8; 2:1-4)가 있었기 때문이라고 말한다. 예수의 제자들이 사명을 감당하게 된 것은 바로 부활 후 예수가 제자들에게 나타나 성령을 수여하신 사건을 그 출발점이라고 요한은 기록하고 있다(요 2:20). 바울 또한 신자가 교회를 세우는 데 있어서 성령의 은사가 중요한 역할을 한다고 기술한다(고전 12:1-11). 곧 신약성서는 예수의 승천 후 이 땅에서 제자들이 예수의 가르침을 전파하는 데 있어서 성령이 주도적인 역할을 한다고 공통적으로 보도하고 있는 것이다.

이렇게 해서 교회가 생겨났다. 예수는 제자들에게 하나님 나라를 전파했고, 그것을 전파하라고 가르쳤다. 그렇다면 교회는 무엇인가? 교회와 하나님 나라의 관계에 대한 논쟁은 또 하나의 주요 연구 과제일 것이다. 다만 여기서는 래드(G. E. Ladd)의 말로 이것을 다음과 같이 요약해서 제시한다. 첫째, "교회는 하나님 나라가 아니다." 둘째, "하나님 나라가 교회를 창출한다." 셋째, "교회는 하나님 나라를 증거한다." 넷째, "교회는 하나님 나라의 도구이다." 다섯째, 교회는 하나님 나라의 관리자다.[4]

예수의 가르침과 성령의 인도로 생겨난 실제 교회는 하나님 나라를 전파하는 데 있어 여러 가지 난관에 맞닥트린다. 교회 공동체 안에 분쟁이 생기기도 하고, 신학적 논쟁이 일어나기도 하고, 교회가 분열되기까지 한다. 이때마다 신약성서 각 책의 저자는 이 상황에 대한 응전의 한 방식으로서 교회 개념을 설파한다. 그것이 바로 신약이 말하는 교회다.[5] 그래서 신약성서 각 책에 나타난 교회관은 예수 운동과 하나님 나라와 연관성을 가지면서 동시에 교

4) G. E. Ladd, 『예수와 하나님의 나라』 (서울: 엠마오, 1985), 제11장.
5) 예수와 교회에 관한 문제에 대해서는 다음을 보라. G. Lohfink, 『예수는 어떤 공동체를 원했나』 (서울: 분도출판사, 1985).

회 내외적인 상황에 부합되게 형성된 것이라고 할 수 있다.[6)]

2. 신약성서 안에 있는 다양한 교회관

1) 바울서신: 교회는 그리스도의 몸이다(고전 12:12-31)

이방인들에게 복음을 전하는 선교사로서 바울은 전도하고 교회를 개척하면서 피와 살을 가진 인간들이 모인 교회 내에서 여러 문제에 봉착했다. 때로 사람들은 복음을 왜곡해서 이해하기도 했고(갈라디아서), 신자들 간에 자신들의 영적인 체험과 사역에 대한 분쟁이 생기기도 했다(고린도전서). 바울은 교회 안에서 그리스도와 신자 간의 관계, 또 신자 사이의 관계에 대해서 설명할 필요가 있었다. 그래서 바울이 설파한 것이 이른바 몸 교회론이다(고전 12:12-31). 바울은 교회를 몸에 비유하며, 나아가 그 교회를 그리스도와 동일시하기도 한다. "몸은 하나인데 많은 지체가 있고 몸의 지체가 많으나 한 몸임과 같이 그리스도도 그러하니라."(고전 12:12) 여기에서 "그리스도도 그러하니라"라고 한 언명에 사실상 기대되었던 말은 "교회도 그러하니라"이다. 바울은 교회를 몸에 비유하면서, 단순한 은유가 아니라 교회가 실제로 그리스도의 몸임을 천명하고 있는 것이다.[7)]

---

6) 신약의 교회론 전반을 다룬 논문으로는 다음을 보라. James D. G. Dunn, "Unity and Diversity in the Church: A New Testament Perspective," *The Partings of the Ways* (London: SCM, 1991), 260-80; E. Käsemann, "Unity and Mutiplicity in the New Testament Doctrine of the Church," *New Testament Questions of Today* (London: SCM, 1969), 252-59; 성종현, "신약성서의 교회관," 『장신논단』 15(1999), 99-117; 박수암, "신약성서의 교회관," 『말씀과 교회』 29(2001), 90-111.

7) 바울의 몸 교회론에 관해서는 다음을 보라. 유승원, "그레코-로마 세계의 몸 메타포와 바울의 교회 공동체 개념," 『신약논단』 7(2000), 149-

교회를 몸이라고 은유하면서 바울이 말하고자 했던 바는 이런 것들이다. 첫째, 몸과 같이 교회도 다양한 지체가 있고, 또 다양한 지체가 있지만 하나의 통일체를 이룬다는 것이다(고전 12:12-13, 20). 둘째, 이러한 통일성은 획일성을 의미하지 않는다(고전 12:17). 통일성은 몸의 각 지체의 특성이 없어지는 것이 아니라 각각의 지체의 고유성은 유지하면서 하나를 이루는 것이다(고전 12:21). 셋째, 실제 몸과 같이 각 지체는 다른 지체의 아픔에 공감하며 서로 돌보게 되어 있다(고전 12:26). 마지막으로, 약해 보이는 지체에게는 하나님은 귀중함을 주어 몸의 지체 사이에 위화감이 없이 서로 평등하게 한다(고전 12:24, 25). 이러한 이해는 당시 몸 은유를 통해 위계적인 일치성만을 강조하여 민중을 쉽게 지배하려고 하던 일반 사회의 합심 연설의 방향과는 정반대로 가는 것이었다. 이것은 반문화적이었고, 지배 이데올로기를 혁파하는 것이었고, 일종의 혁명성을 띠고 있었다. 이것은 모든 지배를 반대하고 섬김의 도를 설파하신 예수의 하나님 나라 선포와 맥을 같이하고 있는 것이다(막 10:42-44).[8)]

2) 마가복음: 교회는 대안 가족이다(막 3:31-35)

마가복음이 기록된 정황은 그리스도인들이 핍박과 고통에 직면해 있는 상황이다. 이러한 처지에 있는 그리스도인들에게 마가는 예수를 고난 받는 메시아로 소개한다(막 8:31; 9:31; 10:33-34). 그

66; R. Banks, 『바울의 그리스도인 공동체 사상』(서울: 여수론, 1991).

8) 그 외 바울의 교회관에 주요 이슈로는 이스라엘과 교회 문제, 바울과 가정교회 등이 있는데 이에 관해서는 다음을 보라. 김지철, "그리스도와 이스라엘: 시온의 거침돌에서 시온의 구원자로!" 『신약신학저널』 8(2002), 7-27; 홍인규, "바울과 가정교회," 『복음주의신약학연구』 2(2003), 227-57.

리고 그리스도인들에 요청된 것은 바로 그 고난 받는 그리스도처럼 현실에 고난을 받으면서도 그리스도를 따라가는 제자도다. 이렇게 예수를 따르는 무리는 예수를 중심으로 하나의 제자단을 형성한다. 이것이 나중에 교회의 모체가 된다. 예수는 제자도를 효도에 앞선 것으로 본다(막 3:31-35). 당시 사회에서는 집 밖에서는 보다 많은 사람을 지배하고, 집 안에서는 동기간에 상호 지배 투쟁을 하지 않는 것을 최고의 미덕으로 보았다. 유대 사회에서도 부모에 대한 공경을 인간에게 행하는 기본적인 윤리로 생각했다. 이런 상황에서 예수는 예수의 가족이 자신을 찾아왔을 때 제자들에게 누가 예수의 진정한 가족인가를 묻는다. 예수는 혈연에 의해서 맺어진 것이 아니라 하나님의 뜻을 행하면서 예수를 따르는 제자가 진정한 예수의 가족이라고 말한다(막 3:35). 이러한 대안 가족이 바로 교회다.[9]

3) 마태복음: 교회는 임마누엘이다(마 1:23; 18:20; 28:20)

원시 교회의 핵심 구성 요소는 무엇일까? 성례와 말씀일까? 아니면 교직일까? 성례나 말씀과 교직이 교회의 구성 요소가 된 것은 후대 교회가 발전된 모습에서 찾아볼 수 있는 것이다. 원시 교회의 핵심 구성 요소는 다음의 예수의 말씀에서 찾아볼 수 있다. "두 세 사람이 내 이름으로 모인 곳에는 나도 그들 중에 있느니라."(마 18:20) 이 언명은 무엇을 의미하는가? 첫째, 교회는 예수의 이름으로 모인 모임, 즉 예수를 그리스도로 신앙 고백하는 사람들의 모임이라는 것이다. 마태에게 있어, 이 점은 교회 설립 본문에도 분명히 드러나 있다. 예수는 신앙 고백자 베드로 위에 교회를 세우겠다

9) 마가복음의 교회관에 관해서는 Harrington, 『신약의 교회론』, 155-60을 보라. 가족으로서 신약성서 교회 이미지에 관해서는 Joseph H. Hellermann, *The Ancient Church as Family* (Minneapolis: Fortress, 2001)을 보라.

고 한 것이다(마 16:18). 마태는 공통의 신앙 고백을 교회 구성의 요체라고 본 것이다. 둘째, 교회는 하나님이 그리스도를 통해서 현존하는 모임이라는 것이다. 공관복음에 이러한 신앙이 널리 나타나 있지만(막 8:10; 9:19; 눅 1:28; 8:22), 임마누엘 신앙은 마태복음에 더 두드러진다(마 1:23; 8:23-27; 14:22-33; 18:20; 25:31-46; 26:29; 28:20). 마태는 예수를 임마누엘로 소개하면서 복음서를 시작하고 (마 1:23), 예수가 승천한 후에도 제자들에게 영원한 임마누엘을 약속하는 것으로 복음서의 끝을 맺는다(마 28:20). 한 마디로 말해, 마태에게 있어 교회는 예수를 그리스도로 믿고 고백하여 그리스도의 임재가 있는 모임이다. 그리스도의 임재 요건에는 어떤 중재자가 필요하지 않다. 다만 누구든지 신앙 고백하는 사람이 두 사람 이상만 모이면 된다.[10]

4) 누가-행전: 교회는 성령의 능력에 붙잡혀 있다(행 1:8)

누가는 구속사의 신학자로 잘 알려져 있다. 누가는 세례 요한까지 이어지는 구약시대(눅 3:15-20)와 예수의 시대 그리고 예수 승천 후의 교회 시대를 구별한다. 복음서 저자 중 누가만이 교회 시대의 역사인 사도행전을 기록한 것은 우연이 아니다. 누가는 예수의 하나님 나라 선포를 통해 구원이 이 땅에 현존하며, 예수 승천 후 재림까지의 기간을 하나의 교회 시대로 설정하고 있는 것이다. 그리고 예수 시대와 교회 시대를 잇는 매개체를 성령으로 본다. 성령은 예수의 모든 활동에 현존해 있듯이(1:35; 3:21-22; 4:18-19),

---

10) 마태복음의 교회관에 대해서는 다음을 보라. U. Luz, "The Primacy Text (Mt. 16:18)," *Princeton Seminary Bulletin* 12(1991), 41-55; Gerhard Meier, "마태복음에서의 교회: 현대의 논의에 대한 해석학적 분석," D. A. Carson (ed.), 『성경해석과 교회』 (서울: 기독교문서선교회, 1991), 55-79; 소기천, "임마누엘 신앙과 공관복음서의 교회론," 『신약논단』 7(2000), 122-45.

이제 예수 재림 시까지 제자들의 인도자가 될 것이다(행 1:8). 그래서 사도행전은 교회의 탄생을 성령이 오순절에 제자들에게 임한 사건에서 찾는다. 요한이 교회의 탄생을 예수 부활 사건에서 찾는 반면(요 20:22), 누가는 오순절 사건을 교회의 기원으로 기술하고 있다. 예수는 제자들에게 성령이 임할 것을 약속하고(눅 24:49; 행 1:4), 이것은 오순절에 현실로 이루어지며(행 2:1-4), 이렇게 교회 안에서 성령이 역사하는 것이 사마리아(행 8:13-17), 이방인들(행 11:16-17), 소아시아 에베소(행 19:1-7)에까지 이른 것을 누가는 보도하고 있다. 누가에게 있어서 성령의 능력 체험은 교회의 시작의 단초이며, 이것은 모든 지역 교회에서 계속된다.[11)]

5) 에베소서: 교회 안에 하나님의 영광이 머문다(엡 1:23; 3:10, 21; 5:27)

바울이 쓰는 교회라는 말은 주로 특정 지역에 있는 신자들의 무리를 지칭한다(고전 1:2). 그런데 골로새서와 에베소서는 지역 교회를 넘어 '예수를 믿는 모든 사람들의 집합체', 곧 우주적 개념의 보편 교회를 말하기 시작한다. 그리스도가 세상의 모든 사람들을 구원한다는 사상을 토대로 구원받은 사람들의 모임이라는 의미의 우주적 교회 개념이 도입된 것이다.

에베소서에는 다음과 같이 교회론이 중요한 주제로 다루어진다. 첫째, 교회는 그리스도의 몸으로써 그리스도로 충만해 있다(1:23).

11) 누가-행전의 교회관에 대해서는 다음을 보라. 김희성, "누가의 역사화된 구속사적 종말론," 『말씀과 현존』 (서울: 한들, 2000), 121-53; 박찬웅, "예수 추종자 보도에 반영된 요세푸스와 누가의 교회 이해," 『신학사상』 114(2001), 129-52; 박태식, "참 하나님의 백성인 교회－사도 5, 12-16," 『예수와 교회』 (서울: 우리신학연구소, 1999), 215-38; F. Bovon, *Luke The Theologian: Fifty-five Years of Research (1950-2005)* (Waco, TX: Biola University Press, 2006), 329-462.

그리스도는 만물의 주권자이시면서 동시에 교회의 머리다(1:22). 그러므로 교회는 그리스도의 주권이 머물러 있는 모임이다. 둘째, 에베소서는 "이는 이제 교회로 말미암아[교회를 통하여] 하늘에 있는 통치자들과 권세들에게 하나님의 각종 지혜를 알게 하려 하심이니."(3:10)라고 말하여 교회가 하나님의 계시와 경륜을 깨닫는 처소가 된다. 셋째, 에베소서는 "교회 안에서와 그리스도 예수 안에서 영광이 대대로 영원무궁하기를 원하노라. 아멘"(3:21)이라는 구절을 통해, 교회는 하나님의 영광이 머무는 장소가 된다. 특이한 점은 그리스도보다도 교회가 먼저 나오는 것이다. 교회는 그리스도의 몸으로서 그리스도께 종속되지만, 그리스도를 만나는 곳이 교회라는 점에서 에베소서 저자는 교회를 그리스도 앞에 둔 것으로 본다. 넷째, 에베소서는 교회의 머리이신 그리스도가 교회를 티나 주름 잡힌 것이 없이 "영광스러운 교회"로 세운다고 한다(5:27). 종합해 보면, 에베소서 저자는 구약 시대에 이스라엘을 통해 하나님이 자신의 경륜을 보여주시고 역사했던 것처럼, 신약 시대에는 교회를 통해 이러한 역사가 이루어진다는 것을 보여주려 한 것이다.[12)]

6) 목회서신: 교회에는 직분(감독, 장로, 집사)이 있다(딤전 3:1-13)

목회서신에 나타난 주요 정황 중 하나는 이단의 출현이다. 그래서 목회서신 저자는 무엇이 정통이고, 무엇이 이단인지를 명확히 할 필요가 있었다(딤전 1:3-11). 그리고 그 정통의 보루로서 교회 직분에 대해 말한다. 이제 감독과 집사라는 직분은 교회를 형성하

---

12) 에베소서의 교회관에 관해서는 다음을 보라. 장동수, "에베소서의 교회론," 『복음과 실천』 27(2000), 103-144; 길성남, "만물을 충만케 하시는 자의 충만: 에베소서 1:23b에 관한 주석적 신학적 연구," 『개혁신학과 교회』 15(2003), 69-93.

는 요체가 된 것이다. 직분을 맡는 것은 선한 일이다(딤전 3:1). 그리고 이 직분자들은 하나님 나라의 훌륭한 조력자로서 교회 내외의 신임을 얻을 수 있어야 했다. 그래야 이단과 비 정통의 침입을 효과적으로 방어할 수 있는 것이다. 바울에게 있어 교회 안에서 봉사하는 것은 은사를 통해서였다. 은사는 영구적이 아니라 한시적이었다. 그런데 이것이 이제 목회서신에서는 직분으로 체계화되고 제도화되었다. 다시 말해 교회에서 직분은 성령의 직접적인 역사인 은사가 아니라, 장로단의 안수를 통해 얻는 것이다(딤전 4:14; 딤후 1:6).

이렇게 지속적인 직분이 거의 완벽하게 제도화된 것을 우리는 2세기 초 문서인 이그나시우스의 편지들에서 볼 수 있다. 그는 교회의 핵심 구성 요소는 감독이며, 교회는 감독-장로단-집사들의 삼중 구조로 이루어져야 한다고 역설한다. 그는 교회-예수 그리스도, 예수-하나님의 관계를 신자와 감독의 관계의 원형으로 본다(에베소서 5.1). 곧 교회가 그리스도께 결합되고 순종하는 것처럼, 모든 신자는 감독에게 순종하는 것이 마땅하다는 것이다. 그래서 이그나시우스에게 있어 감독이 없는 곳에는 교회가 존재할 수 없다(서머나서 8:2).

물론 목회서신은 이그나시우스의 위와 같은 주교를 중심으로 한 삼중 교직론까지 나가지는 않는다. 그런데 그러한 단초가 어느 정도 보인다. 이것이 초기 공교회주의(Early Catholicism)다. 2세기에 완숙한 모습을 보인 공교회주의의 단초가 목회서신에서 나타난다. 확실히, 목회서신에서는 그 이전의 바울 서신에 비해 교회의 요체로서 직분이 제도화되었다. 하지만 감독과 집사의 관계가 이그나시우스의 사상에서 보이는 것처럼 그렇게 위계적이지는 않다. 고든 피(Gordon D. Fee)의 견해에 따르면 감독과 집사를 통칭하는 말이 장로다.[13] 그런데 장로는 언제나 복수로만 등장한다(딤전 5:17;

딛 1:5). 곧 목회서신에 나타나 있는 교직도 어떤 한 사람을 중심으로 한 군주적 교직은 아니었으며 하나의 중심이 아니라 다중심적 교직이었다.[14)]

7) 베드로전서: 교회는 하나님의 백성이다(2:8-10)

신약성서에는 그리스도인이 하나님의 (새)백성이라는 사상이 널리 퍼져있다. 하지만 베드로전서만이 그것을 명시적으로 기술하고 있다. "그러나 너희는 택하신 족속이요 왕같은 제사장들이요 거룩한 나라요 그의 소유가 된 백성이니 이는 너희를 어두운 데서 불러내어 그의 기이한 빛에 들어가게 하신 이의 아름다운 덕을 선포하게 하려 하심이라. 너희가 전에는 백성이 아니더니 이제는 하나님의 백성이요 전에는 긍휼을 얻지 못하였더니 이제는 긍휼을 얻는 자니라."(벧전 2:8-10). 위와 같은 명칭은 바로 이스라엘에게 적용되었던 명칭으로(출 19:1-6) 이제는 교회에 사용되게 된 것이다.

하나님의 백성이라는 명칭이 교회에 사용됨으로써 이제 교회는 유대인과 이방인의 구별 없는 선택된 하나님의 백성이 된 것이다. 그렇다면 이 편지는 본래 어떤 사람들을 하나님의 백성으로 부르는 것인가? 이들은 "나그네"(1:17)요, "거류민과 나그네 같은" 이들(2:11)로 로마 제국의 여러 곳에 흩어져 살던 이들이다. 이들은 곳

---

13) Gordon D. Fee, 『성령이 들려주시는 하나님의 말씀』 (서울: 좋은씨앗, 2002), 203.

14) 목회서신의 교회관과 교직론에 관해서는 다음을 보라. 이광진, "목회서신에 나타나는 목회자의 권위 문제," 『신학사상』 128(2005년 봄), 217-49; I. Howard Marshall, "Congregation and Ministry of the Church in the Pastorals," *CBQ* 66(2004), 582-96. 그 외 신약 교직론에 관해서는 다음을 보라. 최흥진, "바울 서신을 중심으로 한 교회의 직분과 영적 은사에 관한 연구," 『신학이해』 15(1997), 73-103; 임진수, "요한서신들의 영적 직제에 관한 연구," 『신약논단』 10(2003년 여름), 455-84.

곳에서 박해를 당하면서 어려움 가운데 있었는데, 바로 베드로전서는 이들에게 하나님의 백성이라는 칭호를 부여함으로써 하나님의 백성이라는 집단 자아 정체성을 형성하게 했다. 이를 통해 신자들은 교회 안팎에서 경험하는 어려운 상황을 극복할 수 있었다.[15)]

8) 요한복음: 예수가 곧 교회다(요 10:14; 15:1)

교회는 근본적으로 예수를 그리스도로 신앙고백하는 사람들의 모임이다. 그리고 누가복음에서는 12사도를 그 신앙고백자들의 핵심으로 보고 사도단을 교회 구성의 주요 요체로 본다. 그런데 요한은 교회를 사람들의 모임으로 정의하기보다는 예수 자신이라고 본다. 구약에서 이스라엘을 상징했던 성전, 양무리, 포도원이 이제 예수로 대체된 것이다. 요한복음에서 예수는 새 성전이며(2:21), 유일한 목자이고(14:14), 참 포도나무다(15:1). 곧 예수가 교회의 원형인 것이다. 요한복음에서 교회 구성원들은 교회의 원형인 예수와의 결합을 통해서 그 생명이 유지된다. 바울의 몸 교회론도 그리스도와 교회의 연합을 말하지만, 요한복음의 포도나무 비유에서 예수와 신자의 관계는 더 밀접하다. 각 가지는 포도나무에 붙어 있어야 생명을 유지할 수 있는 것이다. 그리고 각 신자는 서로 사랑하는 것이 요청된다(15:8-16). 여기에는 어떤 위계나 직분도 전제되어 있지 않다. 서로는 친구이며(15:15), 하나님 아버지의 자녀들인 형제들이다(20:17; 21:23). 이들이 이 땅에 이루어할 것은 사랑의 공동체를 만들어 하나가 되는 것이다(17:11, 20-23). 그리고 그것은 성령의 도움을 통해서 이루어지는 과업이다(14:15-17, 25-26; 15:26-27; 16:7-15).[16)]

---

15) 베드로전서의 교회론에 관해서는 Brown, *The Churches The Apostles Left Behind*, chap. 5. "The Petrine Heritage in I Peter: The People of God" 참조.

16) 요한복음의 교회관에 관해서는 다음을 보라. 김동수, 『요한복음의 교

9) 요한일서: 교회는 교회(交會)다(1:1-4)

요한복음에서는 교회를 일치, 하나됨으로 표현한다(17:11, 20-23). 교회는 하나님과 그리스도가 일치를 이루듯이, 또 신자와 삼위일체 하나님이 일치를 이루듯이 이 땅에서 그리스도인들 간에 상호 일치를 이루는 것이다. 이러한 요한복음의 사상이 요한일서에도 사귐(교제)이라는 말로 그대로 나타난다. 교회는 하나님과 신자가 사귀는 곳이며, 또한 그것을 바탕으로 신자간의 사귐이 있는 곳이다(1:1-4). 이 사귐은 성령의 기름부음을 통해서 이루어지는 것이며(2:20, 27), 그 어떤 인간적인 매개체도 없다. 그런 의미에서 교회는 가르치는 곳(敎會)이라기보다는 교제하는 곳(交會)에 가깝다.

10) 요한계시록: 교회는 새 예루살렘이다(계 21:9-22:5)

요한계시록 21:9-22:5에 묘사된 새 예루살렘은 흔히 영원한 천국으로 이해되지만 사실 이 본문은 교회에 대한 묘사다. 여기서 묘사된 예루살렘성은 미래의 교회를 말할 뿐만 아니라 현재 교회가 경험하는 것을 묘사한 것이기도 하다.[17)]

3. 신약성서 교회론의 통일성

1) 그리스도 중심성

우리는 신약성서 주요 책에 나타난 교회관을 살펴보았다. 그러

회론』(서울: 대한기독교서회, 2005); idem, "요한복음에 나타난 교회와 교직 이해," 『신약논단』 7(2000), 245-62.

17) 요한계시록의 교회관에 관해서는 다음을 보라. 김철손, "계시록에 나타난 교회론," 『신약성서의 현대적 해석』 (서울: 감신대학교 출판부, 1992), 188-216; 이필찬, "요한 계시록의 종말론적 교회의 모습," 『목회와 신학』 130(2000년 4월), 94-103.

면서 각 교회관은 예수의 하나님 나라 비전을 다양한 상황에서 적용한 것이라고 결론내릴 수 있다. 그런데 여기에는 통일성은 없는 것일까? 한 가지 확실한 것이 있다면 그것은 그리스도 중심성일 것이다. 신약성서 각 구절에 나타난 어떤 교회관이든 예수 중심성에서 벗어난 것은 없다. 바울의 몸 교회관에서도, 마태의 임마누엘 교회관에서도, 요한의 교회론적 메타포에서도 우리는 모두 그리스도 중심성을 본다. 예수가 중심적이지 않은 것은 어떤 것이든 교회일 수 없다. 신약성서를 통해서 볼 때 그것은 인간적인 모임일 뿐이다.

2) 비 계급적 교회 구조

기본적으로 교회는 그리스도 중심적이다. 동시에 신약성서에 나타난 교회론의 공통된 특징은 그리스도인들 간의 관계에 있다. 교회 내에서 그리스도인들은 당시 사회 정치적, 문화적으로 볼 때 상당히 반문화적이고, 전복적이라는 것이다.[18] 바울은 몸 교회론을 통해 모든 신자가 은사로 구별되고 하나되며 유대인이나 헬라인이나 종이나 자유인의 구별이 없음을 천명한다(고전 12:13). 누가도 구원 공동체인 교회에 여성, 사회적 약자, 아이들까지 포함하는 평등 공동체임을 말하려고 했다. 요한은 그리스도 중심적인 교회 구성원 간에는 어떤 계급도 존재하지 않으며, 그들은 상호 형제요 친구라고 한다. 목회서신도 교회 구성 요소의 핵심으로써 직제를 언급하지만 그 직제 자체에 어떤 계급 구조가 있다고 명확히 말하지는 않는다. 이단에 효과적으로 대처하기 위해 교회는 대내외적

18) Cf. Andrew D. Clarke, *Serve the Community of the Church: Christians as Leaders and Ministers* (Grand Rapids, MI: Eerdmans, 2000); Richard N. Longenecker, *Community Formation in the Early Church and in the Church Today* (Peabody, MA: Hendrickson, 2002).

으로 신망이 높은 교직자들을 복수로 구성해서 교회를 운영해야한다고 말하고 있다.[19] 이와 같은 교회적 개념을 현실 교회에 적용한다면, 우리는 다음과 같은 질문들을 우리 교회에 해 볼 수 있을 것이다.[20] 한국 교회는 예수의 하나님 나라 정신과 얼마나 부합한가? 그리고 우리가 새로운 상황에서 만들어낸 교회관은 얼마나 그리스도 중심적인가? 또 우리의 교직은 군주적인가 아니면 다중 중심적인가? 그리고 교회 내 그리스도인들은 평등한 공동체적 하나님 나라를 형성하고 있는가?

---

19) 신약의 교직 혹은 교회 리더쉽에 관해서는 다음을 보라. 김경희, "갈라디아서 3장 27-28절을 통해 본 원시 기독교의 평등의 비전," 『신약논단』 7(2000), 48-82; 오우성, "전통적 권위의 폐기와 대안적 공동체: 마태복음 23:8-12을 중심으로," 『신약논단』 9(2002), 787-812; S. Scott Bartchy, "Understanding Ancient Patriarchy: The Apostle Paul's Vision of a Society of Siblings," *BTB* 29(1999), 68-78; idem, "Jesus Tradition and Partria Protestas," *BTB* 33(2003), 135-47.

20) 신약 교회관을 통한 한국 교회의 갱신에 관한 글로는 다음을 보라. 박재순, "21세기와 생명 교회론: 신약시대의 과부들을 중심으로," 『신학사상』 110(2000년 가을), 53-77; 박형용, "바울의 신학에 비추어 본 한국교회," 『국제신학』 3(2001), 10-53.

2. 신약이 말하는 효(孝)

히브리어와 헬라어에는 한자의 효(孝)에 해당하는 단어가 없다.[1] 위 언어들에서 사상적, 어원적 영향을 받은 영어, 불어, 독어 등 서양의 주요 언어에 있어서도 마찬가지다. 서양 언어에는 효에 꼭 들어맞는 단어가 없기 때문에 효를 영어로 표기할 때 중국식 발음의 xiao 혹은 한국식 발음의 *hyo*라고 하거나, filial piety라는 말로 억지로 풀어쓸 수밖에 없다. 유교식의 효라는 언어나 개념이 없는 이 천년 역사의 서양 기독교에서 효를 윤리의 근간으로 삼았다거나 신학의 주요 주제로 다룬 일도 물론 없었다. 사전적 정의에서 흔히 보이는 것처럼 효는 유교의 경전에 나타나는 동양의 기초 윤리 덕목이기 때문이다.[2]

이와 같이 효가 기본적으로 유교의 덕목이라는 것은 이 개념이 기독교 신학과 아무 연관성이 없었다는 것은 아니다. 유교적 개념인 효를 매개로 하여 성서의 주요 교리를 설명하는 시도가 한국 신학자들과 목회자들에 의해서 수행되어 왔다. 지금까지 효를 메

1) 본래 본 장은 2005년 7월 14일 경기문화재단 주최 국제효학술대회에서 "기독교 효 사상의 특징과 현대적 의의"라는 제목으로 발표되었던 것인데, 그것에 약간의 수정과 보완을 가한 것이다.

2) Anne Cheng, "Xiao," *Routledgecurzon Encyclopedia of Confucianism* 2, 680-81.

타포로 신학을 전개한 대표적인 학자로는 변규용과 윤성범을 들 수 있다. 변규용은 프랑스 소르본 대학에서 수학하면서 자신의 박사 학위 논문에서 '효 신학'이라는 용어를 처음으로 사용했다. 효를 통한 동서양 신학의 조우를 시도했다는 점에서 그의 학위 논문은 의의가 있다.[3] 그러나 박사학위 논문을 쓴 이후 이에 관한 계속적인 신학화 작업이 미미했다. 이에 반해 윤성범은 기독교 신앙과 신학의 토착화 작업의 일환으로 효를 중요한 개념으로 다루었고 현재까지도 신학적 관점에서 효를 하나의 학문의 개념으로 발전시킨 학자로 자리매김 되고 있다. 윤성범은 유교와 동양 문화에 대한 해박한 지식을 바탕으로 기독교의 핵심 교의를 효라는 개념으로 설명하는 데 성공했다. 하지만 그는 성서 본문에 대한 세밀한 주석적 고찰을 하지 않은 상태에서 기독교의 효를 유교의 효와 동일시 해버리는 우를 범했다는 점에서 아쉬움을 남긴다.[4] 목회자로서 최성규는 '성경적 효'를 말하기도 했지만 그가 주장하는 성경적 효는 그 내용에 있어서는 유교의 효와 별반 다르지 않다.[5]

본 장은 위의 학자들처럼 효를 메타포로 하는 신학이나, 토착화

---

3) Kyu-yong Byun, *Pére et Files* (unpublished Ph.D. Diss.: Institute catholi[sic] que de Paris, 1973). 이은선, 이정배, 『현대이후주의와 기독교』 (서울: 다산글방, 1993), 358, 각주 41에서 재인용.

4) 윤성범 교수의 효에 대해서는 편집위원회(편), 윤성범 전집 3: 『효와 종교』 (서울: 감신, 1998); 윤성범, 『효』 (서울: 대한기독교서회, 1974)를 보라.

5) 최성규 목사의 효에 관해서는 다음의 저서를 보라. 최성규, 『효가 살아야』 (서울: 성산서원, 1998); idem, 『최성규 목사 회갑 기념집. 설교집. 효자 축복』 (서울: 성산서원, 2001); idem, 『성령에 사로잡힌 사람』 (서울: 규장, 1998); idem(편), 『효학개론』 (서울: 성산서원, 2001); 김동수, 차준희(편), 『효와 성령: 최성규 총장 회갑기념 논문집』 (서울: 한들출판사, 2002); 성산연구소(편), 『효실천』 (서울: 성산서원, 2002); 성산효도대학원대학교(편), 『효의 길 사람의 길』 (서울: 성산서원, 1999).

신학으로써의 효를 논하려는 것은 아니다. 논자는 본 장에서 성서에 나타난 효의 개념을 연구해 보려고 하는 것이다. 그런데 성서에는 효라는 단어도 나타나지 않고 그 개념이 유교적 의미의 효 개념과 상호 일맥상통하는지도 알 수 없다. 그래서 임시적으로 자녀가 부모에게 행하는 윤리라는 의미에서 성서가 이를 어떻게 묘사하고 있는지를 찾아내보려 한다. 이것을 성서적 효라고 하자. 이것은 우리가 아는 어떤 특정 효 개념에서 출발하는 것이 아니라 성서에서 부모 자녀 간에 발생하는 관계를 어떻게 표현하고 있으며 그것은 어떠한 것인가를 밝혀내 보는 것이다.

위와 같은 의미에서 성서에서 효 개념을 찾는다면 성서에 나타난 효는 어떤 특징이 있을까? 특히 성서의 효가 한국사회에서 전제하고 있는 효 개념과는 어떻게 다른가? 본 장은 이와 같은 질문에서 출발할 것이다. 유교에서 말하는 효 개념도 고정된 개념이 아니라 역사적으로 발전해온 개념임은 물론이다. 효가 중국 주나라 시대에는 사자(死者)가 된 부모에 대한 예배 행위를 지칭하다가 공자에 와서는 생존해 있는 부모에 대한 존경과 공경을 지칭하는 것으로 발전한다. 유교 경전 중 논어에서는 효가 인(仁)의 하위 개념으로 자리매김하는 반면, 후대에 발전된 효경에 이르러서 효는 충(忠)을 말하기 위한 전제로 자리매김하여, 결국 통치자의 지배 이데올로기로 전락했다.[6] 최진묵의 말대로 "『효경』에서의 효는 더 이상 가족과 친족 윤리만으로 이해되지 않았으며, 국가와 군주를 위한 忠을 위한 효"가 되어 국가와 사회를 용이하게 지배하기 위한 이데올로기가 되었던 것이다.[7]

---

6) Cf. Cheng, "Xiao," 680-81; W. T. De Bary, "유교적 효사상에 대한 소고," 『효사상과 미래사회』 (서울: 한국정신문화연구원, 1995), 37-54; 공덕성, "효란 무엇인가," 『효사상과 미래사회』 (서울: 한국정신문화연구원, 1995), 117-26.

본 장에서 살펴보려고 하는 것은 바로 위와 같은, 효경에서 말하는 이데올로기적 효 개념이 신약성서에 존재하는가 하는 것이다.[8] 효는 정치가들 혹은 종교 지도자들에 의해 사람들의 행동을 근본적으로 제약하고 억압하는 이데올로기로 자리매김 되어왔기 때문에 성서에 과연 그러한 사상이 있는가 혹은 성서에서 부모 공경의 원리를 그러한 이데올로기로 사용한 예가 있는가 하는 것은 대단히 중요한 질문이 아닐 수 없다. 막스(K. Max)의 이해에 따르면 이데올로기는 지배자가 고의적으로 퍼트린 허위의식이다. 지배계층은 피지배 계층을 지배하기 위해 허위의식을 유포하고 피지배계층은 이를 참으로 받아들여 결국 이 의식이 피지배 계층을 지배하게 된다.[9] 위와 같은 이데올로기로서의 효는 많은 사회적, 인권적 문제를 야기 시킨다. 종교적 권위주의, 비인간화, 지역 연고주의, 학벌주의는 모두 이데올로기적 효의 부산물들이다.[10]

본 장에서 논자가 주장하는 것은 위와 같은 이데올로기로서의 효는 신약성경에서 찾아볼 수 없다는 것이다. 나아가 성서 주요

7) 최진묵, "중국 고대 孝이념의 형성과 그 변화," 『효학연구』 1(2004), 312.

8) 본 장에서 성서적 효를 논하는데 있어서 글의 분량 상 그 범위를 신약성서로 제한한다.

9) 양명수, "기독교의 죄 개념과 효," 『효학연구』 1(2004), 18-24; idem, "효와 인권," 『활천』 546(1999년 5월), 22-26.

10) 왕대일에 의하면 이스라엘도 이러한 혈연주의, 연고주의에 머무를 수 있었지만 '하나님이 우리를 구원하셨다'는 공통된 야훼 신앙을 바탕으로 한 공동체를 형성함으로써 이를 극복하고 있다. 이러한 공동체는 "예배로서 하나님의 은총에 응답하고, 공의를 실현하는 삶으로써 하나님의 질서를 구현하며, 약자를 사랑하는 마음 속에 하나님의 구원을 실천해 가게 된다. 이것이 바로 야훼신앙 공동체가 역사의 소용돌이 속에서 세우고자 했던 이스라엘 참된 신앙의 모습이었을 것이다." 왕대일, "성서에서 본 혈연, 혈연주의, 가정," 『기독교사상』 473 (1998년 5월), 19.

저자들은 위와 같은 이데올로기적 효를 적극적으로 물리치고 청산하려 했다는 것이다. 이를 증명하기 위해 신약성서의 주요 인물과 저자인 예수와 바울의 견해를 검토해 볼 것이다. 본 장은 예수와 바울이 공히 이데올로기적 효에 대해서 적극적으로 반대했다는 것을 보여줄 것이다. 예수와 바울에게서 효(부모 공경)는 모든 행동의 근본 원리라기보다는 제자도 혹은 그리스도 따름의 하부 원리로 크리스천 윤리의 구체적 실천이다. 따라서 이것이 정치나 종교 등의 지배 이데올로기로 자리매김 할 수 없는 것이다. 그러한 토대 위에서 본 장은 마지막으로 비이데올로기 효인 성서적 효의 유용성에 대해서도 언급하려 한다.

1. 예수의 가르침: 효도냐? 제자도냐?

예수의 삶과 가르침에 대해서 기록한 복음서에는 효라는 단어가 사용되지 않았을 뿐만 아니라 예수의 효에 대한 직접적인 가르침도 기록되어 있지 않다. 다만 전통을 지키기 위해 구약의 하나님의 계명을 폐하는 것의 한 예로 부모 공경을 하나님 공경으로 대체하는 것에 대해서 예수가 책망한 내용이 기록되어 있을 뿐이다(막 7:1-16; 마 15:1-9). 효에 대한 간접적인 교훈으로는 하나님과 신자를 부자(父子) 관계로 묘사한 것(마 6:26-26, 31-33; 7:9-11; 23:37; 요 1:12; 20:17)과 소년 예수가 부모에게 순종했다는 내용 등을 들 수 있다(눅 2:39-51). 복음서에 나오는 효의 주제는 효에 대한 직접적인 가르침보다는 주로 제자도의 관점에서 다루어지고 있다.

효경에 있어서 '효'는 백행의 근본(百行之 根本)이요, 인간 도리의 근원이 되는 윤리 덕목이다. 예수 당시 유대 문화에서도 부모 공경과 가족 사랑은 최상의 인간관계 가치였다. 예수가 부모 공경과 가족 사랑을 부정한 것은 아니지만 예수는 인생에 있어 부모 공경과 가족 사랑보다 더 상위 윤리 원칙을 제시한다. 그것은 바로 제자도이다. 예수는 사람이 예수보다 부모, 형제, 자녀 및 자신을 더 사랑하는 자는 능히 그의 제자가 되지 못한다고 말한다(마 10:37; cf. 눅 14:26). 그래서 예수는 가정에 평화를 주러 온 것이 아니라 오히려 검과 분쟁을 주러 왔다고 한다. 어떤 사람 안에서 제자도가 형성될 때 "아버지와 아들과, 아들이 아버지와, 어머니가 딸과, 딸이 어머니와, 시어머니가 며느리가, 며느리가 시어머니와 분쟁하리라"고 선언한다(눅 12:53; cf. 마 10:34). 심지어는 "사람의 원수가 자기 집안 식구"라고까지 한다(마 10:36). 이 말은 예수 사역 시대와 초기 교회 박해 상황 속에서 가족의 적극적인 반대로 예수의 제자가 되려하는 것을 망설였던 자들이 있었다는 것을 예시하며, 이 메시지는 이들에게 주어진 것이었을 것이다. 어쨌든 예수에게 있어 제자도는 삶에 있어서 부모 공경이나 가족사랑 등 당시 최고의 인간관계 가치로 여겨지던 어떤 가치보다도 상위의 원리였다.

나아가 예수는 부모를 장사지내는 것보다도 제자도의 실행이 더 시급하고 중요한 것이라고까지 한다. 어떤 제자가 먼저 부친의 장례를 치르고 예수를 따르겠다고 하자 예수는 "죽은 자들이 그들의 죽은 자들을 장사하게 하고 너는 나를 따르라."고까지 한다(마 8:22; cf. 눅 9:60). 유대교에서는 모세오경의 부모 공경의 원칙에 따라 유대인들은 그 후대 전승에서 자녀가 부모를 장사지내는 것은 마땅한 일이었고, 이것은 종교적 의무보다도 우선되는 것이었다(창 50:5; 토빗 4:3; 지혜서 38:16). 예를 들어 제사장들은 시체를 만지면 부정하게 되는데 가까운 가족에게만은 예외적으로 그것이 허용되었다(레 21:1-3). 또 부모 장례에 대한 의무를 행하지 않는 것은 하나님의 명령을 어기는 것이었다. 그런데 이러한 문화에서 예수는 제자도의 우선성, 시급성, 급진성을 말하고 있는 것이다(눅 9:60-61).

여기에 예수는 혈연에 의한 가족을 뛰어넘는 제자 무리로서의 대안 가족을 제시하는 것 같다. "그 때에 예수의 어머니와 동생들이 밖에 서서 사람을 보내어 예수를 부르니… 누구든지 하나님의 뜻대로 행하는 자가 내 형제요 자매요 어머니니라"(막 3:31-35; cf. 마 12:46-50; 눅 8:19-21). 여기서 예수는 누가 진정한 가족인가 하는 문제를 제기하며, 피를 나눈 가족이 아니라 이제 예수의 제자 무리에게 있어서 진정한 가족은 하나님의 뜻대로 행하는 제자 무리라고 제시하는 것이다. 여기서 새로운 영적 공동체의 자격 구성원으로 형제뿐만 아니라 자매까지 언급한 것은 당시의 문화로 볼 때는 대단히 혁명적인 것으로 예수의 제자 공동체는 남녀노소, 귀천의 구분이 없음을 역설한 것이다.

요한복음에서 예수와 어머니의 관계를 묘사한 구절에도 예수가 가족 관계보다도 제자도의 우선성을 말했다는 점이 분명히 나타나 있다(2:1-11; 19:25-27). 여기서 예수의 어머니는 예수와 가족 관계라기보다는 제자로 자리매김한다. 먼저, 요한복음의 가나의 혼인 잔치 기사(2:1-11)에서 예수의 어머니가 처음으로 등장한다. 이 기사의 초점은 예수의 어머니에 대한 관계가 아니라 예수의 신성을 표적으로 제자들이 믿게 하는 데 있다(11절). 여기서 예수의 어머니가 예수를 올바로 이해하는 인물로 그려지고 있는지는 명확하지 않다. 혼인 잔치에 포도주가 떨어졌을 때 그것을 예수께 먼저 이야기 한 것을 보면 예수의 어머니가 예수의 비범성을 알아차린 것처럼 보인다. 그런데 이 행동에 대해 예수가 "나와 당신이 무슨 상관이 있습니까?"하는 셈족어 특유의 상호의 거리감을 표시하는 숙어(삿 11:12; 삼하 16:10; 19:23; 왕상 17:18)를 어머니께 사용한 것을 보면 예수의 어머니도 다른 제자들처럼 예수의 신성을 올바로 이해하지 못한 인물로 볼 수 있다.

더욱 난해한 것은 어머니의 부탁에 대해 예수가 자기 때가 아직 이르지 않았다고 하자 어머니가 하인들에게 "무슨 말씀을 하시든지 그대로 하라"고 명령한 것이다. 이것은 예수의 어머니가 예수를 완전히 오해하여 예수가 단순히 기적을 행하는 자로 이해한 것으로 판단할 수도 있고, 혹은 예수의 어머니가 이후에 예수가 표적을 행할 것에 대해 예견했다고도 생각할 수 있기 때문이다. 그런데 여기서 예수가 물을 포도주로 변하게 하는 표적을 행한 것에 대해 제자들은 믿었다고 했고, 어머니의 반응은 기록하지 않았다. 더구나 어머니를 어머니로 호칭하지 않고, 당시 어떤 문서에서도 그 용례가 전혀 발견되지 않는 어머니를 다른 여인을 부른 것처럼 "여인"이라고 호칭한 것은(마 15:28; 눅 13:12; 요 4:21; 8:10) 예수가 어머니를 자신의 표적에 대해 응답해야 하는 제자로 그리고 있다는 증거일 것이다.[11] 요한복음에서 예수의 형제들도 특별 취급을 받지 못한 것을 볼 때(7:1-10) 여기서 예수와 예수의 어머니의 관계는 모자 관계라기보다 하나님의 아들 예수와 예수의 제자 마리아의 관계로 묘사된 것으로 보인다.

예수의 어머니가 예수가 십자가를 진 현장까지 따라간 사건(19:25-27)에서도 예수는 육적인 모자 관계보다는 영적 가족 공동체에 대해서 역설한다. 여기서 예수는 십자가 위에서 어머니를 사랑하는 제자에게 부탁하고 그 제자는 그것을 받아들이는 내용이 나온다. 이 보도는 일견 인간 예수가 모친에 대한 마지막 인간적 효심의 발로로 보일 수 있다. 여기서 그 어떤 신학적인 의미 부여나 그 중요성을 발견하기란 쉽지 않다. 그러나 그 어느 복음서보다도 신학적인 문서인 요한복음에서 구속사의 최정점에서 예수가

---

11) T. Martin, "Assessing the Johannine Epithet: 'The Mother of Jesus'," *CBQ* 60(1998), 63-73. 마틴은 '구나이'(여인)라는 단어를 연구한 결과 유대 혹은 헬라 문헌 어느 곳에서도 자식이 어머니를 지칭하는 말로 이 단어가 쓰인 것이 발견되지 않는다고 한다.

단순히 어머니에 대한 효심을 드러내기 위해 이 장면이 기록됐다고 보기는 어렵다. 왜냐하면 요한복음에서는 예수와 어떤 인간적인 관계도 하나님의 자녀가 되는 것과 관련이 없으며 하나님께로부터 태어난 자만이 하나님의 자녀라는 사상이 복음서 초두부터 일관성 있게 깔려있기 때문이다(1:12-13; 3:3-5). 또한 여기서 예수의 어머니와 예수의 사랑 받는 제자가 한 번도 그 이름으로 불리지 않고 상징적인 인물로 나오는 것을 볼 때 이 제자에게 어머니를 집에 모시라는 예수의 명령은 인간적인 배려 이상의 신학적인 의미가 있는 말로 이해해야 할 것이다. 특히 "그 후에 모든 일이 이이 이루러진 줄 아시고"(28절)이라는 구절에서 확인 할 수 있다. 요한복음에서 "그 후에"라는 용어는 한 이야기에서 다른 이야기로 전환될 때 사용되는 것으로(2:12; 11:7, 11; 3:22; 5:1, 14; 6:1; 7:1; 19:38; 21:1), 그 앞의 내용의 신학적인 귀결을 말할 때 나타난다. 이런 측면에서 볼 때, 이 구절은 예수의 공생애를 마감하는 결정적인 신학적 의미를 내포하는 언사가 기대되는 것이다. 이러한 의미에서 예수가 자기 어머니를 사랑하는 제자에게 부탁하고 그 제자가 그 부탁을 받아들인 것은 이 둘이 제자들의 대표로서 영적 가족 공동체를 이루라는 명령으로 받아들일 수 있다. 이상을 통해서 요한복음에 나타난 예수의 어머니 마리아는 예수의 어머니로서 특권을 가진 자라기보다는 다른 사람들과 마찬가지로 구원받아야 할 인간으로, 더 나아가 예수의 십자가까지 따라간 제자의 모범으로 묘사된 것이다.[12)]

다시 말해 예수와 예수의 어머니의 대한 묘사가 나타난 복음서 본문들을 주석해 볼 때, 예수가 제자들에게 가르친 것은 효도가 제자도보다도 상위 개념이 될 수 없다는 것이다. 효가 백행지 근

---

12) 이에 대한 보다 자세한 논증은 김동수, 『요한복음의 교회론』(서울: 대한기독교서회, 2005), 141-44를 보라.

본으로 이해되어 다른 어떤 가치보다도 상위 가치가 되는 것을 예수는 반대했다. 그것은 효, 부모와 자식 사이의 사랑이라는 중요한 윤리적 가치와 태도를 간과하는 것이 아니다. 그보다는 일 세기 팔레스틴 유대 사회에서 이룩해야할 대안적 공동체로서의 하나님의 나라에서는 육적 가족보다는 하나님의 가족으로서 서로 사랑해야하는 공동체의 윤리에 비중을 둔 결과일 것이다. 따라서 효도와 제자도가 반드시 갈등을 일으키는 것은 아닐지라도 양자 간에 갈등이 존재하는 상황에서는 예수의 제자들은 마땅히 제자도를 선택해야 한다는 것이다. 여기에는 효가 하나의 위계적 지배 이데올리기화 될 수 있는 가능성이 사라진다. 예수의 가르침에 따르면 효는 부모에 대한 공경인 효행에 머물러야지 그것이 사회 지도 원리 혹은 신앙 원리로 자리매김 할 수 없는 것이다.

2. 이데올로기적 효에 대한 예수의 비판

예수는 제자도를 부모 공경이나 가족 사랑보다 상위의 공동체적 가치로 제시한다. 이는 당시 사회에서 혈육이나 계급에 기초하여 다른 사람보다 위에 서거나 지배하는 것에 대한 전복적인 태도라고 볼 수 있다. 사실 예수는 이데올로기적 효를 반대하고 이를 청산하는 데 진력했다. 예수는 당시 유대 문화에서 권위주의적인 사회 계급 사상을 허물어야 할 것으로 말했다. 사회 지도자와 장로들이 당연히 위계질서(hierarchy)의 최상부를 차지하고 민초를 억압하는 것을 당연한 것으로 여기던 사회, 정치적 상황에서 예수는 하나님만이 모든 이의 아버지이시고 예수만 지도자이시며 믿는 자들은 모두 다 형제라고 선언한다. "[바리새인들은] 잔치의 윗자리와 회당의 높은 자리와 시장에서 문안 받는 것과 사람에게 랍비라 칭함을 받는 것을 좋아하느니라 그러나 너희는 랍비라 칭함을 받지 말라 너희 선생은 하나요 너희는 다 형제니라 땅에 있는 자를 아버지라 하지 말라 너희의 아버지는 한 분이시니 곧 하늘에 계신 이시니라 또한 지도자라 칭함을 받지 말라 너희의 지도자는 한 분이시니 곧 그리스도시니라."(마 23:6-10).

또한 예수는 당시에 귀머거리 혹은 백치와 동급으로 취급되던 어린이들을 독립된 인격체로 인정하면서 "어린아이에게 한 것이 곧 나에게 한 것"(마 18:5)이라는 말한다. 현명한 노인을 인생의 모델로 제시하고 노인과 아이가 지배/피지배 구조로 명령과 순종에 의해서 삶을 사는 것을 당연시 하는 당시의 문화에서 예수의 이 선언은 가히 혁명적인 것으로, 하나의 지배 이데올로기로서의 가족 윤리를 부정하는, 나아가 가부장제의 위계적 권위적 사회 구조를 전복시키는 메시지였다.

예수가 효를 이데올로기로 사용하는 것을 우려했다는 것은 그의 율법 해석을 통해서도 볼 수 있다. 유대교의 랍비적 해석 전통에서 구약의 율법을 일상적인 단어를 사용하여 요약하는 관습이 있었는데(미 6:8; 시 15, 24; 사 66:2b; 렘 22:3-4; 슥 8:16-17), 이러한 관습에 따라 당시에 랍비라고 여겨지던 예수께 한 서기관이 율법 중 어떤 것이 가장 큰 계명인지를 묻는다. 그것은 곧 성서 해석에 있어서 해석학적 열쇠(hermeneutical key)가 되는 것이 무엇인가에 대한 질문이다. 이에 대해 예수는 잘 알려진 대로 하나님 사랑과 이웃 사랑이 성서를 해석하는 열쇠가 되는 사상이라고 대답한다(막 12:28-34; 마 22:34-40; 눅 10:25-28). 여기서 예수가 구약의 계명, 특히 십계명을 '공경하다'라는 동사로 요약하지 않고 '사랑하다'(신 6:4-5; 수 22:5; 레 19:18, 34)라는 말로 요약한 것을 주목할 필요가 있다. 이것은 아마도 '공경하다'라는 단어가 구약성서에서 주로 하나님(삼상, 2:30; 사 24:15; 잠 3:9), 부모(출 20:12; 신 5:16), 주인(말 1:6)에 대한 공경으로 사용되면서 당시 사회 지도자에 대한 사랑과 충성의 토대가 된 것을 전제로 한다. 이것은 공경의 개념이 창조질서의 관계 속에 있는 하나님과 여기서 파생된 부모로부터 차츰 인생과 지혜의 스승으로 확대되어(잠 16:31; 20:29), 결국 이것은 상위 계층이 하위 계층을 지배하기 위한 개념으로 사용되기에 이른 것이다(마 23:8-9). 여기에 예수는 율법의 요약과 해석을 '사랑하다'라는 말로 표현하며, 이데올로기적인 해석을 배제하는 단어로 제시했던 것이다.

3. 예수의 어깨 위에 선 바울

예수의 가르침의 주제가 하나님의 나라(공관복음에 의하면) 혹은 영생(요한복음에 의하면)이였다면 바울 신학의 주제는 하나님의 의였다. 그러므로 바울에게도 효가 그 신학의 핵심 주제가 될 수는 없었다. 하지만 예수를 믿는 삶의 방식을 제시하면서 자연스럽게 가족 윤리를 말할 수 있었다는 측면에서 바울은 예수보다 효를 더 직접적으로 말할 수 있었다.

1세기 그레꼬-로마 사회를 재배하고 있던 가부장제를 무너뜨리고 그리스도 안에서의 형제애를 강조한다는 점에서 바울은 예수의 노선에 서 있었다고 할 수 있다. 바울 당시의 그레꼬-로마 문화에서는 가부장제(patriarchy)가 가정과 사회를 지배하고 있었다. 가정에서는 여자와 아이들과 종들은 집안의 남자 어른에 의해 지배받았고, 사회 조직에 있어서는 위계 제도가 극도로 발달되어 있었다. 사회에서 지위 높은 사람들이 최대한의 존경을 받는 사회였기 때문에 사람들은 지도자라는 말을 즐겨 사용했다. 이러한 상황에서 바울은 교회에서 지도자라는 말을 사용하는 것을 꺼려했고 대신 동역자, 동반자, 혹은 같은 군사라는 말을 선호했다. 바울에게 있어서 교회 직제는 그것이 무엇이든지 간에 그 중심이 섬김에 있었다.

바울 서신에서 교회 안에서의 많은 관계는 부자 관계 혹은 형제 관계로 묘사되어 있다. 바울은 자신을 가끔 아버지로 묘사하지만 (딤전 1:2; 딤후 1:2) 주로 형제로 표현한다. 자신을 아버지로 묘사함으로서 바울은 교회에 대한 그의 관심과 사랑을 표현한 것이다. 그러나 그는 주로 자신을 형제나 동료 신자라는 것을 강조함으로써 자신이 다른 신자들에 대해서 특권을 가지고 있다는 것을 말하지 않았다. 바울은 그리스도 안에 있는 자들을 상호 형제, 자매로 규정함으로서 이들을 대체 가족 관계로 묶은 것이다. 그러나 피를 나누지 않은 사람들이 서로 형제라고 부르는 것은 당시 그레꼬-로마 사회에서 흔치 않은 일이었다.[13] 이것은 일반 사회에 있던 조직과는 상당히 다른 모델로 이 부분에 대해서 바울은 반문화적 (counter-cultural)이었다. 바울이 말하는 대안 가족은 출생이 아니라 하나님의 부르심에 입각한 그리고 공동으로 헌신하기로 결단한 사람들을 그 구성원으로 한다. 대안 가족 공동체에서 특별한 점은 아버지의 부재이다. 오직 천상의 하나님만이 아버지이고, 모든 가족 구성원은 서로 형제, 자매 관계로 드러난다. 여기서 강조되는 것은 형제로서의 상호 복종이다.[14] 만약 이 공동체 안에 조직이 필요하다면 형제 안에서 서로 지도력을 공유하고 협력하는 것이 된다. 한 사람이 다른 모든 사람을 지배하는 형태의 지도력은 바울의 이상이 아니었다(고전 12:17).

---

13) 바울의 교직이해에 대해서는 Andrew D. Clarke, *Serve the Community of the Church: Christians as Leaders and Ministers* (Grand Rapids, MI: Eerdmans, 2000), 특히 249-51를 참조하라.

14) 바울의 대체 가족 개념에 대해서는 S. Scott Bartchy, "Undermining Ancient Patriarchy: The Apostle Paul's Vision of a Society of Siblings," *BTB* 29(1999), 68-78을 보라.

4. 바울의 비 이데올로기적 효 사상

바울 서신에서 효를 가장 직접적으로 말한 구절은 에베소서 6장 1-4절이다(cf. 골 3:18-4:1; 딤전 2:8-15; 6:1-2; 딛 2:1-10; 벧전 2:18-3:7). 문맥을 따라서 읽으면 이 본문은 5장 21절에서 시작되고 있다는 것을 알 수 있다. 5장 21절은 본 문맥에서 주제 구절이고 그 주제 구절 하에 바울은 세 쌍의 실천 덕목을 제시한다. 아내와 남편의 상호 윤리(5:22-33)와 자녀와 부모의 상호 윤리(6:1-4)와 종과 주인의 상호 윤리(6:5-9)가 그것이다. 여기서 핵심 주제 구절은 5장 21절이다: "그리스도를 경외함으로 피차 복종하라." 뒤에 나오는 세 쌍의 교훈은 이 핵심 구절에 대한 구체적인 실천 사항이다. 이러한 피차복종의 윤리는 바울의 신앙과 사상에 깊이 뿌리 박혀 있는 것이다(갈 5:13b; 빌 2:3b). 바울에게 있어 모든 관계의 중심이 그리스도이고 신자는 모두 형제이기 때문에 그리스도 안에서는 피차 복종이 가장 중요한 윤리 원칙으로 되어 있다.[15]

위의 문맥에서 바울은 아내, 자녀, 종이 해야 할 윤리를 말하고 있는데 이것은 신약 성경이 기록될 당시의 상황으로 보면 혁명적인 것이었다. 당시의 헬라 문화에서는 소위 가정범절(*Haustafel*)이라는 것이 있었는데, 예외 없이 모든 문헌에서 남자, 성인, 자유인에게만 윤리적인 명령이 주어져있다. 여자, 아이, 종들에게는 윤리적인 명령을 하지 않았는데 그 이유는 이들이 자발적으로 윤리적 행동을 할 수 있는 존재로 생각되지 않았기 때문이다. 또 본문에서 바울은 자녀가 부모만 공경하는 것을 명하지 않고 부모가 자녀에게 해야 할 일도 말하고 있다(6:1-4). 여기서 자녀가 해야 할 일은 부모를 공경하는 것이다.[16]

---

15) 이 본문에 대한 자세한 주석은 김동수, "성서적 효(엡 6:1-4)," 『2001 예배와 강단』(서울: 한들출판사, 2000), 288-94를 보라.

바울에게 있어 효가 상호 존중의 실천사항이기 때문에 바울의 효의 귀결은 약자에 대한 존중과 배려이다. 대부분의 사회에서는 주로 하급자가 상급자를 도와준다. 그러나 구약 성경에 보면 도움이라는 말은 하급자가 상급자를 도와준다는 말로도 쓰이지만 하나님이 그의 백성을 돕는다는 의미로 더 많이 쓰였다. 강한 자가 오히려 약한 자를 돕는 것이다. 우리는 예수의 가르침과 행동을 통해서 효의 정신을 배울 수 있는데 예수는 사회적 강자에게 비굴하거나 그들을 두둔한 일이 없고 오히려 앉아서 효만 받으려고 하는 자들에게 엄중한 심판의 메시지를 던진다(마 23:1-9). 반면 예수는 사회적 약자들에게 지대한 관심을 가지고 그들을 특별히 보살핀다. 특히 예수는 어린이를 완전한 인격체로 인정하고 그들을 사랑한다(마 19:13-15). 한마디로 성경적 효 정신은 모든 사람을 형제로 먼저 섬기는 것인데, 사회적 약자들에게는 특별히 더 많은 관심과

16) 우리말에서는 '공경하다'라는 말은 자녀가 부모를 혹은 하급자가 상급자를 향해서 하는 행위로 밖에 쓰이지 않는다. 아버지가 아들을 공경한다는 말은 절대 쓰일 수 없다. 신약성서에도 '공경하다'라는 동사는 부모와 관계해서 가장 많이 쓰이고 하나님 공경이라는 말로도 쓰인다. 그런데 신약 성경에는 이 단어의 쓰임새가 위와 같이만 한정되지 않는다. 베드로전서 2:17에는 "뭇 사람을 공경하며"라는 말이 나오고 요한복음 12:26에는 한글 개역 성경에는 "…사람이 나를 섬기면 내 아버지께서 저를 귀히 여기시리라"고 되어 있는데, 여기서 "귀히 여기시리라"는 말로 번역된 단어는 에베소서 6:2에 부모를 공경하라고 할 때의 동사와 같은 단어이다. 아마 한글 성서 번역자들이 하나님이 사람을 영광을 준다(혹은 공경한다)는 말이 어색하다고 느껴 "귀히 여기시리라"고 번역한 것 같다. 물론 이 번역은 문맥에서 볼 때 적절한 것이었다. 하지만 잊지 말아야 할 것은 신약에서 '공경하다'라는 동사는 사람과 하나님 혹은 사람 상호 간에 모두 사용될 수 있다는 것이다. 그러므로 성서적인 공경의 정신은 아랫사람이 윗사람에게만 해야 되는 무엇이라기보다는 상하에 관계없이 누구나 먼저 다른 사람을 섬기려는 것이다. 바울은 부모 공경을 바로 이러한 상호 존중 사상의 틀에서 제시하고 있는 것이다.

배려를 하는 것이다.[17)]

이러한 약자에 대한 특별한 보살핌으로써의 효는 바울서신에도 그대로 나타난다. 디모데전서 5:3에 과부를 존대(공경)하라고 되어 있는데 여기서 과부는 사회적 약자를 지칭한다. 과부에 대한 보살핌은 교회에 책임이 있는데 만약 그 과부에게 자녀나 손자가 있으면 그 자녀나 손자가 일차적으로 그 봉양의 책이 있다(딤전 5:4). 디모데전서 5장 4절을 문자적으로 번역하면 다음과 같다. "만약 어떤 과부가 자녀나 손자가 있으면 그들에게 먼저 자기들의 집에서 경건의 의무를 행하는 것과 자기들의 (조)부모에게 보답하는 것을 배우게 하시오. 그 이유는 이것이 하나님이 기뻐하시는 일이기 때문입니다." 한글 개역개정판에는 그 봉양의 책임을 말하는 단어를 "효를 행하여"라고 번역하고 있다. 본래 이 단어는 헬라어로 '유세베오'(εὐσεβέω)라는 동사로 기본적으로 '종교적 의무를 행하다'라는 뜻을 담고 있다. 이것은 주로 이스라엘 백성 혹은 신자가 하나님께 하는 종교적 의무에 대해서 쓰인다(행 17:3; 딤전 2:2; 6:11). 이러한 의무를 하나님이 아닌 부모에게 대해서 사용한 것은 부모에 대한 책임은 하나님께 대한 신앙과 깊이 연관되어 있다는 것이다. 여기서 본문이 말하는 것은 사회적 약자가 된 과부에 대

17) 십계명의 부모공경 명령에 약자가 된 부모에 대한 존중과 보살핌의 개념이 있다는 것을 이미 박준서는 예리하게 지적하고 있다. 박준서, 『십계명 새로보기』(서울: 한들출판사, 2001), 110. 이러한 해석은 최근의 차준희의 "제5계명"에 대한 연구 결과에 의해서도 지지된다. 차준희에 의하면 "제5계명"에 나오는 "부모"는 성인 남자가 모시는 "노인 부모"를 가리킨다. 즉 여기서 부모는 사회적 약자를 가리키는 것이고, 부모 공경은 사회적 약자에 대한 특별한 배려로 이해된다(차준희, "네 부모를 공경하라: 제5계명 연구," 『효와 성령』, 46-64를 보라). 고병인이 효를 노인 공경과 연결시키는 것은 아마도 위와 같은 효 이해에 바탕을 둔 것 같다. 고병인, "노년 과정의 이해와 효," 『효와 성령』, 123-43.

한 일차적 봉양의 책임은 교회가 아니라 그 자녀에게 있다는 것이다. 이어서 저자는 이렇게 말한다. "누구든지 자기 친족 특히 자기 가족을 돌아보지 아니하면 믿음을 배반한 자요 불신자보다 더 악한 자니라."(딤전 5:8) 곧 여기서 말하는 효는 약자에 대한 보살핌으로 이 전통은 구약성서에서부터 면면히 내려온 것이다. 이러한 약자에 대한 전통이 바울에게서 사회적 약자가 된 부모에 대한 존중으로 그대로 나타나고 있는 것이다. 효는 사회 정의와 연결되어 있는 것이다.

5. 성서적 효의 특징과 유용성

신약의 주요 인물인 예수와 바울은 공히 부모 공경을 사회 지도 이념이나 통치 원리로 제시하지 않았다. 나아가 그들은 당시 이데올로기화된 효를 청산하려고 했다는 것을 위에서 논증했다. 예수는 효를 제자도의 하위 개념으로 설정하고 있으며 효를 매개로 다른 사람을 지배하려는 것을 극히 경계한다. 이 점에 있어서는 바울도 마찬가지다. 당시의 유대교와 로마 사회의 사회적 계급 구조가 극도로 발달되어 있었다는 것을 감안하면 노년기의 바울이 모든 그리스도인들을 형제요 자매요 동역자로 부르면서 이데올로기적 효의 원리인 상명하복 혹은 부자자효(父慈子孝)의 원리를 극복하고 있다는 것은 놀라운 일이다. 또 바울은 예수에게처럼 효를 인간 윤리의 최상의 지배 원리로가 아니라 그리스도께 순종하며 피차복종하고 약자를 존중하는 것에 대한 하위 원리로 이해하고 있다. 바울에게 효는 그리스도인의 상호 복종의 실천 사항이요(엡 5:21-6:9), 약자가 된 부모에 대한 특별한 배려이다(딤전 5:4).[18)]

18) 논자는 본 장에서 다른 문헌 혹은 다른 종교 문헌에 나타난 효를 염두에 두지 않고 주로 성서 자체에서 말하는 효 개념을 밝혀내는데 집

그렇다면 이렇게 이데올로기가 청산된 신약성서적 효는 어떤 의의가 있을까? 우선, 이러한 효는 비권위주의적인 것으로 이데올로기로서의 효의 독소를 제거한 것이다. 성서적 효는 이데올로기적 효를 청산하고 있기 때문에 무엇보다도 성경적 효에는 권위주의가 설 자리가 없다. 인간 본성으로 효를 반대할 수 없음에도 불구하고 효도하라고 할 때 젊은이들이 때로 반감을 갖게 되는 것은 효가 흔히 권위주의를 동반하기 때문이다. 이를 가장 잘 반영하고 있는 것이 1999년에 베스트셀러가 되었던 김경일 교수의 『공자가 죽어야 나라가 산다』는 책이다. 이 책은 공자의 가르침으로 대변되는 유교의 권위주의를 공격하고 있다. 기성세대가 이에 대해 적극적인 반발을 했음에도 불구하고 이 책은 젊은이들에게 엄청난 호응을 얻었다. 이것은 젊은 세대의 생각에는 기성세대는 상당히 권위주의화 되어 있다고 느낀다는 것을 잘 보여준다.[19] 그런데 권위주의화 된 효는 성경이 말하는 효가 아니다.

성서적 효의 근원적 모델을 성부 하나님과 성자 하나님의 관계에서 찾을 수 있다. 그런데 흔히 우리는 성부와 성자의 관계가 아

중했다. 흥미로운 것은 논자의 연구와 상호 독립적으로 진행된 동양학 입장에서 연구된 공자의 효에 관한 한 학자의 연구 결과는 성서적 효의 특징에 대한 연구와 크게 다르지 않다는 것이다. 이상선에 의하면 공자의 효를 현대에 실행하는 방법은 정직이 바탕이 되어야 하고(비권위주의적 효), 의로워야 하며(정의로운 효), 자유와 평등의 바탕위에 표현되어야 한다(상호성에 기초한 효). 이상선, "공자 효행의 현대적 의의," 『성산효도대학원대학교 교수논총』 2(2001), 251-67.

19) 김경일, 『공자가 죽어야 나라가 산다』 (서울: 바다출판사, 1999). 이에 반대하는 책으로 곧이어 성균관대 유학과 최병철 교수의 『공자가 살아야 나라가 산다』 (서울: 시아출판, 1999)가 출판되었으나 독자들의 반응은 비교적 냉담했다. 이 때 여성의 입장에서 한국의 가부장제적 권위주의 비판한 책으로 이하천의 "삼십년 가부장제와 맞서 싸운 한 여성 작가의 외침"라는 부제의 『나는 제사가 싫다』 (서울: 이프, 2000)가 출판되어 주목을 받기도 했다.

버지와 아들의 관계이기 때문에 상하관계, 혹은 위계질서의 관계로만 생각한다. 당연히 아버지가 아들보다 높고 아버지는 사랑, 아들은 순종의 관계로만 보는 경향성이 있다. 소위 부자자효의 관계로 보는 것이다. 그러나 성서에서 묘사하는 성부와 성자의 관계는 그렇게 단순하지 않다. 요한복음에는 아들로서 성자 하나님이 성부 하나님께 순종하는 모습이 그려져 있음과 아울러 아버지와 아들은 사랑의 관계 속에서 하나라는 사상이 전체를 관통하고 있다(요 10:30; 17:20-23). 이것을 나는 이전의 글에서, 요한복음에서 성부와 성자의 관계는 본질에 있어서는 동등하고, 사역에서 있어서 위계가 있다고 주장하였다.[20)]

위와 같은 성서적 효의 유용성은 무한이 열려있다. 전통적인 가부장제적, 이데올로기적 효는 사회와 교회에 큰 폐해가 될 수 있다. 이러한 효는 사람을 자유롭게 하고 행복하게 살도록 도와주기보다는 약자를 억압하고 인간의 자율권을 제한하며 하나님의 자녀가 이 땅에서 하나님의 나라를 누리는 데 방해가 된다. 하지만 성서적 효를 목회에 적용하면 큰 유익이 있다. 첫째, 부모 자녀 간의 올바른 관계 설정을 함으로써 성경적 효 개념을 통하여 하나님과 신자의 관계를 올바로 설정할 수 있다. 둘째, 성서적 효 정신은 사회적 약자에 대한 보살핌의 목회를 적극 지지한다. 위에서 고찰한 대로 성서적 공경 정신이 약자를 더 적극적으로 배려하는 것이기 때문이다. 누가는 성령의 역동적 역사와 약자에 대한 보살핌을 동시에 균형 있게 강조하고 있다(눅 4:16-19; 행 2:43-47; 4:32-35). 셋째, 성서적 효 정신으로 한국 교회와 사회의 병리를 치유할 수

20) 김동수, “요한복음에 나타난 삼위일체 사상,” 『신약논단』 19(2012), 141-70. 김균진은 삼위일체가 성부에 의한 성자와 성령의 위계가 아니라 삼위의 인격이 서로 사랑과 교제로 결합되어 있는 관계로 설명한다. 김균진, 『기독교조직신학 I』 (서울: 연세대학교출판부, 1984), 260.

있다. 성서적 효는 정의로운 효이기 때문에 이 정신으로 한국 교회와 사회의 정직성 회복 운동을 전개할 수 있다. 성서적 효는 비권위주의적 특성이 있기 때문에 이 정신을 적용할 때 교회와 사회가 보다 민주화되고, 인격 목회가 가능해지며, 목회자와 평신도의 형제애가 회복되고 가족 구성원 간의 대화와 화목이 이루어 질 수 있다.

성서에서는 이러한 효 개념을 적극적으로 활용하여 진리를 가르치는 데 사용할 수 있다. 신약성서는 부모 공경 개념을 버리지 않고 오히려 부자간의 관계를 적극적으로 활용하여 성서의 주요 메시지를 전달하고 있다. 예를 들어 요한복음에는 예수에 대한 여러 칭호가 있지만 그 중에서도 가장 중심을 차지하는 것이 하나님의 아들로서의 예수이다. 요한복음에서 하나님은 예수의 아버지이고 예수는 그 아들이라는 개념이 광범위하게 나타나고 있으며 이 개념을 통해서 예수와 하나님의 관계가 가장 잘 설명되어 있다. 예수는 하나님의 아들로서 하나님과 하나이며 동시에 하나님의 보내심을 받은 하나님의 대리자이다.[21] 또 요한복음에서 신자와 하나님과의 관계도 부자관계로 묘사되어 있다. 신자는 하나님의 자녀(요 1:12; 11:52)이며 하나님은 모든 신자의 아버지(요 20:17)이고 따라서 모든 신자는 서로 형제가 된다(요 20:17; 21:23).[22]

이렇게 이데올로기적 효가 극복된 성서적 효는 성서의 메시지를 전달하는 주요 메타포가 되었을 뿐만 아니라 지금도 기독교 메시

21) 요한복음의 기독론이 부자 관계의 모델에 의해서 설명된 것에 대해서는 김창선, "'보냄 받은 자'로서의 예수 그리스도: 요한복음에 나타난 성경적 효 모델로서의 파송 기독론," 『효와 성령』, 81-97을 보라. 요한의 아들 기독론에 관해서는 김동수 외, 『신약성서개론』(서울: 대한기독교서회, 2002), 437을 보라.

22) 이에 관해서는 김동수, "요한복음에 나타난 하나님과 신자의 부자 관계," 『성산효도대학원대학교 교수논총』 2(2001), 65-77을 보라.

지를 실을 수 있는 좋은 수단이 될 수 있다. 이데올로기적 효를 극복함으로써 근대 사회에서는 사람과 사람 간의 근본 관계는 지배 관계보다는 계약 관계로 이해되고 있다. 그런데 이러한 관계가 성서적으로 볼 때 사람들 사이의 관계에는 올바른 것이지만 하나님과 사람의 관계에 있어서는 계약 관계와 아울러 은총의 관계도 있는 것이다. 계약 관계에만 익숙한 서구 현대인들이 하나님과의 관계 설정이 힘든 측면이 있게 된다. 이러한 측면에서 비 이데올로기적인 효 개념은 하나님과 인간의 관계를 설정하는 데 도움이 될 수 있다. 이에 대한 다음의 양명수의 요약적 설명은 길게 인용할 가치가 있다.

> 그러므로 이데올로기가 아닌 효가 공헌할 점이 있다. 근대 사회가 당당한 주체를 내세우고 각자 일한 대가로 산다고 생각하면서 은총을 모르게 되었다. 감사와 회개보다도 자기 실현이 미덕이 되었다. 말을 잘 듣기보다는 자기 의사를 당당하게 표현하는 것이 미덕이 되었다. 그 결과 무한 경쟁으로 치닫고 마음은 삭막해지고, 생각은 그 깊이를 상실했다. 효는 그런 현대 사회를 치유하고, 은총에 대한 감사와 섬김을 알도록 하는 역할을 할 수 있다. 은총이 먼저다. 나보다 은총이 먼저다. 그리고 그 은총의 대표자는 여전히 부모다. 서구 사회에서는 효의 문제를 사회보장 제도로 해결하려고 한다. 우리 나라도 그런 절차를 밟겠지만, 사회보장 제도로 인간 관계가 해결되지 않는다. 사회 보장 제도로 정의를 보장하는 것이 중요하면서 동시에 사랑은 사회 보장 제도로서 해결되지 않는다. 효가 과거의 이데올로기와 달리 말대답을 못하게 하는 데 바탕을 두지 않고, 사회 보장 제도 이상의 섬김을 말하는 것이라면 현대 사회에 중요한 공헌을 할 것이다.[23)]

효는 독재자적 정치가와 지배자적 교회 지도자들에 의해 지배

---

23) 양명수, "기독교의 죄 개념과 효," 23-24.

이데올로기로 사용될 수 있다는 것은 주지의 사실이다. 하지만 효 개념이야말로 성부와 성자의 관계 등 신학의 진리를 이해하는 데도 필수적이고 또 이 개념으로 새로운 한국적 신학을 전개할 수도 있을 것이다. 나아가 성서적 효 개념은 노인과 관계된 사회 문제를 해결하는 데도 일조할 수 있을 것이다.

6. 결론

본 장은 신약성서에 나타난 예수와 바울의 효에 대한 가르침을 개괄한 것으로 신약의 효에 대한 철저한 연구는 아니다. 하지만 신약에 있어 효의 문제를 다룬 논문이 많지 않은 상황에서 본 장은 후에 있을 보다 심도 있는 연구를 위한 문제제기로 조그만 역할을 할 수 있을 것이다.[24)]

---

24) 본 장에서 논자는 성서적 효를 논하면서 효 개념에 있어 구약의 효 개념 그리고 효에 있어서 신약과 신약의 관계 등 중요한 문제를 다루지 못했다. 구약의 부모공경 개념에 대해서는 박준서가 『십계명 새로 보기』에서 제5계명을 다루면서 명쾌하게 설명한바 있다. 이것이 어떻게 유대교를 거쳐 신약에서 새롭게 이해되었는지에 관한 연구는 다음의 연구 과제로 남겨 놓는다.

3. 신약이 말하는 기도

기도는 신구약성서를 관통하는 주요 주제 중 하나다. 구약성서는 주요 인물들을 기도의 사람으로 묘사하고 있다. 월터 브루그만(Walter Brueggemann)은 『구약의 위대한 기도』라는 저술에서 구약의 주요 인물들을 기도의 사람으로 그려내고 있다.[1] 또 구약성서에는 감사, 찬양, 탄원, 항변 등 다양한 형태의 기도가 나온다.[2] 핵심 인물을 기도의 사람으로 묘사한다는 측면에서 신약성서도 구약성서와 다르지 않다. 사복음서 저자들, 특히 누가에 따르면 예수는 기도의 사람이었을 뿐만 아니라 기도의 모범자였다(눅 3:21;

---

1) 브루그만은 아브라함(창 18:22-33), 모세(민 14:13-23), 한나(삼상 2:1-10), 다윗(삼하 7:18-29), 솔로몬(왕상 3:5-15), 요나(욘 2:2-9), 예레미야(렘 32:16-25), 히스기야(왕하 19:15-19), 에스라(스 9:6-15), 느헤미야(느 1:4-11), 다니엘(단 9:3-19), 욥(욥 42:1-6), 각각의 기도를 소개한다. W. Brueggemann, 『구약의 위대한 기도』 (서울: 성서유니온선교회, 2012).

2) 구약의 기도에 대한 국내 학자들의 연구로는 다음을 보라. 김상기, "구약성서의 기도," 『성서마당』 114(2015년 여름호), 9-26; 방석종, "기도 찬양 감사," 편집부(편), 『기도와 현대 목회』 (서울: 감리교신학대학교출판부, 1996), 256-73; 왕대일, "구약성서와 기도," 편집부(편), 『기도와 현대 목회』 (서울: 감리교신학대학교출판부, 1996), 9-58. 『그말씀』 (2003년 3월호)은 구약의 기도를 특집으로 다루고 있다. 이학재, 강성열, 김재구, 장성길, 권혁승, 김윤이, 강소라 등이 구약 기도의 한 측면에 대해서 쓰고 있다.

5:16; 6:12; 9:18, 29; 22:32, 39-46; 23:46).

기도가 하나님의 백성이 하나님께 감사, 찬양, 청원(간구), 한탄 등을 함으로써 하나님의 임재에 들어가는 것 혹은 하나님과 대화하는 것이라는 점에서 신구약성서는 맥을 같이한다. 예수는 당시 유대인들의 기도 관습을 비판하기는 했지만(마 6:5-8; 눅 18:9-14), 구약성서에 나오는 기도 자체를 비판한 것은 아니었다. 또 바울도 많은 점에서 유대교의 기도 관습을 이어받았다.[3] 다만 신약성서에서의 기도는 예수 그리스도를 통해서 하나님께(per Christum in Deum) 말한다는 점에서 구약성서의 기도와 차이가 있다. 또 신약성서에서는 구약성서에서는 찾아볼 수 없는 성령과 기도라는 주제가 부각되어 있다(눅 11:13; 롬 8:26; 엡 6:18; 유 20).

본 장은 신약성서에 나타난 기도를 연구하는 것이다. 그 동안 기도에 관한 신약성서 개별 본문을 주석적으로 연구한 것, 특히 주기도문에 대한 연구와 예수가 가르친 기도 비유에 대한 연구는 부족함이 없을 정도다. 그런데 신약성서 주요 저자의 기도론의 특징을 일별해 보는 연구는 많지 않았다. 이러한 연구는 신약성서 기도론의 다양성과 통일성을 보여줄 것이다.[4] 본 장의 목적은 신

3) Richard N. Longenecker, "Prayer in the Pauline Letters," Richard N. Longenecker (ed.), *Into God's Presence: Prayer in the New Testament* (Grand Rapids, MI; Eerdmans, 2001), 203-227; W. B. Hunter, "Prayer," G. F. Hawthorne, R. P. Martin, and D. G. Reid (eds.), *Dictionary of Paul and His Letters* (Downers Grove: IVP, 1993), 725-34; 박창건, "바울의 기도 연구," 『신학과 세계』 26(1993), 115-43. 롱게네커는 바울이 기도가 유대교와 연관이 있는 증거로 바울의 기도에 "의무, 법적 의식과 공동체 전통뿐만 아니라 내향성, 자발성, 임의성과 같은 특징"이 있음을 든다 (211-212).

4) 신약성서 신학의 한 분야를 이러한 방법으로 연구한 대표적인 저서로는 James D. G. Dunn, 『신약성서의 통일성과 다양성』 (서울: 솔로몬, 1999)을 보라.

약성서 주요 저자들이 제시하는 기도론의 특징이 무엇인지를 밝혀내어 그 통일성과 다양성을 표출시키는 것이다. 보다 구체적으로는 본 장은 그러한 특징이 각 저자의 신 이해와 어떤 관련이 있는가를 찾아보는 것이다.

신약성서 저자 중에서 기도에 관해서 특징적 이해를 보여주는 대표적인 문서로는 바울서신과 누가문헌과 요한문헌을 들 수 있다. 마태복음과 유다서와 요한계시록 등 여타 저술들에 나타난 각 저자의 기도론도 밝혀낼 수 있지만,[5] 본 장은 기도에 대해서 신학적 이해를 발견하고 그 독특성들을 잘 보여주는 바울과 누가 그리고 요한으로 그 범위를 한정할 것이다.[6] 본 연구를 통해서 논자는 이 세 저자들의 기도에 대한 기본적인 이해를 약술하고, 거기에서 각 저자의 특징적 기도 이해를 한 가지 도출한 다음, 그것이 그들의 신에 대한 이해와 어떤 밀접한 관련이 있는지를 조사할 것이다. 연구 결과 "[특정한] 기도는 특정한 하나님 이해를 전제"한다는 쿨만(O. Cullman)의 선견이 본 장을 통해 구체적으로 밝혀질 것이다.[7] 이러한 연구 결과는 신약성서의 기도에 대한 협소한 이해로

---

5) 예. J. Ramsey Michaels, "Finding Yourself an Intercessor: New Testament Prayer from Hebrews to Jude," Richard N. Longenecker (ed.), *Into God's Presence: Prayer in the New Testament* (Grand Rapids, MI; Eerdmans, 2001), 228-51; Richard Bauckham, "Prayer in the Book of Revelation," Richard N. Longenecker(ed.), *Into God's Presence: Prayer in the New Testament* (Grand Rapids, MI; Eerdmans, 2001), 252-70.

6) So O. Cullmann, 『기도』 (서울: 대한기독교서회, 2007). 쿨만은 신약성서의 주요 기도를 공관복음, 바울서신, 요한문헌과 기타문헌으로 대별했다. 이와 유사하게 톰 라이트는 신약의 기도에 관한 최근의 저술에서 신약의 기도를 예수의 기도와 바울의 기도와 그 외 초기 기독교의 기도로 대별한다. N. T. Wright, 『신약의 모든 기도』(서울: IVP, 2015). 반면 존 쾨니그는 신약성서에서 기도에 대한 사상에는 문서 별 차이가 별로 없다고 본다. John Koenig, 『신약성경의 기도』 (서울: 도서출판 하늘향, 2014), 38.

인해 벌어진 기도 논쟁을 위한 일종의 해결책으로도 활용될 수 있을 것이다. 즉 본 연구는 신약성서가 기술하는 기도의 다양성에 따라 강청 기도는 가능한 것인지 또 방언 기도는 아직도 유효한 것인지 등에 대한 일종의 답을 줄 수 있을 것이다.

1. 바울의 "영의 기도"

1) 바울서신과 기도

바울에게 있어 기도는 일상화된 영성생활의 요목 중 하나였다. 바울이 가르친 기도에 있어 특별하게 눈에 띄는 것은 "항상"(롬 1:10; 12:12; 고전 1:4; 살전 1:2; 살후 1:11), "끊임없이"/"쉬지 말고"(살전 2:13; 5:17), "주야로"(살전 3:4)라는 단어 혹은 어구다. 이것들은 모두 기도가 삶 속에서 일상적으로 이루어지는 일임을 알려준다. 또 바울은 일상생활에서뿐만 아니라 어려움에 처했을 때 기도할 것을, 또 자신이 그러한 상황에 처했을 때 자신을 위해서 기도해 줄 것을 다른 신자들에게 요청한다(살 5:25; 살후 3:1; 롬 15:30).[8]

또 한 가지 중요한 데이터 중 하나는 바울은 기도를 말할 때 신약성서 저자 중에서 그 누구보다도 다양한 단어를 사용하고 있다는 것이다. 롱게네커(Richard N. Longenecker)는 바울이 사용한 기도에 대한 단어를 분석한 결과를 다음과 같이 제시하고 있다. 신약성서에서 바울의 친서와 제2바울서신을 포함하여 바울은 기도에 대해서 16개의 단어를 사용하는 반면, 여타 저자들은 이 보다 훨

7) Cullmann, 『기도』, 34.

8) 최혜영, "바울로 서간에 나타난 기도 연구," 『가톨릭신학과사상』 2(1998), 200-201; 권연경, "바울의 기도 I," 『그말씀』 (2009년 2월), 66-67.

씬 적은 수의 단어를 사용하고 있다고 한다.[9] 바울은 상황에 따라 "찬양하다"(롬 1:25), "찬송하다"(롬 15:9), "경배하다"(고전 14: 25), "감사하다"(롬 1:8), "기도하다"(롬 8:26), "구하는 바"(롬 10:1), "말하다"(롬 1:9), "말할 수 없는 탄식"(롬 8:26) 등 다양한 단어(명사 혹은 동사)를 사용하여 다양한 측면의 기도를 말하고 있다.[10] 구약성서에서도 기도에 대해서 탄원, 감사, 찾다, 구하다, 울부짖다 등 다양한 단어로 하나님과 하나님의 백성의 상호작용을 표현하고 있듯이,[11] 바울도 각 상황에 따라 하나님과 하나님의 자녀의 대화를 다양한 표현으로 말하고 있는 것이다.[12] 그런데 찬양이든(고후 3:4; 엡 1:3-6), 감사이든(롬 1:8; 살전 1:2-3), 간구이든(롬 15:5-6; 살전 3:11-13) 바울 기도가 유대교의 기도와 다른 것은 예수를 통한 기도라는 것이다.[13]

2) 성령과 기도

구약과 유대교 전통에서 기도의 관습을 이어 받고 있는 바울은

---

9) Longenecker, "Prayer in the Pauline Letters," 204. 그는 마태복음과 마가복음은 각각 8개 단어, 누가복음은 10개 단어, 요한복음은 3개 단어, 사도행전은 10개 단어, 히브리서는 7개 단어를 사용하고 있다고 한다.

10) Longenecker, "Prayer in the Pauline Letters," 204-206; Hunter, "Prayer," 729-30; cf. Cullmann, 『기도』, 149.

11) 박동현, "구약성경의 기도에 대한 서론적인 고찰," 『장신논단』 10(1994), 304-306.

12) 바울의 기도는 여러 가지 방식으로 대별해 볼 수 있다. 바울의 중보기도에 대해서 자세히 분석한 것으로는 다음 연구서를 보라. Gordon P. Wiles, *Paul's Intercessory Prayers: The Significance of the Intercessory Prayer Passages in the Letters of Paul* (N. Y.: Cambridge University Press, 1974).

13) 우진성, "'예수 이름으로 드리는 기도'의 기원: 신약성서와 초대교회 전통에 나타난 기도를 중심으로," 『한국신학정보연구원 세미나 페이퍼』 (2015년 3월 19일), 7-10.

'예수를 통해 기도한다'라는 것뿐만 아니라 기도에서 '성령의 역할을 말한다'라는 측면에서 기도에 대한 이전의 관습을 넘어선다. 쿨만은 바울서신 여러 곳에서 바울이 성령과 기도의 관계에 대해서 말함을 보여준다(롬 8:12-27; 15:30; 고전 12:3; 갈 4:6; cf. 엡 5:19; 골 3:16).[14] 로마서 8:15에서 바울은 성령을 통해서 신자가 하나님을 "아빠 아버지"라고 말하면서 기도하는 장면을 포함시킨다. 이것이 기도인 것은 예수가 가르친 주기도문대로 여기서 신자도 하나님을 "아버지"라고 부르면서 기도하고 있고, 또 기도에 대해서 자주 쓰이는 "부르짖다"(κράζω)라는 동사가 여기에 쓰이고 있다는 데 있다. 기도 가운데서 "양자의 영" 곧 성령은 신자를 하나님의 자녀로 선언하고 있고, 신자는 그 선언에 따라 하나님을 "아빠"라고 외치면서 기도하는 것이다.

바울은 "이성으로"(τῷ νοΐ) 하는 기도와 아울러 "영으로"(τῷ πνεύματι) 하는 기도를 말하고 있다(고전 14:15). 영으로 하는 기도란 "성령의 나타남"(고전 12:7) 중의 하나로, 신자가 성령의 인도함 가운데 자신의 영으로, 곧 기도자의 말로는 "나의 영으로"(τὸ πνεῦμά μου) 하나님께 기도하는 것을 말한다. 바울은 방언하는 것을 "영으로" 하는 기도라고 한다. 바울은 방언을 "성령으로"(πνεύματι) 말하는 것이라고 정의한다(고전 14:2). 여기서 '프뉴마티'를 "자신의[방언하는 사람의] 영으로"라고 해석할 수도 있지만, 본문이 성령의 은사, 즉 성령의 나타남(고전 12:7)을 말한다는 면에서 이것을 "성령의 나타남에 의하여"라고 보는 것이 적절하다.[15]

로마서 8:26-27에는 "영으로 하는" 기도와 유사한 기도가 나온다. "이와 같이 성령도 우리의 연약함을 도우시나니 우리는 마땅히

---

14) Cullmann, 『기도』, 152-67.

15) So Gordon D. Fee, *The First Epistle to the Corinthians* (Grand Rapids, MI: Eerdmans, 1987), 656, footnote 22.

기도할 바를 알지 못하나 오직 성령이 말할 수 없는 탄식으로 (στεναγμοῖς ἀλαλήτοις) 우리를 위하여 친히 간구하시느니라(ὑπερεντυγχάνει). 마음을 살피시는 이가 성령의 생각을 아시나니 이는 성령이 하나님의 뜻대로 성도를 위하여 간구하심이니라(ἐντυγχάνει)." 여기에서 분명히 "간구하다"의 주어는 "성령"이다. 그래서 문자 그대로 해석하면 이 구절에서 말하는 것은 성도를 위한 성령의 중보기도다. 문제는 신약 성경 전체에서 성령의 중보기도를 말하는 구절이 이 곳 밖에 나오지 않는다는 것이다. 또 바울이 본문에서 말하려고 한 바는 성령이 신자를 위해서 하나님의 뜻대로 기도하고 있으니, 신자는 그것을 체험하지 못하더라도 아무 염려 없이 살라고 하는 말이 아니다. 문맥에서 보면 이 기도는 신자가 탄식하는 것에(롬 8:23) 성령이 동참해서 같이 탄식해 주는 것을 신자가 체험하고 위로를 받는 것을 묘사한 것이다.

그렇다면, 여기서 말하는 "말할 수 없는 탄식으로"하는 성령의 기도는 바울이 고린도전서 14:2에 말하는 "영으로"하는 기도, 즉 방언 기도를 지칭할 가능성이 있다. 이 문제 관해서는 학자들의 견해가 극명하게 엇갈린다. 로마서 8:26에서 기도하는 주체가 성령이기 때문에, 기도하는 주체가 신자인 방언 기도와는 구별된다고 보는 학자들이 있는 반면, 방언 기도가 "성령의 나타남", 즉 성령의 도움으로 하는 것이기 때문에 성령의 도움으로 하는 신자의 기도를 바울이 성령이 하는 기도라고 표현할 수 있다고 보는 학자들도 있다. 이전 논문에서 논자는 이것이 방언을 가리킬 가능성이 매우 높다고 논증한 바 있다.[16)]

설혹 "말할 수 없는 탄식으로" 하는 기도가 방언기도를 지칭하

---

16) 김동수, "말할 수 없는 탄식(롬 8:26): 무언인가? 방언인가?" 『신약논단』 15(2008), 961-86. 이 논문에서 나는 "말할 수 없는 탄식"을 방언으로 볼 수 있다는 학자군과 그렇지 않은 학자군을 자세히 분류해 놓았다.

는 것이 아닐지라도, 이러한 성령의 기도가 신자의 기도와 무관한 것은 아니다. 이 성령의 기도는 신자의 연약함을 돕는 차원의 기도라는 면에서, 신자의 기도에 영향을 미치게 되어 있다. "말할 수 없는 탄식"으로 하는 성령의 기도를 신자들이 인식할 뿐 아니라, 그 마음을 느낄 수 있는 것이다. 바울이 피조물의 탄식(롬 8:22)과 신자의 탄식(롬 8:23)에 이어 성령이 이에 대한 공감 탄식을 하는 것(롬 8:26)을 여기서 묘사한 것을 볼 때, 최소한도로 말해 신자는 이러한 성령의 탄식을 체험하면서 기도에 있어서 성령의 도움을 받는 것이다.

초기 교회에서 이렇게 성령의 나타남으로 하는 기도가 바울의 전유물만은 아니었다. 에베소서 저자도 "성령 안에서 기도하고"(엡 6:18)라고 말하고 있고, 유다서 저자도 "성령으로 기도하며"(유 20)라는 권면을 하고 있다. 하지만, 성령을 "이 세대"와 "오는 세대" 사이에 하나님이 주시는 "보증"(고후 1:22; 5:5)이라고 보면서, 성령이 신자의 기도를 직접 돕는다는 확고하고 일관성 있는 신학을 보여줬다는 면에서 우리는 바울에게서 "영의 기도"의 신학을 발견할 수 있다. 빌립보서 1장 19절에서도 "너희의 간구와 예수 그리스도의 성령의 도움으로"라는 말을 통해 바울은 기도와 성령이 밀접히 관계되어 있음을 말하고 있다.[17)]

3) 기도와 신관

논자는 위에서 바울 기도론의 특색을 기도에 있어 성령의 도움을 중요시 하는 "영의 기도"라고 했다. 그렇다면 이러한 바울의 기

17) 특히 방언을 성령의 나타남에 의해서 말하는 기도라고 본 것은 바울이 유일하다. 누가는 방언을 기도로 한정하지 않고 예언을 포함한 영감 받은 언사라고 폭넓게 보았다(행 2:17-18). 이에 대해서는 R. P. Menzies, "누가-행전에서의 방언의 역할," 『영산신학저널』 26(2012), 31-52을 보라.

도 신학은 바울의 다른 신학 요소와 어떤 관련이 있는 것일까? 고든 피(Gordon D. Fee)는 바울의 종말론을 배경으로 바울의 기도론을 이해해야 한다고 제안한다.[18] 바울 신학의 중요 특징 중 하나는 인간의 연약함 가운데 하나님의 능력이 나타난다고 하는 것이다. 바울은 자신의 질병 경험을 통해서 "내 능력이 약한 데서 온전하여짐이라"(고후 12:9)고 말하고 있다. 여기서 연약함이란 종말의 상황, 즉 예수의 승천과 재림 사이에 신자가 겪게 되는 체험이다. 그렇다면 신자는 이렇게 무능력하게 예수의 재림을 고대하는 것인가? 바울은 그 사이에 하나님이 성령을 신자들에게 보내 주어 저 세상의 것을 이 세상에서 일부 맛보게 하여 소망을 갖게 한다고 말한다(고후 1:22; 5:5).

성령의 나타남, 혹은 성령의 도움으로 신자가 하는 기도는 종말을 사는 신자가 연약함 가운데 체험하는 성령의 도움인 것이다. 바울이 "보증"이라고 말한 '아라본'(ἀρραβών)은 본래 상업 용어로 계약금조로 받는 선금을 의미한다. 방언은 미래의 것을 현재에 체험하여 하늘의 것을 맛보는 것인 동시에, 아직 미래가 완성되지 않아 이 땅에서 탄식하는 소리이기도 한 것이다. 방언을 통해 바울은 이 땅에서 종말을 사는 신자의 연약함과 성령의 도움을 표현하고 있는 것이다. 그래서 바울에게 있어 성령에 의한 기도는 바울의 종말론 신앙인 연약함 가운데 성령의 도움으로 강해지는 신학을 표현하고 있는 것이다. 스땅달(K. Stendahl)이 잘 표현했듯이 바울은 방언을 "고도의 영적인 성취의 표시"로 보지 않고 오히려 "인간의 연약함에 대한 하나님의 해독제[교정]"로 보았다.[19]

---

18) Gordon D. Fee, "Toward a Pauline Theology of Glossolalia," Wonsuk Ma and Robert P. Menzies (eds.), *Pentecostalim in Context: Essays in Honor of William W. Menzies* (Sheffield: Sheffield Academic Press, 1997), 24-37; idem, 『성령이 들려주시는 하나님의 말씀』 (서울: 좋은 씨앗, 2002), 123-40.

위와 같은 바울의 종말론 이해는 바울의 기도론과 그의 신관의 관계를 보여준다. 바울에게 있어 삼위 하나님 각각의 인격은 신자의 기도와 밀접하게 관련되어 있다. 하나님은 기도의 대상이며(롬 8:27), 예수는 십자가를 통해 신자가 하나님과 화해를 이루어 신자와 하나님과 대화할 수 있는 기도를 가능케 한 분이며(롬 8:1; 16:27; cf. 골 3:17), 성령은 인간의 연약함을 도와 하나님의 뜻대로 신자가 기도하게 하는 분이다(롬 8:26). 바울은 성령을 하나님과 교통을 하게 하는 기능을 통해(고후 13:13), 예수의 재림을 고대하는 시대에 신자가 하나님과 대화할 수 있게 하는 분으로 제시한다. 특히 기도에 있어서 성령의 중보의 역할을 말한다는 면에서 신약 기도에서도 바울이 가르친 기도의 독특성이 있다.

2. 누가의 강청 기도

1) 누가-행전과 기도

신약성서 저자 중에서 누가는 그 누구보다도 기도라는 주제에 관심이 많았던 신학자였다. 다른 복음서와 비교하여 누가복음에서 기도라는 단어를 사용한 빈도수와 마가의 기사를 편집한 손길, 또한 자신이 수집한 자료에서 볼 수 있듯이 누가는 기도를 중시했다.[20] 누가복음은 예수를 기도의 사람으로 묘사한다. 오직 누가복음에서만 구속사적으로 중요한 사건마다 예수가 기도하는 것으로 묘사되고 있다. 예수는 세례 받을 때(3:21), 사역의 한 복판에서(5:15-16), 사도들을 선택하기 전날 밤(6:12-13), 베드로의 신앙고백

19) K. Stendahl, "Paul at Prayer," *Int* 34(1980), 244.

20) 김득중, "누가 문서에 나타난 기도의 주제," 『신학과 세계』 17(1988), 251-78.

을 듣기 전(9:18), 변화 산에서(9:28-29), 베드로가 시험에 빠지지 않게 하기 위해 만찬장에서(22:39-46), 또 십자가 위에서(눅 22:33, 46) 기도한다. 또 누가가 수집한 자료에는 기도에 대한 비유가 많이 나온다(눅 11:5-8; 18:1-8; 18:9-14). 뿐만 아니라 누가는 청원 기도를 통하여 성령을 보내주어 구속사가 이루어진다고 생각했다(눅 11:13).[21] 또 누가는 사도행전에서 바울을 기도의 사람으로 기술하고 있고(행 9:11; 13:2-3; 16:13, 16, 25; 20:36; 21:5; 22:17; 28:8), 또 바울 자신도 그 자신의 글을 통해 자신의 기도의 실행자였음을 잘 보여준다(롬 1:8-10; 고전 1:4).

2) 강청 기도

누가복음에 나타난 기도 중에 눈에 띄는 것은 끈질기게 기도하라는 가르침이다. 신약성서 저자 중 누가만큼 인간 편에서 하나님께 강청하는 기도에 대한 가르침을 일관성 있게 전개한 사람은 없다. 논자는 이전 연구에서 밤에 찾아온 친구의 비유(눅 11:5-8)와 불의한 재판장과 과부의 비유(눅 18:1-8)의 초점이 기도를 들어주시는 하나님의 선한 성품에 있다기보다는 기도할 때 신자 편에서 끈질기게 요청하라는 것에 있다는 것을 주장한 바 있다.[22] 그런데 신자가 이렇게 끈질기게 기도하면 하나님이 들어주는 것은 일관된 원칙대로 행동하는 하나님의 성품과 배치된 것이 아닌가 하는 의문을 던지는 학자들이 많이 있어왔다. 이러한 신론에 근거하여 이

21) So S. S. Smalley, "Spirit, Kingdom and Prayer in Luke-Acts," *NovT* 15 (1973), 59-71; cf. P. T. O' Brien, "Prayer in Luke-Acts," *TB* 24(1973), 111-27.

22) 김동수, "밤에 찾아온 친구의 비유(눅 11:5-8)," 『신약논단』 8(2001), 25-38; idem, "영산의 기도론: 강청(強請)하는 기도는 가능한 것인가?" 『영산신학저널』 3(2004), 122-43; Dongsoo, Kim, "Lukan Pentecostal Theology of Prayer: Is Persistent Prayer Not Biblical?" *AJPS* 7(2004), 205-17.

비유가 끈질기게 하나님께 요청하라는 것을 가르치는 비유가 아니라고 보는 학자들이 그렇다고 보는 학자들보다 더 많다.[23)]

하지만 논자는 여전히 이 비유들이 인간 편에서 하나님께 끈질기게 기도하라는 것에 초점이 있다고 본다. 한규삼은 누가복음에 나오는 기도에 대한 교훈을 분석하면서, 누가복음에서 예수 자신의 기도는 하나님 나라 건설에 관계된 것이라면, 예수의 기도에 대한 교훈은 "이와 대조적으로… 제자들이 하나님 나라에서 어떻게 살아가고 하나님 나라를 어떻게 준비할지를 가르치는 끈질긴 기도에 초점이 있다."고 말한다.[24)] 한규삼의 말을 그대로 빌리면 누가에게 있어 "끈질긴 기도는 하나님 나라의 두(현재와 미래의) 측면 사이에 살아가는 방법이다."[25)]

최근에 김광수는 누가복음 기도 본문에 대한 일련의 연구를 통해 누가의 기도론이 인간 편에서의 끈질기고 간절한 기도라는 것

---

23) 국내 학자들을 중심으로 몇몇 학자들을 예로 든다면 다음과 같다. 장해경, "기도에 대한 예수의 두 가지 비유," 『설교를 위한 성서 연구』, 한국성서학연구소(편) (서울: 한국성서학연구소, 1999), 107-115; 이민규, "고대 팔레스틴 문화로 본 친구의 도움에 관한 비유(눅 11:5-8)," 『신약논단』 9(2002), 845-64; 김득중, 『누가복음』 (서울: 대한기독교서회, 1993), 67-70.

24) Kyu Sam Han, "Theology of Prayer in the Gospel of Luke," *JETS* 43(2000), 691.

25) Han, "Theology of Prayer in the Gospel of Luke," 693. 최근에 힌슨(E. Glenn Hinson)은 누가복음뿐만 아니라 사도행전에서도 끈질긴 기도가 기독론에 있어서 핵심이라고 말한다. E. Glenn Hinson, "Persistence in Prayer in Luke-Acts," *Review and Expositor* 104(2007), 721-35. 그는 계속해서 전념하라는 의미의 동사 '프로스카르테레오'(προσκαρτερέω)가 기도에 관계해서 쓰였음을 주목한다(행 1:14; 2:42, 46; 6:4; 8:13; 10:7). 하지만 이러한 기도는 계속해서 기도에 전념하라는 것이지, 기도에 있어 하나님과 씨름하라고 가르치는 누가복음에 나오는 기도 비유와는 초점이 다르다.

을 설득력 있게 보여주고 있다. 첫째, 밤에 찾아온 비유에서 초점은 집 안에 있는 친구가 집 밖에 있는 친구의 계속되는 강청에 "일어나" 그 소원을 들어주는 것이다. 간절히 기도하라는 문맥(눅 11:9-13)에서 볼 때도 이 비유가 강청하는 기도에 대한 것임이 분명하다고 한다.[26] 둘째, 불의한 재판장과 과부의 비유를 누가는 종말론적 상황에 위치시켜 "인자의 강림으로 이루어질 하나님의 나라의 완성에 이르기까지 예수의 제자들이 현실에서 받는 박해와 고난의 상황을 극복하고 인정받는 자녀들이 되어 인자 앞에 서기 위해 가장 절실하게 필요한 기도에 대한 교훈으로 전달한다."고 한다.[27] 셋째, 예수의 감람산 기도(눅 22:39-46)에서도 누가는 마가의 기사를 시험에 들지 말라고 하는 것과 간절한 기도를 하는 것을 부각시키는 것으로 편집해서 간절한 기도를 통해 사탄과의 전투를 해야 함을 가르치고 있다고 한다.[28]

3) 기도와 신관

끈질기게 기도를 요청하면 하나님이 들어준다는 누가의 기도에 대한 교훈을 두고, 이것은 '변덕스런' 신의 성품을 말하는 것이라는 비판이 늘 있어왔다. 하지만, 인간과 상호 작용에 의해서 신은 아무런 변화도 일으키지 않는다고 보는 신관은 앞에서 살펴본 누가복음 기도 비유들에 제시된 신관과는 사뭇 거리가 있어 보인다. 그 동안 밤에 찾아온 친구의 비유와 불의한 재판관의 비유에서 요

---

26) 김광수, "한 밤중에 간청하는 친구의 비유와 누가의 기도 신학: 누가복음 11:5-13을 중심으로," 『복음과 실천』 52(2013), 63-88.

27) 김광수, "불의한 재판관과 끈질긴 과부의 비유(눅 18:1-8)에 나타난 누가의 기도 신학," 『복음과 실천』 54(2014), 96-97.

28) 김광수, "예수의 감람산 기도 이야기에 나타난 누가의 신학적 관심사(눅 22:39-46)," 『복음과 실천』 50(2012), 63-90.

청을 들어주는 인물로 제시된 사람들은 '마지못해 친구의 청을 들어주는 집 안에 있는 친구'와 '불의한 재판관'이었다. 이 사람들의 성품은 한 마디로 하나님의 성품과는 다르다고 인식되어 왔다. 본문은 '더 작은 것에서부터 더 큰 것으로의'(*a miniori ad maius*) 논증으로 흔히 이해되었다. 이렇게 악한 사람도 끈질기게 요청하면 청을 들어주는데, 하물며 선하신 하나님이 그 청을 들어주지 않겠느냐는 것이다.

그런데 최근 제임스 메츠거(James A. Metzger)는 이러한 전통적인 해석에 도전장을 냈다.[29] 누가복음에 있는 위 두 비유에서 저자는 '더 작은 것에서부터 더 큰 것으로의' 논증을 명시적으로 하지 않는다는 것이다. 그는 '마지못해 친구의 청을 들어주는 집 안에 있는 친구'와 '불의한 재판관'은 각 비유에서 하나님에 대한 인물 묘사라는 것이다. 또 구약성서에서는 시시각각으로 변하는, 또 현대인이 받아들이기 어려운 편협한 신의 모습을 찾아볼 수 있다는 것이다.[30] 논자는 구약성서에 묘사된 하나님의 행동에 대한 해석을 메츠거와 달리하지만, 그의 견해에 동의하는 바는 구약성서

29) James A. Metzger, "God as F(r)iend?: Reading Luke 11:5-13 & 18:1-8 with a Hermeneutic of Suffering," *Horizons in Biblical Theology* 32(2010), 33-57; idem, "Where Has Yahweh Gone?: Reclaiming Unsavory Images of God in New Testament Studies," *Horizons in Biblical Theology* 31(2009), 51-76.

30) Metzger, "Where Has Yahweh Gone?" 61-62. 그는 구약성서에서 다음과 것들을 예로 든다. 1) 하나님은 세상을 창조한 후 "좋다"고 했다가(창 1:1-2:4a), 나중에 거의 모든 생명을 쓸어버렸다(창 6:5-9:17). 2) 하나님은 아브라함의 아들 이삭을 죽여서 제물로 바치라고 했다고 나중에 이삭을 살려준다(창 22:1-14). 3) 하나님은 자신이 선택한 야곱과 씨름하고(창 32:22-32), 모세를 이유 없이 죽이려 했다(출 4:24-26). 4) 이스라엘 사람들과 이스라엘 사람들의 것이 아니라는 이유로 수많은 사람을 죽였다(출 7-14장; 수 2-12장). 5) 이집트 바로의 마음을 강퍅하게 해서 그의 군사들을 죽게 했다(출 14장).

내러티브에서 하나님은 인간과 기도와 대화를 통한 상호 작용을 통해서 변하는 분으로 묘사되어 있다는 사실이다. 메츠거의 말을 빌리면, "성서 화자들은 신의 내적 삶이 인간의 행위에 의해서 영향을 받는 것으로 묘사할 뿐만 아니라(예. 창 6:6; 삼상 15:35; 왕하 24:20), 아브라함, 욥 에스라 모두는 하나님의 그의 마음을 변화하도록 혹은 예정된 행위의 과정을 변화시킬 수 있는 것으로 생각하고 하나님께 나아간다."[31]

오스카 쿨만은 어떤 사람의 기도에 대한 이해는 신관에 영향을 미치고, 그 사람의 신관은 기도에 대한 이해를 결정한다고 말한다.[32] 그래서 철학자의 하나님과 체험자의 하나님 이해는 다른 것이고, 또한 기도에 대한 이해도 이에서 파생되는 것이다. 쿨만은 구약성서가 "하나님의 후회"를 말한다는 면에서(렘 13:8), 성서의 하나님은 스스로 변하는 자유가 있는 분으로 본다.[33] 차정식도 불의한 재판장과 과부의 비유에 대한 해석도 해석자의 신관에 의해 깊은 영향을 받는다고 보았다. 이 비유에서 제시하는 하나님은 기계적인 존재가 아니라 다이나믹하게 상황에 따라 변하는 하나님이라고 보았다. 역설적이게도 이렇게 상황에 따라 변하는 하나님이 인간의 필요에 따라 반응하는 신실한 하나님이 아니겠느냐고 그는 반문한다.[34]

앞에서 살펴본 기도에 대한 두 비유를 통해서 볼 때 누가는 신을 어떤 상황에서도 변하지 않고 변할 수 없는 인격체로 본 것이 아니라 인간의 요청과 상황에 따라 변화하여 역동적으로 역사하는

31) Metzger, "God as F(r)iend?," 51.

32) Cullmann, 『기도』, 244-52.

33) Cullmann, 『기도』, 84.

34) 차정식, 『마음의 빛을 부르는 기도: 신약성서의 기도 신학』 (서울: 대한기독교서회, 2003), 221-48.

인격체로 보았다. 그리고 그 변화의 핵심에는 인간의 청원 기도, 특별히 강청 기도가 있다. 누가는 이러한 기도가, 종말의 시대를 사는 신자들에게 꼭 필요한 기도라고 보았다(눅 18:1, 8).[35] 이러한 기도는 인간이 곤경에 처했을 때 간절히 하나님의 도움을 요청하는 시편에 나오는 '탄원 기도'와 맥을 같이하는 것이다.[36]

3. 요한의 "예수 이름으로" 하는 기도

1) 요한복음과 기도

요한복음은 공관복음과 여러 면에서 구별되는데, 기도에 있어서도 그렇다. 요한복음에는 '기도하다'라는 일반 동사인 '프로슈코마이'(προσεύχομαι)라는 단어도 나오지 않고, 예수가 제자들에게 기도에 대한 주제를 별도로 한 어떤 가르침도 베풀지 않는다. 하지만 요한복음 저자는 나름대로 기도에 대해서 말하고 있다. 요한복음의 예수는 하나님께 감사기도를 하고 있고(요 11:41-42), 십자가를 지기에 앞서 괴로워하면서 하나님을 영화롭게 하는 기도를 하며(요 12:27-28), 또 고별각론 후 길게 대제사장적 기도를 하고 있다(요 17:1-26). 여기서 예수는 자신의 영광을 위해서(1-5절), 또 현 제자들의 보전, 지킴, 일치 성화를 위해서(6-19절), 또 미래 제자들의 일치와 사랑을 위해서(20-26절) 기도한다. 그런데 이 모든 기도의 과정에서 기본 전제는 기도자가 "하나님과의 하나됨의 관계 속에서 하나님께 감사하고 찬양"하는 것이다.[37] 이러한 기도는 누가

35) 스탠리 그렌츠는 간구하는 기도에 있어서 변하는 자는 기도하는 사람 자신, 기도의 대상자, 천사와 마귀들, 기도를 들으시는 하나님이라고 말한다. 이런 기도는 하나님의 선한 의지가 발동하도록 하는 수단이 된다는 것이다. Stanley J. Grenz, 『기도』 (서울: SFC, 2007), 78-86.

36) 박동현, "구약성경의 기도에 대한 서론적인 고찰," 331-32.

복음에 나오는 기도의 교훈에서처럼 신자 편에서 끈질김 같은 것이 요청되는 기도와는 구별된다. 요한복음 기도의 특색은 예수가 제자들에게 가르친 "내[예수] 이름으로" 하는 기도에 가장 잘 나타나 있다(요 14:13, 14; 15:16; 16:23-24, 26).

2) "예수 이름으로" 하는 기도

오직 고별설교(요 14-16장)에서만 요한복음의 예수는 "내 이름으로"(ἐν τῷ ὀνόματί μου) 하는 기도를 가르친다. 요한복음 15:7에는 "예수 이름으로"라는 문구는 나오지 않지만 주절의 내용으로 보아 같은 종류의 기도를 말하는 것이다.

> 너희가 **내 이름으로** 무엇을 구하든지 내가 행하리니…(14:13)
> **내 이름으로** 무엇이든지 내게 구하면 내가 행하리라.(14:14)
> **너희가 내 안에 거하고 내 말이 너희 안에 거하면** 무엇이든지 원하는 대로 구하라. 그리하면 이루리라.(15:7)
> …**내 이름으로** 아버지께 무엇을 구하든지 다 받게 하려 함이라.(15:16)
> …너희가 무엇이든지 아버지께 구하는 것을 **내 이름으로** 주시리라. 지금까지는 너희가 **내 이름으로** 아무 것도 구하지 아니하였으나 구하라 그리하면 받으리니…(16:23-24)
> 그 날에 너희가 **내 이름으로** 구할 것이요…(16:26)

위 구절 중 15:7과 16:26을 제외하면 나머지 구절의 구조는 모두 동일하다. 조건절은 예수이름으로 기도하는 것이고, 주절은 그 기도가 응답된다는 것이다. 15:7에는 "내 이름으로" 대신에 다른 문구가 들어가 있고, 16:26에는 주절이 생략되어 있다. 이 두 구절을 제외하면 모든 구절에서 조건절은 "예수 이름으로" 기도하는

---

37) 김동수, "요한복음에 나타난 기도 사상," 『복음과 신학』 10(2008), 79.

것에 대해서 말하고, 주절은 그 기도에 대한 응답의 확실성을 말한다. 주절은 예수의 입으로 그 응답을 실행할 것을 말하든지(14:13, 14), 혹은 하나님을 주어로 하여 혹은 신적 수동태를 사용하여 하나님이 그 응답을 주실 것을 말하든지(15:7; 15:16; 16:23), 혹은 2인칭으로 기도자가 그 응답을 받을 것을 말한다(16:24). 어떤 것이든 각각은 기도 응답의 확실성에 대해서 말하는 것이다.

여기서 예수가 말한 "내 이름으로" 즉 "예수 이름으로"하는 기도는 어떤 기도를 지칭하는 것인가? 우선, "아버지[하나님]의 이름"으로 라는 말이 요한복음에서는 "하나님의 권위"로 라는 말로 쓰여(요 5:43; 17:12), 예수가 하나님으로부터 파송 받아 하나님의 권위로 와서 말한 것처럼, "예수 이름으로" 기도하는 것은 제자들도 예수 이름의 권위로 무엇을 말한다는 것을 의미할 수 있다. 사도행전 3장에서 베드로와 요한이 미문 앞에서 구걸하는 사람을 "예수 그리스도의 이름으로" 걸으라고 명령한 것에서 이러한 용례를 볼 수 있다(행 3:6; 4:10). 그래서 요한복음에서도 제자들이 예수 이름으로 기도하는 것은 이들이 예수 이름의 권한으로 하나님께 무엇을 요청할 권리를 받은 것이라고 할 수 있다.[38)]

하지만 여기서 "내 이름으로"라는 말의 가장 중요한 의미는 15:7에서 발견할 수 있다. 앞에서 보았듯이 고별설교에 있는 예수가 말한 6개의 기도에 대한 교훈 중, 나머지 다섯 개의 조건절은 모두 같다. 한 마디로 "예수 이름으로" 기도하는 것이다. 주절은 한 구절(16:26)에서 암시된 것을 포함하여 모두 기도가 확실히 응답된다는 것이다. 그렇다면 15:7의 조건절은 "예수 이름으로"하는 기도에 대한 다른 표현으로 볼 수 있다. 즉 여기서 요한이 말하고자 하는 "예수 이름으로"하는 기도란 "너희가 내 안에 거하고 내 말

38) "예수 이름으로" 하는 기도의 의미에 대한 자세한 연구로는 우진성, "'예수 이름으로 드리는 기도'의 기원," 1-18을 보라.

이 너희 안에 거하면”(ἐὰν μείνητε ἐν ἐμοὶ καὶ τὰ ῥήματά μου ἐν ὑμῖν μείνῃ)이라는 말과 같은 것이다.[39] ‘메노 엔’(μένω ἐν)은 요한 문헌에서 특징적으로 볼 수 있는 상호 내주의 어구다. 요한복음에서 상호 내주 문구는 고별설교에 두드러지게 나타난다(14:11; 15:4, 9). 그렇다면 예수와 신자가 상호 내주하는 상태에서 기도하는 것, 그것이 곧 “예수 이름으로” 기도하는 것이다.

다른 측면에서 보면, “예수 이름으로” 하는 기도는 예수 승천 후 예수 부재 시에 예수의 현존 하에서 하는 기도다. 구약에서 하나님의 이름이 하나님의 “내재적 현존”과 연관되어, 특히 “예루살렘 성전과 연관되어” 이해되었고(왕상 8:16, 17, 19, 20, 41-43, 44, 48), 요한복음에서 “하나님의 이름과 예수의 이름이 일치와 사랑 속에서 긴밀하게 연결되어” 있기에,[40] 여기서 “예수의 이름”은 기본적으로 예수의 현존으로 이해하는 것이 적합하다. 특히 기도는 예수가 떠나간 상황에서 하는 것이기 때문에 “예수 이름으로” 하는 기도는 예수의 현존 하에서 하는 것이다. 그리고 예수의 현존이란 예수와 신자의 상호 내주와 같은 것이다.

3) 기도와 신관

요한복음에서 말하는 “예수 이름으로”하는 기도는 예수와 신자가 상호 내주한 상태에서 하는 기도이다. 이렇게 인격체 간의 상호 내주는 아버지와 아들의 상호 내주에 근원을 두고 있다. 요한복음의 예수는 고별기도에서 “우리와 같이 그들도 하나 되게 하옵소서!”(17:11)라고 기도한다. 예수는 “우리가 하나가 된 것 같이 그

39) “예수의 말”은 예수 자신이라는 말과 다르지 않다.

40) Andrew T. Lincoln, “God’s Name, Jesus’ Name, and Prayer in the Fourth Gospel,” Richard N. Longenecker (ed.), *Into God’s Presence: Prayer in the New Testament* (Grand Rapids, MI; Eerdmans, 2001), 177-78, 179.

들도 하나가 되게"(17:22) 하기 위해서 기도한다. 즉 아버지와 아들의 하나 됨이 제자들의 하나 됨의 모델이다. 또 예수는 여기서 "그들도 하나가 되어 우리 안에 있게 하사"(17:21)라는 말을 통해 신자 공동체와 하나님 사이의 상호 내주도 말하고 있다. 요한복음에서 기도란 바로, 신자 개인 혹은 신자 공동체가 하나를 이룬 "아버지와 아들"과 하나된 상태에서 하나님께 무엇을 요청하는 것이다. 링컨(Andrew L. Lincoln)은 이 점을 간파하여 요한복음의 기도의 특징을 다음과 같이 잘 정리하고 있다.

> 하지만 더 중요하게도 요한복음을 [공관복음서와] 구별되게 하는 것은 아들과 신적 아버지의 독특한 관계에 대한 요한의 이해에 의해 예수의 기도 생활에 대한 요한의 묘사가 상당히 영향을 받는다는 것이다. 또 예수의 제자들의 삶에 있어 기도에 관한 요한의 가르침 또한 이 관계에 의해 상당히 채색된다는 것이다.[41]

곧 요한복음의 기도론은 요한복음의 신론의 특징인 아버지와 아들의 독특한 관계에 뿌리를 박고 있는 것이다.[42] 허타도(Larry W. Hurtado)는 예수 이름으로 하는 기도 속에 예수가 하나님 아버지와 함께 한 분 하나님을 구성하는 신적 존재라는 것이 나타나 있다는 것을 잘 보여주고 있다고 한다. 유대인들이 야훼를 불렀듯이(창 4:26; 12:7-8; 13:4; 시 116:4, 17; 욜 2:32), 예수의 이름을 부르는 것은 예수의 신성을 인정한 행위라는 것이다.[43] 그래서 곧 예

---

41) Lincoln, "God's Name, Jesus' Name, and Prayer in the Fourth Gospel," 155.

42) 요한복음의 삼위일체론에 관해서는 김동수, "요한복음에 나타난 삼위일체 사상," 『신약논단』 19(2012), 141-70을 보라.

43) Larry W. Hurtado, 『주 예수 그리스도: 초기 기독교의 예수 신앙에 대한 역사적 탐구』(서울: 새물결플러스, 2010). Cf. 우진성, "'예수 이름으로 드리는 기도'의 기원," 6.

수 이름으로 기도한다는 것은 이러한 하나님과 예수의 관계를 이해하고, 그것을 받아들이는 자로서 기도한다는 뜻이다.

4. 기도와 신관

1) 요약

이상을 통해서 볼 때 기도에 있어 바울은 성령의 도움을(고전 14:2; 롬 8:26), 누가는 강청하는 것을(눅 11:13), 요한은 예수와 상호 내주를(요 15:7) 부각시킨다. 이러한 각각의 특징적 기도가 배태된 데에는 각 저자의 공동체의 상황과 연관되어 있을 수도 있다. 하지만 본 장에서 논자는 공동체의 정황보다는 각 저자의 특정 신학, 특히 하나님에 대한 이해와 기도론이 연계되어 있음을 보여주려 했다. 바울의 "영의 기도"에는 성령을 통해 올바르게 하나님과 대화하기를 원하는 삼위일체적 신관이 있음을 보았다. 또 누가의 강청 기도 배후에는 신은 인간의 요청에 따라 역동적으로 역사할 수 있다는 신관이 있음도 보았다. 또 요한의 "예수 이름으로"으로 하는 기도, 즉 신자가 예수와 하나되어 하는 기도에는 하나님과 예수의 하나됨이 있음을 보았다.

구약성서에서 기도자의 상황을 반영하여 기도가 특히 시편에서 "탄식, 분노, 저항"으로 표출되듯이,[44] 신약성서에서도 기도는 문서 저자의 신학을 반영한다. 신약 각 저자의 신학에 따라, 특히 저자의 신에 대한 이해에 따라 기도의 신학이 다양하게 나타나고 있다. 바울의 하나님은 삼위일체적으로 신자의 구원을 이루듯이(고후 13:13), 기도에 있어서도 삼위가 다 역사한다. 바울의 기도론에 나타난 하나님은 삼위가 각각 신자를 주도적이고 역동적으로 돕는

---

44) 김상기, "구약성서의 기도," 23.

분이다. 누가의 기도론에 나타난 하나님은 자신은 신자의 기도를 통하여 역사할 준비가 되어 있음으로 언제든지 하나님의 대화 요청에 적극적으로 요청하라고 하는 분이다. 요한의 기도론에 나타난 하나님은 하나님과 신자가 사랑 안에서 상호 내주가 일어나기만 하면 간구의 기도는 그대로 응답된다고 약속하는 하나님이다.

이렇게 바울과 누가와 요한의 기도론은 각각의 신관과 밀접히 연관되어 있다. 하지만 세 저자의 기도관에 공통점도 적지 않다. 기도가 하나님의 자녀 혹은 하나님의 백성만이 할 수 있는 하나님과 대화 혹은 교제라는 면에서 바울과 누가와 요한은 일치한다.[45] 이것은 사실 구약성서에 나타난 기도와 맥을 같이하는 것이다. 기도의 내용에 감사, 찬양, 청원 등이 있는 것도 신구약성서가 모두 일치한다. 앞에서도 말했듯이 신약성서에서 새로워진 점이 있다면 기도에 있어서 예수와 성령에 각각의 역할이 부가되었다는 것이다.

2) 함의

기도는 신자가 하나님과 어떤 교류를 하는 것이라는 면에서 신약성서 기도론은 일치한다. 하지만, 이 교류하는 것에서 특정한 면을 부각시킨다는 면에서 바울, 누가, 요한은 다양하다. 한국 교계에서 일전에 성서의 기도가 강청하는 기도인가 아니면 사귐의 기도인가 하는 논쟁이 있었다. 신약학자 출신 목회자인 김영봉은 성서적 기도를 "사귐의 기도"라고 보고, 강청 기도를 반대했다.[46] 또 목회자인 강준민은 성서에서 "강청 기도"가 중요하게 취급되어 있다고 말하였다.[47] 사귐의 기도를 신봉하는 한종호는 강청 기도하

45) 예외적으로 바울은 그리스도께 하는 기도를 한 구절 포함시킨다(고후 12:8).

46) 김영봉, 『사귐의 기도』 (서울: IVP, 2002).

47) 강준민, 『강청기도의 능력』 (서울: 두란노, 2002).

는 사람들을 "욕망이라는 이름의 전차"를 탄 사람으로 비판했다.[48] 그런데 신약성서에 나타난 기도관을 사귐의 기도라는 말 하나로 함축할 수 있을까? 아마도 이것은 요한의 기도관의 핵심이 아닐까? 누가는 분명 강청 기도를 말한다. 강청기도를 반대하는 데에는 점잖게 신앙생활을 하려는 중산층의 이데올로기가 자리 잡고 있는 것은 아닐까?

신약성서 각 저자가 기도에 대해서 부각한 점이 다르고, 그것의 의미가 있다면 오늘날 여러 형태의 기도에 대해서 보다 열린 마음으로 받아들여야 하지 않을까? 바울은 영으로 기도하는 것과 이성으로 기도하는 것, 양자를 다 하겠다고 했고(고전 14:15), 또 에베소서 저자는 여러 가지 기도와 간구와 성령 안에서 기도하는 것을 말했고(엡 6:18), 사귐의 기도와 강청의 기도는 각각 성서적 정당성을 가지고 있다고 보인다. 다만, 강청 기도를 자신의 부귀영화를 위한 기도에 정당성을 부여하는 것으로 사용하면 "욕망이라는 전차"를 탄 것이 되고, 또 만약 삶의 밑바닥에 처했을 때에도 강청 기도를 하지 않는다면 하나님과 씨름하지 않고, 간절한 기도 없이 자신의 능력으로 이 종말의 때를 살려고 하는 태도를 취한 것이 될 것이다.

---

48) 한종호, "기도, 욕망이라는 이름의 전차: 강준민 목사의 '강청 기도론', 그 허상," 『기독교사상』 (2003년 10월), 80-88; 김영봉, "요구의 기도에서 사귐의 기도로," 『기독교사상』 (2003년 10월), 44-60.

4. 신약이 말하는 치유

국민 건강 보험의 보급으로 인해 전 국민이 약간의 보험료와 비용을 지불하면 의사의 진료를 어렵지 않게 받을 수 있게 된 이십일 세기 한국의 상황에서 아직도 신유를 말하는 것이 정당한 일인가? 만약에 신유가 필요하지 않다면 어떤 의미에서 그렇고, 필요하다면 그 이유는 무엇인가? 아마도 신유가 더 이상 필요 없다고 주장하는 사람들 중에는 신유는 일세기 세계관 속에서 존재하는 것이며 의료 기술이 발달한 이십 일 세기 시점에서는 하나님은 의사를 통해서 이 모든 문제를 해결한다고 말하는 사람도 있을 것이다. 그 반대로 어떤 사람은 신유는 모든 세대 모든 사람에게 적용되는 하나님의 법칙이기 때문에 이것을 하나님께 구하기만 하면 즉시 자동적으로 얻게 되는 것이라고 주장할 수도 있을 것이다. 물론 이러한 양극단으로 생각하는 사람은 그 수가 적을지라도 오늘날 신유가 왜 필요한지 혹은 그렇지 않은지에 대한 질문에 대해 성서 자체가 말하는 답변보다도 그 효용성의 가치에서 그 답을 찾으려고 하는 경우가 많다. 하지만 신유의 진정한 의미는 그 현대적 효용성에서 발견되는 것이 아니라 성서가 신유에 대해서 어떠한 가치와 중요성을 두는가에 달려있다.

그런데 신유에 대한 성서적 의미를 밝히는 작업은 한 편의 논문 분량으로는 충분히 달성할 수 있는 목표가 아니다. 신약성서의 신유에 대한 연구만 하더라도 각 저자가 구체적인 구절에서 이 문제를 어떻게 다루었는지를 주석적 작업을 하고 이에 대한 종합적 신학적 해석이 따라야 할 것이다.[1] 하지만 그러한 연구의 경우에 신약신학 전문가가 아닌 독자는 나무를 보다가 숲을 보지 못하는 경우가 많다. 본 장은 신약의 신유에 대한 정확한 의미를 철저하게 밝혀내는 것을 목표로 하지 않는다. 단지 신약의 주요 문서가 이 문제를 어떻게 다루는지를 간단히 고찰함으로써 신약의 신유에 대한 개괄적 이해를 하는 것을 그 목표로 둔다. 아울러 신약의 신유에 관계되어 흔히 질문하는 몇 가지 문제에 대한 간단한 대답을 하는 것도 본 장이 다루려고 하는 것이다.

1. 공관복음에서의 치유

공관복음에는 예수께서 귀신을 쫓아내고 여러 병자를 치유한 일을 중요하게 다루고 있다.[2] 마태는 예수의 사역을 한 마디로 다음과 같이 요약하고 있다. "예수께서 온 갈릴리에 두루 다니사 저희 회당에서 가르치시며 천국 복음을 전파하시며 백성 중에 모든 병과 모든 약한 것을 고치시니."(마 4:23-24). 예수는 눈먼 사람을 고쳐주고(마 9:27-31; 막 8:22-26), 귀먹은 사람을 치료해주며(마 11:5; 막 7:42-37), 걷지 못하는 사람을 걷게 하는 등 신체의 일부가 온전치 않은 사람들을 온전하게 해준다. 그 밖에 예수는 문둥병자, 열병에 걸린 자 등 각종 병을 고치며 때로는 죽은 자를 살려내기

1) 이에 대해서는 김광수, 『하나님의 나라와 치유사역: 예수의 치유사역과 사회정치적 해석』(대전: 침례신학대학교출판부, 2012)을 보라.

2) 예수의 치유에 대한 기본적 위해서는 M. Harper, 『예수의 치유』(서울: 요단출판사, 1988)를 보라.

까지 한다(막 5:35-43; 눅 7:11-17).

그런데 예수는 왜 사람들의 병을 고쳐주었을까? 블롬버그(C. L. Blomberg)는 신약의 치유를 분석한 결과 예수의 치유에는 여섯 가지 의미가 있다고 한다. 그 중에서 공관복음과 관계된 다섯 가지를 요약하면 다음과 같다. 첫째, 예수가 치유를 행한 것은 믿음을 가르치기 위해서다. 즉 예수는 어떤 사람이 믿음을 보이면 그를 치유해 주었고(마 5:34, 36) 믿음이 없으면 때로 치료해주지 않았다(마 13:38). 이것은 어떤 사람이 믿음이 있으면 예수가 그를 자동적으로 치료해주고 믿음이 없으면 치료해 주지 않았다는 것은 아니다. 어떤 때는 예수는 믿음을 불러일으키기 위해 기적을 먼저 행하기도 했다. 둘째, 예수의 치유는 사람들을 불쌍히 여기심에서 발원한 것이다(마 14;14; 20:34). 하지만 흥미로운 것은 예수가 어떤 사람을 단순히 불쌍히 여겨서 치유한 예는 신약성경에 많이 발견되지 않는다는 것이다. 셋째, 예수의 치유는 사회적 장벽을 무너뜨리는 것이었다. 그는 문둥병자를 만짐으로 치유하는데 그것은 유대인의 터부를 건드리는 것이었다(막 1:41). 또 예수의 치유에는 인종과 성별과 국적에 따른 차별을 보이지 않았다. 넷째, 예수가 안식일에 치유의 기적을 행한 것은 이스라엘에게 그들이 율법의 근본정신이 무엇인지 깨닫게 하기 위한 것이었다. 다섯째, 예수의 치유는 하나님 나라의 도래와 메시아의 징표이다. 이것은 공관복음서에 나타난 예수 치유의 주 의미와 목적이다. 예수의 치유는 하나님 나라가 도래했다는 표시이다(마 11:4-6). 공관복음에서 많은 구절이 예수의 하나님 나라 사역과 치유를 연결시키고 있다(마 4:23; 9:35; 21:14).[3] 위의 블름버그의 공관복음서에 나타난 예수의 치유의 의미에 몇 가지를 더 추가할 수 있을 것이다. 예수의 치유

3) C. L. Blomberg, "Healing," *Dictionary of Jesus and His Gospels* (Downers Grove, IL: IVP, 1992), 299-307.

에는 창조질서의 회복이라는 측면이 있고 치유는 예수의 구원 사역의 부수물이 아니라 구원 사역에 포함되어 있는 것이다.[4)]

공관복음서에 나타난 예수의 치유를 여러 가지 측면으로 분석할 수 있지만 가장 중심적인 것은 예수의 치유는 하나님 나라 도래의 표징이라는 것이다. 마태복음 12:28에서 예수는 축귀가 하나님 나라 도래의 표징이라고 말한다. "그러나 내가 하나님의 성령을 힘입어 귀신을 쫓아내는 것이면, 하나님 나라가 이미 너희에게 임하였느니라." 또 요한이 그의 제자들을 보내 예수께 그가 메시아인지 물었을 때 예수는 직접적인 대답대신 이사야서의 내용을 인용함으로써 자신이 메시아임을 나타내는 데 거기에 바로 병자의 치유가 포함되어 있다. "너희가 가서 듣고 보는 것을 요한에게 고하되 소경이 보며 앉은뱅이가 걸으며 문둥병이 깨끗함을 받으며 귀머거리가 들으며 죽은 자가 살아나며 가난한 자에게 복음이 전파된다 하라."(마 11:4-5). 한마디로 말해, 예수의 치유 사역은 예수의 현존으로 인한 하나님 나라 도래의 현상이요 표징이다. 치유를 통해 하나님 백성은 이 땅에서 하나님 나라를 생생하게 몸으로 경험하는 것이다. 치유를 통해 사람들은 용서하고 구원하는 하나님의 행위를 체험한다. 치유는 하나님의 구원자로서의 능력을 그 백성들로 맛보게 하는 것이다.

그런데 치유가 현재적 하나님 나라의 도래를 의미할 뿐 아니라 종말론적 하나님 나라에 대한 희망도 동시에 예시하는 것이다. 이 땅에서 모든 신자의 질병이 치유되지 않는 것은 치유가 종말론적으로 완성되는 것을 보여준다. 치유는 몸의 부활을 예표하며 몸의 부활은 몸의 모든 질병으로부터 사람을 구원하여 결국 사람을 영원히 죽음으로부터 구원하는 것이다. 이것은 인간이 하나님과 온

---

4) 김지철, "예수의 치유,"『교회와 신학』28(1996), 191-219.

전한 건강 가운데서 영원히 살기 위한 것이다. 그러므로 치유는 종말론적 소망과 직접적으로 관계된다. 불러(Cornelius A. Buller)는 그의 논문에서 치유의 이러한 종말론적 성격을 잘 규명한다. "육체적 치유의 실제는 이 세계의 존재를 넘어 하나님의 현존 앞에서의 종말론적 삶의 실제를 가리킨다. 치유는 창조물에 대해 하나님의 생명을 주는 미래의 통치가 현재로 침입해 왔다는 표시이다. 이것은 전사 메시아가 모든 불의에 대한 승리를 했다는 것과 삶과 공동체를 파괴하는 것에 대해서 승리를 했다는 것을 의미한다. 그래서 치유는 소망을 잉태하게 하고 자라게 하는 능력을 경험하는 것이다."[5)]

이러한 하나님 나라 도래로서의 치유를 누가복음 4:16-21에는 구약의 희년 개념을 통해서 설명 한다. 예수는 회당에서 이사야서를 읽고 자신의 메시아로서의 임무가 희년 선포임을 깨닫게 된다.

주의 영이 내게 임하셨도다.
주께서 내게 기름을 부으심은
가난한 자들에게 기쁜 소식을 전하게 하심이라.
주께서 나를 보내심은
1) 포로 된 자들에게 해방을 선포하고
2) 눈먼 자들에게 눈 뜨임을 선포하며
3) 눌린 자들을 놓아주고
4) 주의 은혜의 해를 선포하게 하려 하심이라(눅 4:18-19, 새번역)

여기서 예수는 성령의 임함을 통해 자신의 메시아 의식을 깨닫게 되었다고 말하고 자신의 메시아 직책은 가난한 자들에게 복음을

---

5) Cornelius A. Buller, "Healing Hope: Physical Healing and Resurrection Hope in a Postmodern Context," *JPT* 10(2002), 92.

전하기 위함인데 그것은 구체적으로 1) 부채를 갚지 못해 신분상 남의 노예가 된 자들을 해방하고 2) 질병에 걸린 자를 치유하며 3) 사회적으로 신분적으로 눌려있는 자들을 풀어주는 것이라고 한다. 이 모든 것은 한마디로 4) 주의 은혜의 해 즉 희년을 선포하는 행동이다. 희년은 본래 "기쁨의 해"라는 뜻으로 이때는 각 가족에게 본래 할당되었던 토지를 본래의 소유주에게 돌려주고, 노예를 해방시켜준다. 물론 희년이 되기 전에도 자신이 능력이 없으면 친척을 통해 자신의 본래 소유를 되살 수 있었다. 신약에는 여기에 영적인 의미까지 곁들여 죄의 노예가 된 사람을 예수가 피 값을 지불함으로 그 억압에서 해방시켜 준다는 의미까지 확대된다. 이 모든 것을 종합해 볼 때 예수의 희년선포는 인간의 영혼육의 모든 굴레로부터 해방시켜 본래 창조의 인간 상태로 되돌리는 것이다. 이것이 메시아의 사역이고 육체의 치유가 그 중요 요소이다. 예수의 사역을 한마디로 사람을 구원하는 것이라면 예수가 말하는 구원 속에 영혼의 구원뿐만 아니라 육체의 치유까지도 포함하는 것은 전혀 이상한 일이 아니다(마 9:22; 막 5:34; 10:52; 눅 7:50; 8:48; 17:19; 18:42).

중요한 것은 위와 같은 예수의 치유 사역이 하나님 나라의 도래를 선포하는 예수의 제자들에게 그대로 나타나기를 기대했다는 것이다. 예수는 제자들에게 자신의 치유 사역의 능력을 제자들에게 그대로 주었다(마 10:1, 8, 25; 눅 9:1; 10:1-23). 오순절 성령의 능력으로 세워진 교회의 사명이 예수가 선포한 메시지를 전하고 예수가 행한 치유 사역을 계승하는 것이라고 볼 때 새롭게 태어난 교회는 하나님 나라의 징표로서 당연히 치유를 선포하고 실행해야 했다.

2. 요한복음에서의 치유

요한복음에는 공관복음에서 예수의 주요 사역의 하나인 축귀 기사가 전혀 나타나지 않는다. 여기에서는 비유를 통한 예수의 하나님 나라의 설파도 찾아볼 수 없다. 하지만 요한복음은 공관복음서와는 다른 방법으로 치유를 말하고 있다. 요한복음은 예수의 치유를 '세메이온'(σημεῖον)이라고 하는데 이것은 단순히 예수가 사람을 불쌍히 여겨서 베푼 이적을 넘어서 이 이적이 지시하는 의미가 있음을 말하는 것이다. 요한복음에는 일곱 개의 표적이 기록되어 있다. 1) 물로 포도주를 만드신 표적(2:1-12); 2) 왕의 신하의 아들을 치료한 표적(4:46-54); 3) 베데스다 연못에서의 38년 된 병자의 치유 표적(5:1-16); 4) 오천 명의 무리를 먹이신 급식 표적(6:1-15); 5) 물 위를 걸으신 표적(6:16-21); 6) 태생 소경 치유 표적(9:1-41); 7) 죽은 나사로를 살린 표적(11:1-44).

요한복음에 나오는 표적은 예수가 메시아이며 하나님의 아들이라는 것을 표징하여 결국 보는 이로 하여금 예수가 메시아라는 것을 믿게 하는 것에 그 목표와 지향점이 있다(요 11:15; 42). 이러한 예수의 표적은 실제로 신앙을 불러일으키기도 하고 어떤 경우에는 그 반대로 예수가 표적을 행한 일로 예수를 적극적으로 반대하게 된다. 일예로 요한복음에 기록된 예수의 첫 번째 이적은 물로 포도주를 만든 것인데 여기서도 물과 포도주가 각각 무엇을 상징하든지 간에 중요한 것은 이 표적을 통해 예수가 자신의 영광(신성)을 나타내셨고 제자들의 그를 믿게 되었다는 것이다(요 2:11; cf. 4:53; 6:14). 하지만 세 번째 표적에서 38년 된 병자를 예수께서 안식일에 고치신 것을 기화로 유대인들이 예수를 핍박했다(요 5:16). 예수가 나사로를 살린 표적을 보고 이에 대한 사람들의 반응이 두 가지로 갈린 것은 한 표적에 대해서 사람들이 취하는 두 가지 태도를 잘 보여주고 있다. "마리아에게 와서 예수의 하신 일을 본 많은 유대인들이 그를 믿었으나 그 중에 어떤 자는 바리새인들에게 가서 예수께서 하신 일을 알리니라"(요 11:45-46).

요한복음에 나오는 표적은 예수가 단순히 기적을 행하는 신적인 인간이라는 개념을 넘어 예수 자신이 메시아임을 나타내는 것이기 때문에, 표적은 그 표적의 기독론적 의미에 대한 긴 담화로 이어지기도 한다. 태생 맹인의 치유 기사가 대표적인 것이다. 이 기사에서 예수가 환자의 눈에 침을 발라 태생 맹인의 눈을 뜨게 해 준 사건(요 11:1-7)은 공관복음서에서의 예수의 치유 기사와 그 내용과 방법에 있어서 많이 다르지 않다(막 8:22-26 참조). 요한복음에서 특이한 점은 치유 사건 이후에 예수의 치유에 대한 긴 논쟁 담화가 뒤따른다는 것이다. 이 기사에서 예수의 치유에 대한 사건 기록은 1-7절까지 인데 비해, 그 이후의 이 사건에 대한 논쟁은 계속되어 예수가 이 사건의 의미를 그의 논적들에게 설명하는 40-41절까지 이른다. 여기서 첫 번째 논쟁점은 과연 예수가 이 사람의 눈을 뜨게 해주었느냐 하는 것이다. 바리새인들은 이 문제를 제기하며 이 사람의 부모와 이 사람을 차례로 심문한다. 또 바리새인들은 이러한 일이 안식일에 일어났던 것을 문제 삼는다. 이 사람을 심문한 결과 자신들이 원하던 답이 나오지 않자 바리새인들은 이 사람을 회당에서 내쫓는다. 이 때 예수는 이 사람을 찾아오고 이 사람은 결국 예수를 인자로 신앙 고백한다. 반면 표적을 믿지 않는 바리새인들에게 예수는 사실은 이들이 영적 소경이라는 점을 지적한다. "내가 심판하러 이 세상에 왔으니 보지 못하는 자들은 보게 하고 보는 자들은 맹인이 되게 하려 함이라"(요 9:39). 이 표적은 결국 예수가 어떤 맹인의 눈을 뜨게 해 준 치유 사건에서 이 사건을 통한 신앙에의 초대로 이어지고 이것에 대한 두 가지 반응을 기록하고 있다. 맹인이 되었다가 눈을 뜬 사람은 예수에 대한

상이 한 사람(15절)-선지자(17절)-인자(35절)로 변하여 결국 신앙을 고백한다(38절). 반면 바리새인들은 예수를 죄인(24절)으로 여기고 신앙고백하기를 거부한다. 결국 이 기사는 표적 기사의 전형대로 예수의 표적이 목표하는 바가 표적을 본 자들이 신앙이 생기게 하는 것이고 그 반응은 극과 극으로 나타남을 기록하고 있는 것이다.

이상을 종합하면, 요한복음의 치유는 한마디로 예수가 그리스도이심을 나타내는 표적이며, 그 목표는 신앙으로의 초대라고 말할 수 있다.

3. 바울서신에서의 치유

바울서신에는 바울이 사도로서 "표적과 기사와 능력"을 행한 것을 언급한다(고후 12:12; cf. 롬 15:19). 위 술어가 예시하는 대로 이것은 바울의 병자를 치유한 사역과 관계있는 것 같다. 또 사도행전의 보도에 따르면 바울은 그의 그리스도인의 삶과 사역 가운데 치유에 매우 익숙해 있었다. 그가 다메섹 도상에서 예수를 만난 후 잠시 눈을 볼 수 없게 되었다가 아나니아의 기도로 눈에서 비늘 같은 것이 벗겨져 보게 되는 치유의 체험을 한다(행 9:18). 또 바울이 멜리데 섬에서 독사에 물렸지만 전혀 해를 받지 않는 경험을 하기도 한다(행 28:6). 이뿐 아니라 그 섬에서 높은 사람인 보블리오의 집에 머무는 동안 그의 부친이 열병과 이질에 걸려 누워 있는 것을 보고 바울이 기도하고 안수하여 낫게 했다. 이 소문이 퍼지자 섬에 있던 많은 다른 병인들이 바울에게 나와 치료를 받았다(행 28:7-10)

바울서신에서 질병의 치유를 직접적으로 말한 것은 그가 여러 영적인 은사를 열거하면서 언급한 "치유의 은사"(고전 11:9, 28, 30)가 유일하다.[6] 예수는 자신이 행한 하나님 나라의 징표로서의 치유의 사역을 제자들이 계속하기를 바랐고 사도행전은 이것이 사실 그렇게 되었다고 보도한다(막 6:7; 마 10:1; 행 3:1). 사도행전에서 예수의 제자들은 예수가 행한 것처럼 질병의 치유를 통해 복음을 전했다. 바울에게서 이 치유 사역은 성령의 은사로 교회에게 주어진 것으로 이해된다. 바울에게 있어서 성령의 은사는 믿음의 공동체에 주어진 것이지 개인의 소유물로 영구히 맡겨진 것은 아니다. 다만 이 은사는 각 개인에게 성령을 통해서 나타난다(고전 12:7). 성령의 은사가 교회에 주어지고 성령을 통해 개인에게 나타나는데 어떤 개인에게 특별한 은사가 많이 나타나는 경우에는 이것이 직분의 전단계인 은사적 역할로까지 확대되었던 것 같다. 바울은 성령의 은사를 성령의 나타남으로 소개하다가(고전 12:7) 나중에는 이 은사가 자주 나타나는 사람들을 다른 교회의 직분과 나란히 하여 언급한다. "하나님이 교회 중에 몇을 세우셨으니 첫째는 사도요 둘째는 선지자요 셋째는 교사요 그 다음은 능력이요 그 다음은 병 고치는 은사와 서로 돕는 것과 다스리는 것과 각종 방언을 하는 것이라."(고전 12:28). 그렇다면 바울이 꿈꾸고 있던 교회에는 사도와 선지자와 교사와 함께 치유의 은사가 많이 나타나는 사람이 있는 곳이다. 즉 치유가 목회에 일상화가 된 것이다. 바울의 실제 사역에 있어 이러한 질병의 치유의 역사가 어느 정도 나타났는지는 정확히 알 수 없지만 최소한 우리가 확인할 수 있는 것은 치유가 교회의 주요 사역 가운데 하나였다는 것이다.

바울은 치유를 교회에서 나타나는 성령의 사역의 일부로 본다. 이 점에서 바울은 치유가 하나님 나라의 징표라고 하는 공관복음과 치유가 예수가 그리스도라는 것의 표징이라고 보는 요한복음과 구별된다. 복음서가 예수 사역을 설정하고 그 안에서 치유를 말하

6) 바울의 신유에 대해서는 G. H. Twelftree, "Healing, Illness," *Dictionary of Paul and His Letters* (Downers Grove, IL: IVP, 1993), 378-81를 보라.

기 때문에 치유는 예수가 전한 구원의 복음의 핵심 내용이었던 것이다. 반면 바울은 이제 신앙 공동체의 컨텍스트에서 치유를 설정하기 때문에 이것은 교회 사역의 일부로 자리매김 한 것이다.

4. 일반서신에서의 치유

야고보서는 편지 끝 부분인 5:13-18에 질병의 치유에 대해서 교회가 어떻게 대처해야 하는지 구체적인 방법을 제시하고 있다. "너희 중에 병든 자가 있느냐? 그는 교회의 장로들을 청할 것이요 그들은 주의 이름으로 기름을 바르며 위하여 기도할 지니라. 믿음의 기도는 병든 자를 구원하리니 주께서 그를 일으키시리라. 혹시 죄를 범하였을지라도 사하심을 받으리라. 이러므로 너희 죄를 서로 고하며 병 낫기를 위하여 서로 기도하라. 의인의 간구는 역사하는 힘이 많으니라. 엘리야는 우리와 성정이 같은 사람이로되 저가 비 오지 않기를 간절히 기도한즉 하늘이 비를 주고 땅이 열매를 맺었느니라."(약 5:14-18).

위 본문에 제시된 질병 치료의 원칙은 다음과 같다. 첫 번째 원칙은 어떤 사람이 질병에 걸렸으면 이것을 치료하도록 적극적으로 힘쓰라는 것이다. 바로 앞 구절에서 야고보는 먼저 고난당하는 자는 그 상태를 모면하려고 하기보다는 일단 현실을 받아들이고 인정하면서 하나님의 뜻을 구하는 기도를 하라고 권한다. 즐거워하는 자도 계속 그 상태를 유지하면서 하나님을 찬양하라고 한다. 하지만 질병에 걸린 사람은 현 사태를 그대로 인정해서는 안 되고 오히려 이것을 적극적으로 타계하려고 해야 한다.

두 번째 원칙은 병든 자는 자신의 문제를 스스로만 갖고 있지 말고 교회의 지도자들을 초청하여 이 문제를 교회 공동체적으로 해결하려고 해야 한다는 것이다. 이것을 통해 볼 때 야고보서가 쓰인 당시에 교회의 주요 임무 중의 하나는 교인들의 질병을 치료하는 것임을 알 수 있다.

세 번째 원칙은 교회 지도자들은 환자에게 기름을 바르면서 주의 이름으로 기도할 것이 요청된다는 것이다. 환자에게 기름을 바르는 것은 유대교에서 흔히 쓰는 병자의 치유법으로 기름은 아마도 약재로 쓰인 것 같다(사 1:6; 막 6:13; 눅 10:34). 다음으로 더 중요한 것은 주의 이름으로 기도하는 것이다. 주의 이름에 의한 치유는 예수의 가르침이었고(막 9:38-40; 눅 10:17) 예수의 제자들이 행한 방법이다(행 3:6, 16; 4:10). 이러한 전통이 계속 이어져 야고보서가 기록한 당시에 교회에서 환자의 치료법으로 굳어져 있었던 것 같다.

네 번째 원칙은 믿음의 기도가 환자 치료에 큰 힘을 발휘한다는 것이다. 여기서 믿음은 환자 자신의 믿음인지 아니면 환자를 위해 기도하는 교회 지도자들의 믿음인지 확실치 않다. 문법적으로는 모두 다 가능하다. 여기서 환자의 치유를 위하여 교회 지도자들에게 기도가 요청되었기 때문에 이 믿음은 환자 자신의 것보다도 병자를 위하여 기도하는 믿음을 가리킨다고 볼 수 있을 것이다. 어쨌든 이 믿음은 기도하는 사람의 믿음임에는 분명하다. 이러한 기도에 의해 그 사람은 구원(치유)을 받는데 이것은 주님이 그 사람을 그 병에서 놓여나게 하는 것이다. 여기서 '소조'(σῴζω)라는 헬라어 동사는 본래 '구원하다, 물에 빠진 사람을 건져내다' 등의 기본적 의미를 가진 것으로 신약 성경에서 영혼의 질병뿐만 아니라 육체적 질병까지 포함하여 모든 경우를 포괄하는 것으로 쓰였다(막 5:23; 눅 8:36; 행 14:9). 그것은 곧 예수의 구원 사역이 단순히 영혼의 구원만이 아니라 육체의 질병의 구원을 포함한 전인적인 것임을 알 수 있다.

다섯 번째 원칙은 환자가 병 낫기를 기도할 때 교회에서－아마도 공적으로－죄를 서로 고하는 것이다. 이것은 당시의 예배 가운에 죄의 공적 고백이 있었던 것을 반영하는 것으로 육체의 질병과 정신적 질병의 관계를 어느 정도 말해주는 것이다. 그러나 여기서 이 본문이 말하는 것은 어떤 사람이 질병에 걸린 것이 그 사람의 죄 때문이라는 것을 암시하는 것은 아니다. 이것은 현대 의학이 밝혀낸 대로 육체의 많은 질병의 원인이 스트레스임을 감안할 때, 죄의 고백은 이러한 스트레스에서 해방시킬 수 있고 이것 또한 질병 치유에 효과가 있다고 말하는 것이 아닐까 생각된다. 마지막으로, 야고보는 이 원칙에 네 번째 원칙과 연관된 한 가지를 덧붙인다. 병자의 치유에서 믿음의 기도가 중요한데 그 구체적인 예로 엘리아의 기도를 든다.

5. 현대에도 신유가 일어날 수 있는가?

신약성서의 신유에 대한 본문의 주석적 결과에 따르면 신약 전체에서 육체의 치유를 중요하게 취급한 것은 의심의 여지가 없다. 그런데 이러한 신유가 사도시대의 징표이며 사도성의 표시이기 때문에 더 이상 일어날 수 없다고 주장하는 이들이 있다. 워필드(B. B. Warfield)가 이러한 주장의 챔피언일 것이다. 워필드의 주장은 한마디로 하나님이 각 시대에 따라 역사하는 방법이 다른데 초자연적인 기적은 사도 시대에만 있은 예외적인 역사였다는 것이다.[7] 현대에 근본주의 혹은 복음주의적 입장에서 신유를 반대하는 사람들은 대부분 워필드의 이론에 기초하고 있다.

---

7) B. B. Warfield, *Counterfeit Miracles* (London: Banner of Truth, 1918). 워필드의 견해에 따라 성서의 치유와 현대의 치유가 같지 않다는 입장에 대해서는 도한호, "치유신학에 대한 바른 이해," 『목회와 신학』 46(1993년 4월) 36-45를 보라.

하지만 워필드의 이론은 개혁주의 서클 내의 학자들에게서도 비판받고 있다. 더글라스 무(Douglas Moo)는 치유가 단순히 사도성의 증거이상이며 야고보서 5:14-16에서 치유는 이후의 교회의 사역임을 볼 때 워필드를 비롯한 개혁주의자들의 주장은 더 이상 유지될 수 없다고 한다.[8] 사실 치유가 예수와 사도시대에만 국한된다는 주장은 신약성서가 말하는 신유의 의미를 전혀 간파하지 못한 것이다. 공관복음에서 신유는 하나님 나라의 징표이기 때문에 이것은 교회가 존재하는 한 계속되어야 함이 마땅하다. 바울서신에서 신유는 성령이 교회에 주신 은사로 교회 구성원의 신앙 함양을 위해서 필요한 은사로 말하고 야고보서는 이것이 장로들(교회지도자들)의 일상적인 사역 중의 하나임을 말한다. 한마디로 말해 오늘날에도 신유가 일어날 수 있는가 라는 질문에 대한 신약성서의 대답은 신유는 예수의 재림까지 계속된다는 것이다.[9]

6. 신유는 하나님 나라에 필수요건인가?

더글라스 무는 하나님 나라가 있는 곳에는 반드시 치유가 있어야 하는가라는 질문을 한다. 그의 주장은 한마디로 이 질문에 대한 신약성서의 대답은 명확하지 않다는 것이다. "신약의 어디에서도 양자를 일치시킨 경우가 없다. 서신들에서 교회의 삶의 일부로 치유를 언급하지 않은 것은 그렇게 양자를 일치시키는 것이 성서적 강조와 관점과 부응하지 않는다는 것을 암시한다."[10] 그는 계

---

8) Douglas Moo, "Divine Healing in the Health and Wealth Gospel," *Trinity Journal* NS 9(1988), 197-98.

9) 오늘날에도 기적이 일어날 수 있는가에 대한 신학적 질문과 답변에 대해서는 현요한, "기적과 신학," 『교회와 신학』 29(1997), 135-68을 보라. 최근 저서로는 Craig Keener, *Miracles: The Credibility of New Testament Accounts* (2 vols.; Grand Rapids, MI: Baker Academic, 2011).

속해서 하나님의 나라가 임하는 곳에는 기적이 일어날 수 있지만 반드시 필요한 것은 아니라고 주장한다. 하나님의 치유 약속은 하나님 나라가 완성되는 때에 이루어진다는 것이다. 하지만 무는 우리가 위에서 고찰한 복음서의 많은 증거들을 무시한다. 비록 신약의 서신들이 치유에 대해서 많이 언급하지 않는 것은 사실이지만 신약성서의 서신에서 신유를 반대한 것은 그 어디에서도 찾아볼 수 없다. 보다 명확한 것은 바울이 치유를 교회의 일상적인 예배 가운데 항상 있는 성령의 나타남 가운데 하나로 취급하고 있으며 이러한 성령의 나타남이 일상화되어 치유의 은사가 많이 나타나는 사람이 사도 같은 교회의 직분으로 굳어지는 양상을 볼 수도 있다(고전 12:28, 30)는 것이다. 특히 야고보서 5:13이하 본문에서는 위에서 고찰한 대로 이러한 치유 사역이 교회가 떠맡은 하나님 나라 선포의 일환으로서 일상화되었다는 점을 볼 때 신유를 하나님 나라 선포의 부수물로 여기는 것은 신약성서의 증거를 협소하게 이해하는 것이다.[11)]

7. 신유는 구속(救贖)에 포함되는가?

마태복음 8:16-17에서 복음서 기자는 예수의 치유 사역은 이사야서 53:4를 성취한 것으로 기술한다. "저물매 사람들이 귀신들린 자를 많이 데리고 예수께 오거늘 예수께서 말씀으로 귀신들을 쫓아내시고 병든 자를 다 고치시니 이는 선지자 이사야로 하신 말씀에 우리 연약한 것을 친히 담당하시고 병을 짊어지셨도다 함을 이

---

10) Moo, "Divine Healing," 197.

11) 이한수는 개혁주의 전통에 있는 신학자로서 예수의 치유가 하나님 나라의 표징이라는 것을 긍정적으로 주장한다. 이한수, "오늘날의 신유에 대한 신학적 진단," 『목회와 신학』 72(1995년 6월), 88-97.

루려 하심이더라." 베드로전서 2:24에도 "그가 채찍에 맞음으로 너희는 나음을 얻었나니"라고 하여 메시아 예수의 십자가 사역이 질병에 대한 치유를 포함한다고 한다. 그런데 예수의 이러한 치유 사역이 영혼 구원에 대한 메타포이지 육체적 치유는 아니라고 생각할 수 있다. 하지만 마태복음의 이사야서 53:4의 인용하는 내용과 의도를 분석해 볼 때 이러한 생각은 온당하지 않다는 것을 알 수 있다. 마태가 인용한 이사야서 53:4의 구절은 다음과 같다. "그는 실로 우리의 질고를 지고 우리의 슬픔을 당하였거늘." 특히 칠십인 역은 질고를 "죄"라고 번역한다. 하지만 마태는 이러한 번역 대신 이 단어를 분명히 육체의 질병을 나타내는 "연약함"(마 4:23, 24; 8:17; 9:35; 10:1)과 "병"이라는 단어로 번역한다. 즉 구약 이사야서의 본래 의도는 어쨌든지 간에 마태는 이 구절을 예수의 육체적 질병 치유에 적용시킨 것이다. 더군다나 마태복음 8:17은 마태가 예수의 사역을 단순 보도한 것이 아니라 그의 사역을 요약한 구절임을 감안할 때 이 구절 속에서 예수의 치유 사역이 구속사역에 포함된다는 것을 말했다는 것은 그 중요성이 과소평가되어서는 안 된다는 것을 말해준다.[12)]

8. 치유의 복음과 치유의 신학

위에서 고찰한 대로 신약에서 치유(혹은 신유)는 하나님 나라의 표징이며(공관복음) 예수를 그리스도로 믿게 하는 표적이고(요한복음) 성령의 은사이며(바울서신) 교회지도자의 일상화된 사역이다(일

12) 예수의 치유 사역을 구속 사역으로 보는 견해에 대해서는 William and Robert Menzies, *Spirit and Power: Foundations of Pentecostal Experience* (Grand Rapids, MI: Eerdmans, 2000) chapter eleven: Healing in the Atonement; John Christopher Thomas, "Healing in the Atonement: a Johannine Perspective," *JPT* 14(2015), 23-39를 보라.

반서신). 예수의 구원 사역을 복음이라고 정의할 수 있다면 신유는 복음의 일부라고 할 수 있다. 예수는 영혼의 구원 사역과 육체의 치유를 명확하게 구분하지 않는다. 예수가 말하는 구원은 양자를 다 포함하는 것이다. 그렇기 때문에 신약학의 입장에서 볼 때 성결교회가 사용하는 '신유의 복음'이라는 용어는 적절한 것이다. 나아가 치유라는 개념으로 예수의 구원을 설명할 수 있다는 면에서 '신유의 신학'을 말하는 것도 가능하다. 신유를 통해서 심프슨(A. B. Simpson)이 제시한 사중복음을 설명해 보면 중생은 영혼의 치유이며, 성결은 하나님의 형상의 치유로서 치유의 최종 목표이고, 재림은 신유가 완성되는 때이다. 성결은 신자의 인격이 창조성을 회복하여 치유되는 것으로 여기에는 이른바 '내적 치유'도 포함된다고 할 수 있다. 또 이러한 치유가 그 목적을 달성하려면 개인 치유를 넘어 사회 문화와 가치관의 치유까지 포함되어야 한다고 볼 때 우리는 치유를 신학적 메타포로 하여 사회변혁까지도 말할 수 있게 된다.

제2부 _ 저자별 신약성서 해석

5. 마태의 눈으로 본 교황 제도
6. 누가가 본 기도 비유
7. 누가가 본 성령충만
8. 요한의 눈으로 본 유아세례

5. 마태의 눈으로 본 교황 제도

가톨릭교회와 개신교회가 교리와 관계하여 가장 첨예하게 대립하는 부분은 교회론일 것이다. 교회 직제 부분에 대한 이해에 있어서 그 대립이 극명하게 나타난다. 개신교회에도 감독제를 인정하는 교파가 있기는 하지만, 로마의 주교인 교황을 정점으로 위계(hierarchy)를 형성하는 가톨릭교회의 교황제와는 완연히 구별된다. 하늘의 권세를 홀로 받아 땅에서 이루어지는 모든 일을 주관하는 교황과 같은 직책을 인정하는 개신교회는 없다.

가톨릭교회가 도입하고 있는 교황 제도는 그 성서적 근거는 있는 것인가? 예수가 베드로에게 수위권을 주었고, 그 권한이 로마 주교인 교황에게 계속 이어지는 것인가? 가톨릭교회는 그렇다고 보고 그 근거로 마태복음 16:18과 16:19를 든다.[1] 교회는 베드로 위에 세워진 것이며, 베드로는 예수로부터 이 땅에서 매고 푸는 대로 하늘에서도 그대로 이루어지는 천국 열쇠를 받았다는 것이다.

---

1) Vitalis Mshanga, "You are Peter: A Critical Analysis of the Orthodox View of Papal Primacy in View of an Alternative Way of Exercising Papal Primacy," *Journal of Ecumenical Studies* 45(2010), 114. 물론 가톨릭교회에서 교황의 수위권에 대한 이해가 계속 변화되고 있다는 것도 사실이다. 이것에 대해서는 다음을 보라. John P. Galvin, "Papal Primacy in Contemporary Roman Catholic Church," *Theological Studies* 47(1986), 653-57.

본 장에서 나는 위 마태의 본문들을 교황제를 지지하는 것으로 해석하는 것이 정당한 것인지를 묻고자 한다. 첫째, 위 본문들을 주석해서 마태가 의도했던 바를 밝혀내고, 현재 이 본문들을 올바로 해석하는 것이 어떤 것인지를 제시하고자 한다. 둘째, 마태가 이해했던 하나님 나라에서의 사람들의 관계의 본질이 어떤 것이었는지를 밝혀내어, 마태가 현재 교황 제도와 같은 것을 인정하는 신학을 가지고 있었는지를 판단할 것이다. 셋째, 신약성서 전체에서 교회 직제의 특성을 밝혀내어, 이것이 교황제를 지지해 주는지를 검토할 것이다. 위와 같은 연구를 통하여 우리는 가톨릭교회의 교황제의 성서적 근거는 미약하다는 결론에 이를 것이다.

본 장에서 밝혀질 결론에 입각하여, 본 장의 의의를 다루면서 한국 개신교회는 교리적으로는 교황제를 반대함에도 불구하고, 유교의 가부장제의 영향으로 교황제와 비슷한 제도를 인정하고 있는 현실을 비판할 것이다. 그래서 본 연구를 통해 가톨릭교회의 교황제에 대한 비판과 아울러 교황제를 도입하지는 않았지만, 그것과 유사한 제도를 인정함으로써 실제로 교황제와 상당이 유사한 한국 개신교회의 직제이해도 아울러 비판할 것이다.

1. 마태복음과 베드로의 수위권

1) 베드로: 수위권 제자냐 전형적 제자냐?(마 16:18)

베드로의 수위권에 관한 논쟁에서 마태복음 16:18은 늘 그 중심에 있었다.[2] 서구 교회에서는 에큐메니컬 운동의 여파로 그 동안

2) 이에 관해서는 수많은 연구들을 다 언급할 수 없을 정도다. 가장 최근 이에 관해서 철저히 파헤친 연구서로는 다음과 그 책에 나와 있는 참고 문헌을 보라. Markus Bockmuehl, *The Remembered Peter* (WUNT 262; Tübingen: J. C. B. Mohr, 2010). 보다 일반 대중을 염두에 두고 쓴 동

첨예했던 논쟁은 이제 어느 정도 수그러든 상태다.[3] 그런데 한국 신학계에서는 이 문제에 대해서 심도있는 논의조차도 없었다.[4] 개신교 보수파에서는 가톨릭교회를 마리아 숭배론 등 여러 교리의 문제점을 들어 반대해 왔지만, 정작 교황제의 근거로 제시된 이 본문에 대한 주석적, 해석적 연구와 토론은 그리 활발하지 않았다.

마태복음 16:18에는 주석적으로 여러 가지로 복잡한 문제가 얽혀져 있다. 가장 기본적인 것은 이 구절의 진정성 문제다. 많은 학자들은 이 본문이 마태복음이 근거하고 있는 마가복음에 나오지 않으며 또 예수는 하나님 나라를 선포했지 교회에 대해서 가르친 것이 아니기 때문에 이 구절은 예수가 가르친 말이 아니라 이미 설립된 초기 교회가 자신의 정당함을 말하기 위해 "교회"(ἐκκλησία)라는 말을 시대착오적으로 예수의 입으로 말하게 했다고 주장한다.[5] 하지만 교회라는 용어 사용여부에 상관없이 각 복음서 저자

일 저자의 책도 보라. Idem, *The Simon Peter in Scripture and Memory* (Grand Rapids, MI: Baker Academic, 2012).

3) 쿨만의 연구는 이를 대표한다. 그는 개신교인으로 가톨릭교회와 개신교회 각각이 이 본문에 대해서 잘못 이해하고 있는 점들을 공히 지적한다. O. Cullmann, *Peter: Disciple, Apostle, Martyr: A Historical and Theological Study* (Philadelphia: Westminster, 1962). 브라운은 가톨릭교회의 신부지만 역시 가톨릭교회의 교리에 함몰되지 않고 주석적으로 이 본문을 나름대로 공정하게 다루고 있다. R. E. Brown, and others, *Peter in the New Testament* (N. Y.: Paulist, 1973). 동방교회의 대표적 신학자인 지지울라스도 수위권에 관해서 가톨릭교회와 대화를 시도하고 있다. John Zizioulas, "Primacy in the Church: An Orthodox Approach," *Sourozh* 84(2001), 3-13. Radu Bordeianu, "Primacies and Primacy according to John Zizioulas," *St. Vladimir's Theological Quarterly* 58(2014), 5-24에서 재인용.

4) Cf. 류호영, "교회의 본질과 사명: 마태복음 16:13-20의 석의와 고린도전서 3:10-15의 비평적 성찰을 중심으로," 『백석신학저널』 23(2012), 161-218; 김선영, "교황의 수위권에 대한 그레고리우스 7세와 마르틴 루터의 입장: 마태복음 16장과 요한복음 21장을 중심으로," 『한국교회사학회지』 35(2013), 7-40.

는 하나님 나라 선포를 통해서 예수의 제자로 이루어질 공동체 형성 신학을 가지고 있었기에,[6] 또 여기서 마태가 사용한 '에클레시아'라는 말이 사도행전이나 바울서신서 등에서 사용된 지역 교회나 발전된 교회 형태를 반드시 지칭하는 것은 아니라고 볼 때,[7] 이 본문이 예수의 본래 말이 아니라고 주장할 확고한 이유는 없다.

어쨌든, 마태는 마가의 본문에 베드로의 신앙 고백 후에 그에 대한 예수의 선언을 추가하고 있다. "너는 베드로(Πέτρος)라. 이 반석(πέτρα) 위에 내 교회를 세우리니…." 헬라어에서는 분명히 '페트로스'(돌)와 '페트라'(반석) 사이에 언어유희가 있다. 이 구절을 보면 언뜻 교회 설립이 베드로라는 인물과 깊이 연관되어 있는 것처럼 보인다. 아람어로는 '페트로스'(베드로)와 '페트라'(반석)가 모두 '게바'(kepha)로 한 단어임을 볼 때 그 의미는 더욱 확실해 보인다. 바로 이 구절은 예수가 인물 베드로 위에 교회를 세웠다는 주장을 지지해 준다는 것이다. 이어지는 본문에서도 예수는 베드로에게 "음부의 권세가 이기지 못하리라. 내가 천국 열쇠를 네게 주리니 네가 땅에서 무엇이든지 매면 하늘에서도 매일 것이요 네가 땅에서 무엇이든지 함께 풀면 하늘에서도 풀리리라."(마 16:18b-19)고 말하는 것을 볼 때 이 점이 더욱 분명해 보인다.

---

5) U. Luz를 비롯한 대부분의 주요 주석들은 이런 입장에 서 있다. 오스카 쿨만(Oscar Cullmann)과 마이어(Gerhard Meier)는 이 말의 진정성을 인정한다. Cullmann, *Peter: Disciple, Apostle, Martyr*, 184-212; Gerhard Maier, "마태복음에서의 교회: 현대의 논의에 대한 해석학적 분석," D. A. Carson (ed.), 『성경해석과 교회』 (서울: 기독교문선선교회, 1991), 55-79.

6) 예를 들어 요한복음 저자도 교회라는 용어는 사용하지 않았지만 나름의 교회론을 갖고 있었다. 김동수, 『요한복음의 교회론』 (서울: 대한기독교서회, 2005).

7) So Benjamin L. Merkle, "The Meaning of in Matthew 16:18 and 18:17," *BibSac* 167(2010), 281-91. 본 장은 이 말의 진정성 문제에 집중하는 것이 아니기 때문에 이에 대한 더 이상의 논의는 하지 않을 것이다.

하지만, 다음과 같은 이유들이 이 구절이 베드로의 수위권을 지지하는 본문이 아님을 말해 준다. 첫째, 여기서 예수는 베드로라는 인물보다는 베드로라는 이름의 뜻을 사용하고 있는 것처럼 보인다. 신약성서에서 교회를 건물과 비유하는 경우가 흔한데(엡 2:20; 계 21:14), 베드로의 이름이 그 건물의 기초가 되는 "돌"이라는 것에 착안하여 예수는 이 말을 하고 있다. 베드로는 본명이 아니라 별명(예, "곰 바위")이라고 볼 수 있는데,[8] 예수는 이러한 그의 별명을 이용해서 교회가 든든히 세워지기 위해서는 바위와 같은 단단한 것 위에 설립되어야 한다고 말한 것이다. 물론 여기서 그 바위는 베드로지만 그것은 자연인 베드로라기보다는 신앙고백자 베드로일 것이다

둘째, 마태복음 전체 내러티브에서 베드로는 다른 제자와는 완전히 구별된 특별한 인물이라기보다는 제자의 전형이요 제자의 대표로 나온다.[9] 그는 제자의 대표로서 예수께 질문하고(15:15; 18:21) 답변을 들으며(16:22; 19:27), 실수에 있어서도 그렇다(26:33-35). 그래서 베드로는 그 신앙고백과 그것에 대한 예수의 축복 선언과 그것을 올바로 이해하지 못한 것에 대한 뒤이은 책망(마 16:23)에 있어서도 제자들의 생각을 대변하는 사람으로 등장하는 것이지 그들과는 다른 어떤 특별한 인물로 나오는 것이 아니다.[10]

---

8) 해링턴은 베드로가 본명이 아니라 별명이었을 것으로 본다. Daniel J. Harrington, *The Gospel of Matthew* (Collegeville, MN: The Liturgical Press, 1991), 248.

9) James P. Martin, "The Church in Matthew," *Interpretation* 29(1975), 54. 이에 반대되는 견해로는 다음을 보라. Joseph Verheyden, "Rock and Stumbling Block: The Fate of Matthew's Peter," Donald Senior(ed.), *The Gospel of Matthew at the Crossroads of Early Christianity* (Leuven: Uitgeverij Peeters, 2011), 269. 중간 입장의 견해로는 다음을 보라. J. D. Kingsbury, "The Figure of Peter in Matthew's Gospel as a Theological Problem," *JBL* 98(1979), 67-83.

그래서 예수가 말한 "베드로(반석) 위에 교회를 세우리니"라는 어구에서, 그 베드로는 교황과 같은 권력자 베드로가 아니라 한 신앙고백자 베드로, 혹은 제자 베드로라고 할 수 있다.[11)]

마태복음에서 베드로가 전형적 제자로 나온다는 것은 베드로에게 권한으로 주어진 대부분의 것들이 다른 제자들에게도 주어진 것임을 볼 때 분명하다. 마태복음 16:19에서 교회 설립과 함께 베드로에게 주어진 땅에서 풀고 매는 권한은 곧이어 나오는 마태복음의 또 다른 교회론 본문에서는 여타 제자들에게도 주어진다(18:18). 베드로에게 예수가 하나님의 아들로 계시된 것은 어린아이들에게도 계시된 것이고(11:25-27) 베드로와 같이 다른 제자들도 이미 그 말로 고백한 한 것이다(14:33). 또 베드로에게 주어진 복은 제자들에게도 주어진 것이다(13:11-12). 이런 면에서 루쯔(Ulrich Luz)가 "본문에서 베드로에게 말해진 것 중에서 [마태복음의] 다른 곳에서 제자들에게 말해지지 않은 것은 거의 없다."라고 말한 것은 적절하다.[12)]

셋째, 베드로의 특별한 경험과 수제자로서의 위치가 곧 그의 수위권을 의미하는 것은 아니다. 마태복음에서 베드로가 제자들의 전형으로 나오지만 어떤 경우에는 다른 제자들보다 약간 특별한 위치에 있는 사람으로 언급된 경우도 볼 수 있다. 마태복음에서

---

10) 물론 베드로가 "수제자"로서 다른 제자들과는 다른 독특한 위치를 차지하고 있는 것이 마태복음에 전혀 없는 것은 아니다.

11) 종교개혁자들을 비롯한 개신교 학자들이 여기서 "반석"을 베드로의 신앙이라고 해석하는데 대해서 쿨만은 그것이 문법적으로, 내용적으로 본문의 의도를 그대로 읽은 것이라고 보지 않는다. 분명 "반석"은 베드로를 표현한 것이라는 것이다. 하지만 그 베드로는 유일하게 반석은 아니다. 그는 신앙고백자 베드로인 것이다. Cullmann, *Peter: Disciple, Apostle, Martyr*, 206-207.

12) Ulrich Luz, "The Primacy Text(Mt. 16:18)," *Princeton Seminary Bulletin* 12 (1991), 45.

베드로의 이름은 다른 어떤 제자들의 이름보다 많이 나오고(25번), 그는 제자들의 대표이며, 또 제자들의 이름에 첫 번째 나올 뿐만 아니라 "첫째"(πρῶτος)라고 명명되고(10:2-4),[13] 예수와 매우 가까운 것으로 그려지고 있다. 이런 면에서 그는 특별한 위치를 차지하고 있다고 할 수 있다. 신약성서 기록 이후 2세기에도 그의 위치가 특별했던 것은 바울이나 예수의 동생 야고보와는 달리 베드로는 예수 말씀의 증인이며 그와 함께했던 자였다는 특별한 경험 때문이었다. 그렇다면 이러한 베드로의 위치는 어떤 다른 인물로 대체될 수 있는 종류의 것이 아니다. 베드로에게 이러한 위치가 생긴 것은 그의 인격적 탁월함 때문이 아니라 그가 예수 사역의 동행자요, 예수 말씀의 증인이었기 때문이다.

또한 이 본문에서 우리는 이러한 베드로의 권한과 독특성이 계승된다고 하는 언급이나 뉘앙스는 찾아볼 수 없다.[14] 마태는 베드로의 고유하고 독특한 역할이 그가 죽은 후에 계승된다거나 대체된다고 보지 않았다. 이것은 오순절이 되기 전에 12제자 중 하나였던 가룟 유다가 죽었을 때 그 자리를 대체해서 한 사람을 선출한 것(행 1:21-26)과는 다른 것이다. 마태복음 16:18-19에 나와 있는 베드로의 독특한 역할은 그가 예수 말씀과 행동의 증인 중 대표로 받은 것이지, 예수 말씀의 산 증인이 아닌 어떤 사람이 사후에 그 역할을 계승한다고 보기는 어렵다. 특히 베드로가 구체적으로 로마 주교인 교황으로만 계승된다는 것은 본문 자체로부터 끌어내기 어려운 추론이다. 또 교황이 베드로를 계승한다는 가톨릭 교회의 주장도 기독교 초기에는 없었고 3세기에 들어서 등장하기 시작한 것이었다.[15] 가톨릭 성서학자인 해링턴(Daniel J. Harring-

13) 한글개역개정판에서는 이것을 "비롯하여"라고 번역하여 "첫째"라는 의미가 잘 드러나지 않는다.

14) Bockmuehl, *The Simon Peter in Scripture and Memory*, 85-86.

ton)도 마태는 베드로의 교황직 계승을 말하지 않았으며, 교황제는 마태복음 본문을 바탕으로 후대에 발전된 것이라는 점을 인정한다.[16)]

2) 하나님 나라에서 사람 간의 관계 구조(마 23:8-12)

마태가 베드로를 정점으로 하는 어떤 군주적 교황제를 교직으로 생각하지 않았다는 것은 마태복음에서 하나님 나라 백성의 상호 관계를 규정한 것을 통해서도 분명히 알 수 있다. 다른 복음서와는 달리 마태가 '에클레시아'(ἐκκλησία)라는 단어를 신앙 공동체 명칭으로 쓴 것은, 바리새인들과 서기관들이 자신들의 모임을 '쉬나고게'(συσαγωγή)라고 이해한 것과 연관되어 있다. 이 모임에서는 사람들은 잔치의 윗자리와 "회당의"(ἐν ταῖς συναγωγαῖς) 높은 자리와 시장에서 문안 받는 것과 사람에게 랍비라 칭함 받는 것을 좋아" 하는 것이다(마 23:6-7).

마태는 '쉬나고게'와는 완전히 다른 성격으로 하나님 나라 백성의 모임의 성격을 규정한다. 양자 사이에는 강력하게 대비되는 불변화사인 δέ가 사용된다. 그 뜻은 "이와는 대조적으로", "이와는 전혀 달리"이다. 여기서 "너희"(ὑμεῖς)는 "그들"과 완전히 대조되어 있다. 여기서 "너희"는 강조 용법으로 쓰였다. 크리스천 공동체인 "너희"는 그들과는 그 공동체의 성격이 완전히 대비되는 것이다.

> 그러나 너희는 랍비(ῥαββί)라 칭함을 받지 말라. 너희 선생은 하나요 너

---

15) Bockmuehl, *The Simon Peter in Scripture and Memory*, 86.

16) Daniel J. Harrington, 『신약성서의 교회』 (서울: 대한기독교서회, 2007), 253; cf. John H. Evans, "Primacy, Conciliarity and Infallibility," *Concilium* 20(1987), 31-33; 조병하, "초대교회 교회직제 발전에 대한 연구," 바른교회아카데미(편), 『교회직제론』 (서울: 예영커뮤니케이션, 2012), 73-95.

> 희는 다 형제니라. 땅에 있는 자를 아버지라 하지 말라. 너희의 아버지(πατήρ)는 한 분이시니 곧 하늘에 계신이시니라. 또한 지도자(καθηγηταί)라 칭함을 받지 말라. 너희의 지도자는 한 분이시니 곧 그리스도시니라. 너희 중에 큰 자는 너희를 섬기는 자가 되어야 하리라. 누구든지 자기를 높이는 자는 낮아지고 누구든지 자기를 낮추는 자는 높아지리라(마 23:8-12).

마가복음 본문을 이어받고 있는 마태는 서기관들에 대한 예수의 비판을 그대로 이어간다(막 12:38-40). 그런데 마태는 이들에 대한 비난을 하나님 나라 공동체의 성격을 규정하는데 사용한다. 즉 마태는 마가복음과 예수 말씀 자료(Q)에 나오는 서기관들과 바리새인들에 대한 비판 본문을 이어가다가 거기에 없는 내용을 추가하면서 하나님 나라 공동체의 성격을 규정하고 있는 것이다. 하나님 나라에서 사람들의 관계의 원리는 회당에서의 서기관들의 관계의 원리와는 정반대라는 것이다. 마태복음의 예수는 유대 공동체에서 율법 교사들에 대한 명예 호칭으로 완전히 자리 잡은 "랍비"라는 말을 사용하지 말라고 하고, 장로들에게 흔히 사용된 "아바"(아버지)라는 말도 쓰지 못하게 하고, "지도자"(선생)라는 말도 쓰지 못하게 하는 것이다. 이것은 당시 유대 문화를 완전히 뒤집는 전복적인 성격을 가진 것이다. 이것은 당시 유대교의 지도력 모델을 정면으로 거부하는 것이다.

이렇게 마태가 이해한 하나님 나라 공동체에서 사람들 간의 상호작용의 원리는 위계가 아니라 평등이었다. 크렌츠(Edgar Krentz)는 이러한 마태의 사상을 "평등한 교회"(The Egalitarian Church)라고 표현하고 있다.[17] 이런 교회는 위계가 없는 교회이며 신분이나

17) Edgar Krentz, "The Egalitarian Church of Matthew," *Currents in Theology and Mission* 4(1977), 333-41.

직분에 따라 사람이 나누어지지 않는 교회다. 이런 교회에서는 "새 신자가… 베드로와 똑같이 중요하게 취급되는 교회다."[18] 이런 교회에서는 하나님을 아버지로 부른다는 면에서 모든 사람은 똑같은 하나님의 자녀이며, 모두는 서로 형제/자매이고, 그리스도만을 선생이요 지도자로 삼는 것이다. 이 본문은 하나님 나라에서 "전통적 권위의 폐기와 대안적 공동체"를 제시한 것이다.[19]

이러한 하나님 나라에서의 평등의 비전은 초기 교회가 공통적으로 가지고 있었던 것이고, 마태가 이를 극명하게 표현한 것이다. 그런데 이러한 평등의 비전은 기독교 역사상 오히려 경원시 되어 왔다. 해링턴에 따르면 마태복음 23:8-12의 평등의 교회 구조는 기독교 역사상 주로 개혁운동의 초기에만 나타났었다. 교회는 교직에서 랍비라는 명칭을 사용하지 않았지만, 아버지와 선생이라는 명칭은 여러 형태로 사용했으며 교직을 위계질서의 구조로 만든 경우가 더 많았다.[20] 이러한 마태의 평등의 비전을 기독교 공동체가 '섹트'(sect)였을 때 일시적으로 필요했던 자의식으로 보는 것은 하나님 나라에서의 사람들의 관계에 대한 인식을 근본적으로 잘못 이해한 것이다. 이것은 일시적인 것이 아니라 마태가 이해한 교회의 본질에 관계된 것이다. 마태에 의하면 사람들이 "랍비"와 "아버지"와 "지도자"가 되어 사람들을 억압하고 다스리는 것은 하나님 나라의 모습과는 정반대이다.

3) 베드로의 권한과 사역(마 16:19; 18:18)

마태복음에서 예수는 한 신앙고백자인 베드로 위에 교회를 건축

---

18) Krentz, "The Egalitarian Church of Matthew," 337.

19) 오우성, "전통적 권위의 폐기와 대안적 공동체: 마태복음 23:8-12을 중심으로," 『신약논단』 9(2002), 787-812.

20) Harrington, *The Gospel of Matthew*, 324.

하고 그 신앙 고백자에게 땅에서 매고 푸는 권세를 주었다(16:19). 또 이것은 다른 제자들에게도 똑같이 주어진 것이기도 하다(18:18). 그렇다면 매고 푸는 것은 무엇인가? 여기서 매고 푸는 것의 목적어가 나와 있지 않기 때문에 우리는 문맥과 마태의 신학과 이전의 전승을 살펴보아야 한다. 마태복음 16:19에서는 그것이 무엇인지 즉각적으로 분명하지는 않다.[21]

마태복음 18:18의 문맥인 18:15-20은 용서와 권고의 정황이다. 그래서 여기서 매고 푸는 것은 용서와 권고를 하는 것과 그 말을 듣지 않았을 때의 책망 혹은 심판을 의미하는 것 같다. 마태복음 18:19에 보면 그것은 또 한 마음이 된 기도에 대한 것이기도 하다. 그렇다면 매고 푸는 것은 어떤 권한이 아니라 한 마음이 되어 기도하는 것이며, 그것에 대해서 하나님이 응답하신다는 약속이다. 요한복음 20:23에서는 성령을 받은 제자들에게 주어진 권한은 죄의 용서와 관계된 것이다. "너희가 누구의 죄든지 사하면 사하여질 것이요 누구의 죄든지 그대로 두면 그대로 있으리라 하시니라."

마태복음 16:18의 문맥에서 보면 매고 푸는 것이 무엇인지는 베드로에게 주어진 천국 열쇠에서 암시를 얻을 수 있다(16:18b). 마태는 천국을 사람들이 들어갈 곳으로 표현하고 있다(7:21). 마태에

21) 이 부분에 대한 자세한 논의는 김학철, "마태 공동체의 '땅'과 '하늘' 사이의 '메고 푸는' 권세," 『기독교신학논총』 49(2007), 67-91; W. D. Davies and Dale C. Allison, Jr., *Commentary on Matthew 2* (3 vols. Edinburgh: T & T Clark, 1987-1997), 635-39을 보라. 이승문은 '매고 푸는' 권위에 대한 해석을 여섯 가지로 정리했다. 1) "죄사함의 권위라고 보는 견해", 2) "교권과 징계권이라는 견해", 3) "가르침의 권위라는 견해" 4) "금하여야 할 행동과 허용되어야 할 행동들을 결정하는 권위"라는 견해, 5) "해동을 위한 규범과 용서의 권위"라는 견해, 6) "맹세로부터 풀려져야하는 지를 결정하는 권위"라는 견해. 이승문, "김동수 교수의 '베드로의 수위권(마 16:18)?'에 대한 논찬," 『2015 한국신약학회 정기학술대회 자료집』 (2015), 164-65.

의하면 바리새인들과 서기관들은 베드로와는 반대로 천국 문을 닫는 자들이다. 이들은 자신들도 들어가지 않고 들어가려고 하는 자들도 들어가지 못하도록 방해하는 자들이다(마 23:13). 그렇다면 무엇을 통해서 그들은 자신들이 천국에 들어가지도 않고 천국에 들어가려고 하는 자들을 들어가지 못하게 방해하는 것인가? 마태복음 23장 문맥에서 보면 이들은 말만하고 자신들이 말한 바를 실천하지 않음으로 천국과 상관없는 사람이 된다(마 23:3). 이들의 죄는 교만과 명예욕(마 23:5-12)과 위선과 외식이었다(마 23:15-36).

그렇다면 베드로와 교회가 갖고 있는 매고 푸는 권한은 무엇인가? 우선, 이것은 권한이라기보다는 삶으로 보여주어 할 의무다. 베드로와 교회는 바리새인들과 서기관들과는 다른 섬기는 삶을 보여주고 살아야 하는 것이다. "너희 중에 큰 자는 너희를 섬기는 자가 되어야 하리라. 누구든지 자기를 높이는 자는 낮아지고 자기를 낮추는 자는 높아지리라."(마 23:11-12)는 말씀을 실천하는 것이다. 베드로가 가진 열쇠에 대한 권한도 그렇게 해석할 수 있다. 이사야서에는 하나님의 집에서 문지기의 역할을 하는 엘리아김이라는 사람이 나오는데(사 22:23), 천국 열쇠를 가진 베드로에게 주어진 역할은 바로 엘리아김의 역할과 같은 것이다. 그가 열쇠를 가졌다고 해서 자신의 권한으로 어떤 사람을 천국에 들여보내고 들여보내지 않을 수 있는 것은 아니었다. 그의 권한은 예수의 종으로, 그의 심부름을 하는 것이었다. 그는 자기 권한과 의지대로 문을 여닫을 수 있는 "문지기로서의 권한이 아니라 종으로서의 권한이다."[22)]

그런데 마태복음 16장 문맥에서 볼 때 베드로의 매고 푸는 권한은 바리새인과 사두개인의 누룩, 즉 그들의 교훈과 가르침과 관계

---

22) Francois P. Viljoen, "Matthew, The Church and Anti-Semitism," Donald Senior (ed.), *The Gospel of Matthew at the Crossroads of Early Christianity* (Leuven: Uitgeverij Peeters, 2011), 680.

될 수 있다(마 16:5-12). 그렇다면 베드로의 매고 푸는 권한은 바른 가르침과 그렇지 않은 가르침을 구별하는 것일 수 있다. 유대교에서도 매고 푸는 것이 올바른 가르침과 그렇지 않은 것을 구별하는 것이라는 선례가 나온다(예, 요세푸스의 『유대전쟁사』 1.111).[23] 하지만 여기서 마태가 제시하려고 했던 판별의 권한은 교리적인 것이라기보다는 사람들의 행동에 관한 것이었다. 곧 잘못된 것은 그들의 위선적 행동이었다. 그렇다면 마태복음 전체에서 매고 푸는 권한은 올바른 교리를 지적으로 분별하는 것이라기보다는 잘못된 행동을 알아채고 그것을 따르지 않는 행동에 관한 것이다.

다음으로, 베드로와 교회가 가진 맺고 푸는 권한을 18:18의 빛에서 해석해 보면 그러한 섬김의 삶을 다른 동료 신자들에게 권고하고, 또 그 권고를 받아들이지 않을 경우에 그것에 합당한 치리를 하는 것이다. 그것은 베드로라는 신앙고백자 개인에게 주어진 것이기도 하고, 신앙고백자들의 모임인 교회에게 주어진 권한이기도 하다. 그러한 권고와 치리 가운데 예수가 그들 가운데 거한다는 것이다(마 18:20). 여기서 중요한 것은 하나님이 미리 정해서 베드로나 제자들이 그것을 따라가는 것이 아니라 놀랍게도 회당과는 다른 원리로 베드로 혹은 교회가 결정하면 하나님이 그들 편에 선다는 것이다. 그들의 요청도 들어준다는 것이다(마 18:19).

한 마디로 말해, 베드로와 교회 일반에게 주어진 매고 푸는 권한은 개인이나 교회가 서기관들과 다른 삶을 보여주고, 권고하고, 그렇지 않았을 때 치리라는 것이었다. 이것은 후대에 발전된 것과 같은 천국 문 앞에서 열쇠를 가지고 거기에 들여보낼 자를 결정할 수 있는 권한이 아닌 것이다.

---

23) Joel Marcus, "The Gates of Hades and the Keys of the Kingdom(Matt 16:18-19)," *CBQ* 50(1988), 449. 더 자세한 것은 Luz를 비롯한 주요 주석서를 보라.

이상을 통해서 볼 때, 베드로의 수위권 문제에 대해서 우리는 마태라면 이런 결론에 이르렀을 것이다. 첫째, 예수가 반석(페트라: 베드로) 위에 교회를 세우겠다는 것은 개인 베드로가 아니라 신앙고백자 베드로다. 둘째, 마태가 생각했던 하나님 나라 백성 간의 상호 관계는 당시의 문화로 볼 때 유대교의 관습을 뒤집는 혁명적인 평등의 관계였다. 셋째, 베드로와 교회 일반 사람들에게 공히 주어진 이 땅에서 매고 푸는 권한은 서기관과는 다른 그리스도인의 삶을 모범적으로 보여주면서 치리하는 권한이다. 그렇다면 마태가 제자 공동체를 말할 때, 그는 현재 교황제와 같은 한 사람이 모든 하나님의 백성을 지배하는 구조로 하나님의 백성의 모임이 이루어지는 것을 상상하지 않았을 것이다.

2. 신약성서와 교황제

1) 마태의 시각에서 본 교황제

위에서 본 주석의 결과를 따르면 우리는 현재의 가톨릭교회의 교황제를 어떻게 평가해야 할까? 루쯔는 마태복음 16:18에 나오는 '반석'에 대한 주석이 사실 가톨릭교회의 해석뿐만 아니라 개신교 전반에서도 본래 마태의 입장에 100% 부합하는 것은 아니라고 본다. 첫째, 베드로를 전형적인 제자라고 보는 입장인데, 이것은 베드로를 완전한 제자의 전형으로 보는 것이다. 여기서 반석은 완전한 제자 베드로다. 오리겐, 터툴리안이 이 입장을 취했다. 둘째, 여기서 반석을 베드로의 신앙고백으로 보는 동방교회의 해석인데 이것은 문맥에서 이해되는 해석이기는 하나 마태가 취했던 '반석' 자체라는 표현과는 좀 다른 해석이라는 것이다. 시리아와 그리스의 동방정교회와 종교개혁자들이 이 입장을 취했다. 셋째, 어거스틴의

해석으로 반석을 인간 베드로가 아니라 그리스도로 보는 것인데, 이것은 신약성서 전체적으로 볼 때 그리스도 위에 교회가 세워진다는 것은 맞지만(고전 3:11; 10:4), 이런 해석은 마태복음 본문에서 저자가 의도했던 '반석'은 아니라는 것이다. 넷째, 반석을 교황으로 해석하는 것은 위에서 본대로 마태의 사상이라기보다는 후대에 발전된 것이다.

이렇게 반석에 대한 해석이 다양한 것은 각 시대마다 각 교파의 필요에 따라 이러한 해석이 생겨났기 때문이다.[24] 그 시대에는 어느 정도 그러한 해석이 필요했을지 모르나 각 해석은 하나 이상의 약점을 내포하고 있다. 그렇다면 현재의 모든 교직은 다 무너뜨려야 하는 것인가? 루쯔는 이 본문이 해석된 영향사(*Wirkungsgeschichte*)를 분석해서 각 해석의 장단점을 잘 살리면서 그것을 평가하고 오늘에 적용하자고 제안한다. 그는 먼저 마태복음 16:18에 대한 정당한 해석은 하나 이상 있을 수 있다는 것을 인정하자고 한다. 각 해석은 본문에 대한 한 가지 이상의 새로운 해석을 내포하고 있고 각 상황에 따라 기여할 바가 있다는 것이다.

다음으로, 루쯔가 제시하는 것은 그럼에도 불구하고 어떤 해석은 마태가 의도했던 것에 더 상응하는 것이 있다고 한다. 이 "상응의 척도"(a criterion of correspondence)로 각 해석을 평가해 보자는 것이다. 이 중에서 전형적 해석은 가장 기본적인 해석이고, 동방정교회적 해석은 본문에 가장 부합한 것이며, 어거스틴적 해석은 본문에는 부합되지 않지만 신약성서 전체에서는 필요한 해석이다. 그러나 가톨릭교회의 해석은 반석을 베드로로 보는 면에서는 정당할 수 있으나 베드로의 역할이 후대에 전승된다는 측면에서는 본문의 의도를 가장 많이 벗어났다는 것이다.

---

24) U. Luz, *Matthew 8-20* (Minneapolis, MN: Fortress, 2001), 376. 루쯔는 어떤 해석이 생긴 정황을 설명하고 있다.

마지막으로, 루쯔가 이 본문의 해석에 있어서 중요하게 제시하는 원리는 "기능의 척도"(a functional criterion)다. 이것은 "한 해석의 결과와 영향이 한 본문의 의도에 부합했고 부합한가?"하는 것이다.[25] 보다 구체적으로 말하면, 주석적으로는 마태복음 16:18에 나타난 저자의 의도에 가장 부합하지 않는 교황제가 베드로에게 주어진 이 땅에서 매고 푸는 사역에 부합했고 지금도 부합하고 있는가 하는 것이다. 루쯔는—나는 동의하지 않지만—교회가 한 직분자에 의해서 지배되는 종류의 교직이 원칙적으로 교직 이해에 있어 신약성서가 허용하는 자유에 포함될 수 있다고 본다.[26] 그가 보다 중요하게 질문하고 싶은 것은 이러한 군주적 지배 체제가 과연 베드로에게 주어진 사역을 잘 감당하게 했고, 지금도 할 수 있게 하는가 하는 것이다. 그러한 사역을 감당하려면 첫째, 교황은 반드시 예수의 권위와 가르침에 복종해야 하고, 둘째, 마태가 교회의 머리를 교황으로 이해한 것이라면 그 머리에는 교황만 있는 것이 아니라 모든 크리스천이 형제의 형태로 서로를 대하는(마 23:8-10) 성도들이 포함되어 있어야 한다고 한다.

이런 면에서, 루쯔는 제도 자체로만 볼 때 마태복음 16:18에 대한 해석에 있어서 교항제를 도입하는 해석이 전혀 불가능한 것은 아니라고 본다. 역사적으로 볼 때, 기능의 척도에서 베드로의 사역에 충실한 요한 23세와 같은 교황도 있었다는 것이다. 하지만 교회 역사 전체적으로 볼 때 루쯔는 "마태복음 16:18에 대한 로마[가톨릭 교회]적 해석은 교회의 지배자들에 대한 자기합리화로 종종 해

---

25) Luz, "The Primacy Text(Mt. 16:18)," 54.

26) 이러한 해석의 배경에는 루쯔는 "성서 본문의 의미는 본래 의미를 재생산해내는 것에만 있는 것이 아니라 본문의 궤적에 인도함을 받고 기독교 신앙의 전체성에 지지를 받는 새로운 상황에서 새로운 의미를 생산해 내는데도 있다"고 믿기 때문이다. Luz, *Matthew 8-20*, 372.

석되어왔다. 또한 역사가 보여주는 것은 성경해석에 있어 그러한 부차적인 뜻에 자신의 입장을 정당화하는 해석이 지배적인 위치를 차지하는 것을 사용하는 기관은 그 자체의 역사에 심한 짐이다."라고 하여 교황제가 계속해서 지속되는 것을 부정적으로 본다.[27]

2) 신약성서 직제에서 본 교황제

신약성서의 교직론이라는 주제로 볼 때도 신약성서는 교황과 같은 군주적 교황제를 지지하지 않음을 볼 수 있다. 사실, 초기 교회가 설립되었을 때 교회 직제와 같은 것은 없었다. 자연스럽게 예수의 핵심 제자들인 사도들이 그룹으로 지도력을 형성하고 있었고(행 1:15-26), 처음에는 그 그룹에서 베드로와 요한이 핵심 지도력을 행사했고(행 2-3장), 후에는 예수의 동생 야고보가 예루살렘 교회에서 지도력을 발휘했다(행 15:13). 예루살렘 교회에서 필요에 의해서 교회에 봉사하는 사람들을 선택했지만 이들은 어떤 확립된 직분자들은 아니었다.[28] 유대교의 전통에 따라 공동체에서 원로급의 사람들이 그룹으로 지도력을 형성했던 것이 초기 교회의 모습이었다(행 15::2, 4, 6, 22).[29]

그러다가 사람들이 모이면서 자연스럽게 교직이 발전해 나갔다. 혹은 모임마다 특색 있는 교직이 생겨났다.[30] 바울에게 있어서 처

---

27) Luz, "The Primacy Text(Mt. 16:18)," 55.

28) 사도행전 6:1-6에 나오는 일곱 일꾼들을 우리는 흔히 "집사들"로 지칭하지만 여기에서는 아직 이들은 그런 명칭으로 불리지 않았다.

29) 여기에 나오는 "장로들"은 후대에 확립된 장로 직책이 아니다. 공동체의 "원로들"이라고 보는 것이 더 적절할 것이다. 교회에 교직과 같은 장로가 다른 곳에서 언급되기는 하지만(행 11:30; 14:23; 20:17, 28; 21:18), 이 명칭은 유대교에서 이어받은 그룹으로 원로를 그렇게 부른 것이었지 교회 직분과 같은 것은 아니었다.

30) 신약 교회론에 대한 고전적 저술에서 쉬바이쩌(E. Schweizer)는 신약성

음에 교직은 은사에서 발전한 것이었다(고전 12장). 바울이 생각한 교회에서의 교직의 역할은 성령을 통해서 교회에 주어진 은사였다. 각 개인에게는 어떤 특정한 은사들이 나타났는데 그것이 나중에 직분으로 여겨졌던 것이다. 예컨대, 예언의 은사가 일상적으로 나타난 사람을 예언자로 부른 것이다. 그런데, 이때는 예언자만 예언할 수 있는 것이 아니었다. 예언이 임하면 누구라도 예언할 수 있었다(고전 14:24, 31). 이러한 것을 교직의 형태로 말한다면 '은사적 교직'이라고 할 수 있을 것이다.

그런데 목회서신에 가면 교직이 보다 확립된 형태가 된다. 목회서신 이전에도 빌립보서에 감독과 집사가 나오기도 하지만(빌 1:1-2), 목회서신에 가면 감독, 장로, 집사가 보다 항구적인 형태로 자리 잡고, 이들의 집단 지도력을 통해서 교회가 운영되는 형태를 띤다(딤전 3:1-13; 5:17-20; 딛 1:5-9). 하지만, 여기에서도 2세기 초에 이그나시우스가 이해한 감독, 장로, 집사가 완전히 위계질서를 띤 삼중직 형태는 아니었다. 이그나시우스는 오직 감독의 권한을 중요시해서 교회는 감독이 없으면 존재할 수 없으며, 감독의 지도를 받을 때에만 교회가 올바로 나갈 수 있다고 보았다(이그나시우스 트랄레서 3:1; 서머나서 8:1). 그런데 목회서신에는 그런 정도의 위계질서는 나타나지 않는다. 하지만 목회서신에는 바울의 초기 서신에는 나타나지 않는 항구적 교직이 자리 잡고 있고, 교직이 단순한 은사를 넘어 하나의 직책으로 나타난다. 교회라는 기구에 교직이 생겨난 것이다. 이것을 우리는 '기구적 교직' 이해라고 부를 수 있을 것이다.

이렇게 교직이 기구적으로 이해되어 가고 있는 상황에서 이러한 조류를 거스르는 교직 이해가 등장하는데, 그것은 요한의 교직 이

서에서 절대적 형태의 교직제는 없었다고 본다. E. Schweizer, *Church Order in the New Testament* (London: SCM, 1961), 212.

해였다. 일세기 말에 기록된 요한복음과 세 요한서신에는 어떤 교직도 나오지 않는다. 요한복음에는 사도라는 명칭도 12제자 전체의 이름도 나오지 않으며, 다른 복음서에서 수제자로 인정된 베드로보다 더 중요한 제자로 예수의 사랑받은 제자(소위 애제자)가 나온다. 교회 구성원은 하나님의 자녀로 모두 형제이며(요 20:17; 21: 23), 서로 친구이고(요삼 1:15), 서로 가족 구성원이다(요이 1: 13). 여기서는 남녀 구분 없이 누구나 일급 제자가 될 수 있고, 누구나 어떤 중간 지도자 없이 성령의 기름부음을 통해 그리스도와 깊은 교제 가운데 들어갈 수 있다(요일 2:20, 27). 이러한 교직을 우리는 '민주적 교직'이라고 부를 수 있을 것이다.[31]

우리는 이상을 통해서 신약성서에는 하나의 통일된 교직 형태를 제시하는 것은 아니라고 할 수 있다. 오히려 신약 교직에는 몇 가지 모델이 있다고 말하는 것이 더 좋은 판단이다.[32] 위에서는 우리는 바울의 '은사적 교직' 모델, 목회서신서의 '기구적 교직' 모델, 그리고 요한의 '민주적 교직' 모델을 신약을 대표하는 교직 형태로 보았다. 그런데 이 중 어떤 것도 당시 일반 사회에서 어떤 기구를 움직일 때 쓰였던 한 사람을 정점으로 모든 사람을 지배하는 그런 군주적 지배 모델은 아니었다. 신약성서 전체는 이런 모델에 대해서 거부감을 가지고 있다. 그것은 하나님 나라의 삶을 구현하는데 있어서 장애물로 여겨졌다(마 23:1-12). 지배하고 지배당하는 것

---

31) 보봉은 요한이 예수와 친밀한 관계였음에도 불구하고 그 친밀함을 자신의 위계질서적 권위를 세우는데 사용하지 않았음을 주목한다. 요한은 "아시아 교회의 대부가 되지 않았고 형제로 남았다."는 것이다. F. Bovon, "The Church in the New Testament, Servant and Victorious," *Studies in Early Christianity* (WUNT 161; Tübingen: J. C. B. Mohr, 2003), 140.

32) E. Käsemann, "Unity and Diversity in the New Testament Ecclesiology," *NovT* 6(1963), 290-97. 케제만은 신약성서에는 영구적인 교회론을 제시해주는 것이 아니라 몇 가지 교회론적 모델을 제공한다고 보았다.

은 세상에서 일상적인 일이었으나 하나님 나라에서는 이런 일은 발생해서는 안 되고 오히려 기꺼이 다른 사람의 종이 되는 방식으로 하나님 나라가 운영되어야 하는 것이다(마 20:25-28).[33]

3. 결론과 의의

1) 결론

본 장은 교황제의 근거로 흔히 제시되는 마태복음 16:18-19이 베드로의 수위권과 교황제를 지지하는 본문인가를 질문함으로 출발했다. 주석적으로 볼 때, 이 본문은 베드로의 수위권을 말한다고 주장하기 어렵고, 설혹 그러한 베드로의 수위권이 본문에서 인정된다 하더라도 그것이 로마 교황에게 계승된다는 것은 저자의 의도와는 거리가 있다는 결론에 이르렀다. 주석적으로 볼 때 교황제의 성서적 근거는 미약하다. 본문의 해석을 본문의 의도와 얼마나 상응하는 가와 동시에 이것이 기능적으로 얼마나 본문의 의도에 부합하는가를 볼 때도 교황제도 같은 군주적 교직제는 기능적으로도 그 본문에 부합되게 해석된 경우는 많지 않았다. 기능적으로 본문에 부합되게 실천한 교황이 전혀 없었다고는 할 수 없지만 그러한 제도는 대개 군림하는 교황을 만들었다. 한 마디로 말해, 마태복음 16:18을 통해서 군주적 교직, 혹은 교황제는 정당화되기 어렵다. 마태복음 여타 본문과 신약성서 전체의 교직에 대한 이해에서 볼 때도 마찬가지다.

2) 의의

33) 신약성서 직제의 발전을 종교사회학적으로 연구한 것으로는 다음을 보라. 박정수, "초기기독교적 권위구조의 변화," 『한국기독교신학논총』 31(2004), 123-55.

한국 개신교회는 가톨릭교회의 교황제가 주석적으로, 신학적으로, 실천적으로 마태복음 16:18의 성서해석에 부합하지 않는 것으로 보아왔다. 앞에서 본대로 이런 평가는 주석적 정당성을 확보하고 있다. 그런데 우리가 루쯔의 "기능의 척도"의 원리를 한국교회가 이해한 교직에 적용한다면 과연 우리 한국 개신교회는 전반적으로 이 구절을 올바로 해석했다고 볼 수 있을까? 군주적 교직 제도를 외적으로 취하지 않고 있지만, 한국 개신교회에서는 어떤 교직이 실제로 군주적 교직과 같은 것이 되지 않았는가?

한국 개신교회는 한국적 유교에서 영향을 받은 위계적 가부장제에 의해서 교직이 상당한 정도로 채색되어 있다. 목사-장로-집사라는 위계적 교회 직제가 이그나스우스가 말한 삼중직의 형태로 흔히 이해된다. 목사는 하늘과 땅을 잇는 가교의 역할을 하는 직분으로, 모든 신자는 그의 말을 들어야 하고 그를 통해서 복을 받고, 때로 저주까지 받으며, 교회에서 영적인 일뿐만 아니라 일상적인 일까지 그 직분자에 의해 결정되어야 한다는 것이 또 다른 형태의 교황제가 아니면 무엇인가? 한국 교회의 목사관은 유교의 가부장제에서 깊은 영향을 받은 것이다.[34)]

프란치스코 현 교황이 지난 2014년 8월 한국을 방문했을 때 가톨릭교인 뿐만 아니라 일반인들이 정말로 열광했던 요인은 무엇인가? 물론, 이러한 교황의 행동에는 단순히 신앙적인 것뿐만 아니라 정치적인 계산도 있어 보인다. 그럼에도 불구하고, 그는 교황이지만 교황으로 군림하지 않는 교황, 그래서 전통적인 의미에서 교황 같지 않은 교황이기에 사람들은 그에게 열광했던 것이다. 그 마음

---

34) 최근 발간된 『목사의 딸』이라는 책은 우리 교계에서 잘 알려진 목사가 유교의 영향으로 가정에서는 가부장제적 사고에 매이고, 교회에서는 성직자가 교회를 지배하는 사고에 빠졌는지를 잘 보여주고 있다. 박혜란, 『목사의 딸』 (서울: 아가페북스, 2014).

의 진위는 우리가 정확히 알 수 없지만 최소한도로 말해 드러나는 것으로만 보면 이 교황은 마태복음 16:18-19에 나오는 베드로의 사역에 충실했던 것이다.

그렇다면 왜 사람들은 한국 교회, 특히 대형 교회와 그 담임 목사에 등을 돌리는가? 대형 교회들이 사회봉사를 사실상 많이 하는데도 왜 대중 매체와 대중들은 우리 교회를 '개독교'로 욕하는가? 그 이유 중 하나는 교회가 군림한다는 데에 있다. 교회는 이미 바리새인들과 서기관들처럼 "…곧 경문을 넓게 하고 옷 술을 길게 하고 잔치의 윗자리와 회당의 높은 자리와 세상에서 문안 받는 것과 사람에게 랍비라 칭함을 받는 것을 좋아"(마 23:5-6)하고 있는 것이다. 그런데 한국 교회는 가톨릭교회의 교황제만 비판하고, 유교의 가부장제의 영향을 받아 정작 기능적으로는 교황보다 더 군림하고 있다는 사실에 대해 , 다시 말해 잘못된 한국 교회의 교직 이해에 대해 적절하게 반성하지 않기 때문이다. 한국 개신교회는 교황제의 기초가 되는 가톨릭교회의 성서주석을 비판함과 아울러 개신 교회 내 교직 이해와 실천에 대해서도 진지한 반성이 있어야 할 것이다.[35]

---

35) 본 장에서 논자는 마태복음 16:18을 비롯한 몇 몇 구절의 주석과 해석에 관련하여 가톨릭교회와 개신교회 사이의 차이를 주로 언급했다. 하지만 서구 교회에서는 두 종교 단체를 서로 다른 교회라기보다는 각각을 하나의 교파로 인식하며 상호 대화하고, 그러한 대화 가운데 성서해석에 대해서 바르지 못한 것을 고치고, 서로 배우는 경우가 많다는 것도 지적해야겠다. 이 부분에 대해서는 별도의 논문에서 보다 심도 있게 다룰 수 있을 것이다.

6. 누가가 본 기도 비유

그 동안 '밤에 찾아온 친구의 비유'(눅 11:5-8)에 관해서는 대체로 다음과 같은 논제를 가지고 학자들 간의 논의가 이루어져왔다. 이 비유와 '졸라대는 과부의 비유'(눅 18:2-5)는 짝 비유인가 아닌가?[1] 본 비유의 원 자료는 Q인가? 아니면 누가의 특수 자료인가?[2] 본 비유 내에서 5-7절과 8절 사이에 문학적 일치가 있는가?[3] 본문

---

1) 이에 관해서는 K. Berger, "Materialien zu Form und Überlieferunsgeschichte neutestamentlicher Gleichnisse," *NovT* 15(1973), 33-34; W. Ott, *Gebet und Heil: Die Bedeutung der Gebetsparanese in der lukanischen Theologie* (München: Kösel, 1965), 23-31; J. D. M. Derrett, "The Friend at Midnight: Asian Ideas in the Gospel of St. Luke," *Donum Gentilicium: FS D. Daube*. E. Bammel(ed.) (Oxford: Clarendon, 1978), 79를 보라.

2) '밤에 찾아온 친구의 비유'는 누가복음에만 나온다. 그러나 이것이 후의 Q 본문(11:9-13)과 연이어 나오기 때문에 이 비유가 본래 Q 본문인데 마태가 생략한 것인지 아니면 이 비유가 누가의 특수 자료에 속한 것으로 누가가 여기에 첨가한 것인가에 관해서 최근까지 논란이 계속되고 있다. 이에 관해서는 D. R. Catchpole, "Q and 'The Friend at Midnight' (Luke 11,5-8/9)," *JTS* 34(1983), 407-24; idem, "Q, Prayer, and the Kingdom: A Rejoinder," *JTS* 34(1983), 377-88; C. M. Tuckett, "Q, Prayer, and the Kingdom," *JTS* 40(1989), 367-76; S. Schulz, *Q: Die Spruchquelle der Evangelisten* (Zürich: Theologischer Verlag, 1972), 88를 보라.

3) Ott, *Gebet und Heil*, 23-31을 보라.

에 나오는 신약에서 한 번밖에 나오는 않는 단어(*hapax legomenon*)인 아나이데이아(ἀναίδεια)는 어떤 뜻으로 쓰였는가? 본 비유를 해석하는 배경으로서 동양적인 호의는 어떤 역할을 하는가?[4]

위의 논쟁들은 모두 무엇이 본 비유의 핵심 교훈인가 하는 것에 관계된 것이다. 본 비유에 대한 다음 두 제목이 이것을 잘 보여준다. 맨슨(T. W. Manson)에게는 이것이 '졸라대는 친구의 비유'인데 반해, 예레미아스(J. Jeremias)에게는 이 비유는 '밤에 도움을 요청받아 잠을 깬 친구의 비유'이다.[5] 전자에게 있어서 이 비유의 초점은 기도하는 자에 맞추어져 있다. 따라서 이 비유는 중단 없는 기도에 대해서 가르치는 비유이다. 그러나 후자에게 있어서 그 초점은 필요한 사람에게 관대하게 채워주는 요청을 받은 사람에게 맞추어져 있다. 이 견해에 따르면 이 비유의 핵심 교훈은 하나님의 자비하심에 관한 것이 된다.

이 비유의 핵심 교훈은 무엇인가? 이 비유는 강청하는 기도를 격려하는 비유인가? 아니면 하나님의 자비하신 인격에 대한 비유인가? 전통적으로 이 비유는 '졸라대는 친구의 비유'로 이해되어 왔다. 그러나 최근에 이러한 견해가 존슨(A. F. Johnson)을 비롯한 많은 학자들에 의해 도전 받고 있다. 존슨은 본 비유에 대한 "전통적인 이해는 주석적으로, 신학적으로 공히 방어할 수 없다"[6]고 한다.

---

4) E. W. Huffard, "The Parable of the Friend at Midnight: God's Honour or Man's Persistence," *ResQ* 21(1978), 154-60을 보라.

5) T. W. Manson, *The Sayings of Jesus* (London: SCM, 1949), 267; J. Jeremias, *The Parables of Jesus* (London: SCM, 1958), 157을 보라.

6) A. F. Johnson, "Assurance for Man: The Fallacy of Translation *Anaideia* by 'Persistence' in Luke 11,5-8," *JETS* 22(1979), 125; Huffard, "The Parable of the Friend at Midnight," 154-60; Jeremias, *The Parables of Jesus*, 157-60를 보라. 여러 국내 학자들도 이러한 조류에 따르고 있다. 김득중, 『누가복음』 (서울: 대한기독교서회, 1993), 67-70; 장해경, "기도에 대한 예수의 두 가지 비유," 『설교를 위한 성서 연구』 (서울: 한국성서학연구

최근의 경향은 이 비유에 대한 전통적인 견해를 뒤집는 것이다. 본 장은 이러한 최근의 학문적인 경향을 학문적으로 검토한 후 그것이 주석적으로 올바른지 물을 것이다. 나는 이러한 경향성에 문제가 있으며, 결국 '밤에 찾아온 친구의 비유'는 최근의 해석 경향과는 반대로 중단 없는 기도를 격려하는 비유임을 밝혀낼 것이다.

1. 본 비유 해석을 위한 선결 문제

1) 잘못된 주장들

본인의 주장을 구체적으로 펼치기에 앞서 이 문제에 대해 이전에 제시되었던 결론 중에서 잘못된 주장들을 살펴 보려한다. 첫째, '밤에 찾아온 친구의 비유'가 두 가지 핵심 메시지가 있다는 주장이 있다. 즉 본 비유는 하나님의 선하신 인격과 인간의 간청을 동시에 강조한다는 것이다.[7] 마샬(I. H. Marshall)은 "이 비유에는 두 가지 가능한 교훈이 있다. 한편으로 이 비유는 기꺼워하지 않는 집주인과 대조되는 하나님의 인격을 그리고 있고 (…) 다른 한편으로 이 비유는 즉각적인 응답이 없을지라도 계속해서 기도하라는 격려로서 해석될 수 있다."고 주장한다.[8] 그러나 캐치폴(D. R. Catchpole)의 말대로 "이 비유의 메시지가 두 부분으로 나누어졌다는 것은 원칙적으로 가능하지 않다."[9] 비슷한 문제가 마가복음 4:26-29에도 일어나는데 여기서도 전승의 역사를 연구함을 통해 이 비유가 "비밀히 자라는 씨"인지 아니면 "끈기 있는 농부" 중에

소, 1999), 107-115을 보라.

7) Johnson, "Assurance for Man," 131.

8) I. H. Marshall, *The Gospel of Luke: A Commentary on the Greek Text* (Exeter: Paternoster, 1978) 462.

9) Catchpole, "Q and 'The Friend at Midnight'," 408.

서 선택해야 한다. 율리허(A. Jülicher)가 밝혀낸 대로 예수 비유의 핵심은 대개 하나이기 때문이다.[10)]

둘째, 이 비유의 해석을 확립된 교리에 의해 제한하는 것도 해석적 오류이다. 예를 들어 레비슨(N. Levison)은 자기 나름대로의 교의에 의해 본 비유에 대한 전통적인 해석에 반대한다. 그 이유는 이 비유가 간청하는 친구의 비유라면 이 비유의 교훈은 신약의 다른 부분의 가르침과 상응하지 않기 때문이라고 한다. 이 비유가 강청하는 기도를 가르치는 비유라면 신자의 강청이 하나님의 뜻보다 앞설 수 있다는 것이다. 이 경우에 하나님은 자신이 들어주지 말아야 할 것도 강청하는 기도 때문에 응답해 주어야 한다는 것이다.[11)] 존슨도 "사려 깊은 그리스도인들은 '아나이데이아'를 강청이라고 보는데 심각한 신학적 어려움이 있음을 인식해왔다."고 한다.[12)] 그러나 위와 같은 성서 해석은 다분히 자기의 경험으로 성서를 읽는 것이다. 우리는 먼저 본문이 무엇을 말하든 본문의 메시지에 귀를 기울여야 할 것이다.

셋째, 고대 아시아의 환대 문화에 따르면 어느 시각에든 친구의 집 문을 두드리는 것이 그에게 결례가 되지 않는다는 것은 사실이 아니다. 본 비유는 사실 아시아 문화에 대한 것이 아니라 친구 문화에 대한 것이다. 여기서 밤에 찾아온 친구는 사실 단순한 여행객이 아니라 그 사람의 친구다. 성서에서 환대에 대한 문화는 친구가 아니라 객에 대한 것이다. 말리나(Bruce J. Malina)가 올바로 본 대로 "성서의 세계에서 호의는 가족이나 친구를 만족시키는 것

---

10) A. Jülicher, *Die Gleichnisreden Jesu* (2 vols.; Darmstadt: Wissenschaftliche Buchgesellschaft, 1963).

11) N. Levison, "Importunity?: A Study of Luke xi. 8(διά γϵ τὴν ἀναίδϵιαν αὐτοῦ)," *ExpTim* 9(1925), 459.

12) Johnson, "Assurance for Man," 128.

이 아니다. 환대는 언제나 객들에 대한 것이다."[13] 고대 아시아에서 밤에 친구가 문을 두드리는 소리에 깬 그 친구는 일반적으로 어떤 반응을 할까? 물론 고대 아시아에서는 현대 서구나 한국에서보다 이러한 행동에 더 관대했었음에 틀림없다. 하지만 본문에서 문 밖의 친구가 한밤중에 문을 두드리는 것에 의해 문 안에 친구와 이미 자고 있던 그 가족은 분명히 방해받았음에 틀림없다.

넷째, '밤에 찾아온 친구의 비유'에 관한 최근의 해석은 핵심 단어인 ἀναίδεια에 집중되어 있다.[14] 베일리(K. E. Bailey)의 말을 빌리면 "본 비유의 의미는 8절에 있는 핵심 단어 ἀναίδεια가 무슨 뜻인가에 달려있다."[15] 이 단어가 신약성서에서 한 번 밖에 나오지 않는 단어이기 때문에 여기에서 그 단어의 정확한 쓰임새에 관한 논란이 끊임없이 계속되고 있다. 전통적으로 이 단어는 '고집스러움'(persistence) 혹은 '끈질기게 졸라댐'(importunity)으로 번역되어 왔다. 어원적으로 이 단어의 의미는 '뻔뻔함'(shamelessness)에 가깝다. 베일리는 이 단어의 의미를 두 그룹으로 나눈다. 첫 번째는 긍정적인 뜻인 '고집스러움'과 '간청'이다. 두 번째는 부정적인 뜻인 '뻔뻔함'의 부류이다. 칠십인 역과 요세푸스의 글들에서 이 단어를 분석한 결과 베일리는 다음과 같은 결론에 이른다. 첫째, 칠십인 역에서는 한 번의 가능한 예외를 제외하면 이 단어는 모두 부정적인 뜻으로 쓰인다. 둘째, 요세푸스에서는 전적으로 부정적인 의미로만 쓰인다. 그래서 베일리는 이 단어를 본 비유에서 요청한자의 졸라

---

13) Bruce J. Malina, "Hospitality," *Biblical Social Values and Their Meaning.* John J. Pilch and Bruce J. Malina (eds.) (Peabody, MA: Hendrickson, 1993), 107.

14) 이 비유의 해석에 있어서 ἀναίδεια라는 단어가 핵심적인 위치에 있다는 것을 전제로 한 최근의 연구로는 Klyne Snodgrass, "Anaideia and the Friend at Midnight(Luke 11:8)," *JBL* 116(1997), 505-513을 보라.

15) K. E. Bailey, *Poet and Peasant: A Literary-Cultural Approach to the Parables in Luke* (Grand Rapids, MI: Eerdmans, 1976), 125.

댐에 적용시키는 것이 문제가 있다고 주장한다.[16]

위와 같은 베일리의 주장은 두 가지 면에서 도전받아야 한다. 첫째, ἀναίδεια라는 단어를 부정적인 뜻과 긍정적인 뜻으로 분석하는 것이 본 비유를 해석하는데 얼마나 유익한가 하는 것이다. 만약 베일리의 주장이 옳다 해도 그것이 곧 이 단어가 반드시 요청을 받은 자의 뻔뻔함만을 의미하게 사용되어져야 하는 것은 아니다. 이것은 요청한 자의 뻔뻔한 고집을 의미하는 것으로도 사용될 수 있기 때문이다. 둘째, 칠십인 역과 요세푸스에서 고집스러움이란 의미가 없다는 그의 결론도 의심스럽다. 캐치폴의 분석에 의하면 ἀναίδεια라는 단어는 위의 문서들에서 매우 다양한 의미로 사용되고 있다. 특히 요세푸스 문헌에서도 "완고함과 고집스러움"의 의미로 사용된 용가 얼마든지 있다(*B.J.* 1.84, 6.199; *Ant*. 17.119).[17] 이상을 통해서 볼 때 ἀναίδεια가 그 의미상 본 비유에서 요청을 받은 자 만의 행동을 지시한다는 것은 옳지 않다. 그 의미는 각 각의 문맥에서 결정되어야 한다.

2) 문학적 통일성

'밤에 찾아온 친구의 비유'를 해석하기 위해 본 비유가 문학적 일치성이 있는가의 문제를 해결해야 한다. 왜냐하면 몇몇 학자들은 8절이 5-7절과 본래 문학적 일치를 형성한다는데 의문을 던지기 때문이다.[18] 예를 들어 하이니거(B. Heiniger)는 8절을 누가가

---

16) Bailey, *Poet and Peasant*, 126.

17) Catchpole, "Q and 'The Friend at Midnight'," 409.

18) 예를 들어 8절을 누가가 첨가한 것이라고 주장하는 데 있어 오트는 아마도 선두주자일 것이다. 그는 누가복음 11:5-7과 18:2-7이 본래 다른 전승에 속해 있었는데 누가가 첫 번째 단계로 이것을 모았고, 두 번째 단계에서 이것을 분리시켜 배치했다고 주장했다. Ott, *Gebet und Heil*, 25-29.

본래의 본문에 첨가한 것이라 한다. 그의 주장은 다음과 같이 요약될 수 있다. 첫째, 5-7절은 문체로 볼 때 문학적 통일성을 이루고 있다. 둘째, 누가복음 18:1에 보이는 방법대로 기도에 대한 특별한 관심이 있는 누가는 누가복음 18:2-5의 영향을 받아 8절을 5-7절에 첨가한다.[19] 캐치폴 또한 8절을 누가가 편집한 구절이라고 본다. 그는 셈족어 통사론 상 5-7절은 문학적 통일성을 이루되 이것과 8절 사이에는 불일치를 발견한다.[20]

구조상을 아닐지라도 문체상으로는 5-7절이 독립적으로 문학적인 통일성이 있음은 분명하다. 그러나 5-7절이 8절 없이 독립적으로 존재했다면 그 내용은 다음과 같은 것이 된다: "네가 빵을 요구할 때 너의 친구가 그 청을 거절하겠는가? 절대로 아니다." 만약 이 본문이 기도와 관계되지 않고 본래 독립적으로 존재했다면 그 메시지 자체가 너무 일상적인 것이 되어 신학적인 의미가 없는 교훈이 된다. 사실 '밤에 찾아온 친구의 비유'는 두 단계로 구성되어 있다. 두 번째 단계가 없다면 본 비유는 어색해진다. 그래서 나는 '밤에 찾아온 친구의 비유'가 본래 문학적 통일성이 있다고 본다.

5-7절에 문학적 통일성이 있다는 전제하에 본 비유의 해석에서 해결해야 할 첫 번째 번역상의 문제는 5-7절이 평서문인가 아니면 수사 의문문인가 하는 것이다.[21] 그리고 만약 이것이 수사 의문문이라면 5-6절까지 만인가 아니면 7절까지 계속되는가? 예레미아스와 많은 주석가들은 이 구절 전체가 강력한 부정적 대답이 기대되는 수사 의문문이라 주장한다.

---

19) B. Heiniger, *Metaphorik, Erzählstruktur und szenisch-dramatische Gestaltung in den Sondergutgleichnissen bei Lukas* (Münster: Aschendorf, 1991), 101.

20) Catchpole, "Q and 'The Friend at Midnight'," 412.

21) 한글 번역본들을 비교해 보면 5-7절을 개역개정판과 표준새번역은 수사 의문문으로, 공동 번역과 신약성서 새번역은 평서문으로 번역한다.

이 비유의 의미는 τίς ἐξ ὑμῶν(11:5)이 신약에서 주로 "아무도 그렇게 안 한다." "그것은 불가능하다." "물론 모든 사람은 다 그렇게 한다"와 같은 강력한 대답을 기대하는 질문을 안내한다는 인식에서 추구되어야 한다.[22]

복음서에서 τίς ἐξ ὑμῶν라는 어구는 Q에 3번(마 6:27/눅 12:25; 마 7:9/눅 11:11; 마 12:11/눅 14:5), 누가의 특별 자료에 4번(눅 11:5; 14:28; 15:4; 17:7), 요한복음에 1번(8:46) 나온다. 그런데 예외 없이 모든 경우에 이 구절들은 수사적 도입 질문과 아울러 결론적 질문을 포함한다. 거기에다 수사적 형식이 암시적이지 않고 항상 명시적이다. 누가복음 12:25-26은 이것에 대한 좋은 예이다. "또 너희 중에 누가 염려함으로 그 키를 한 자나 더할 수 있느냐? 그런즉 지극히 작은 것이라도 능치 못하거든 어찌 다른 것을 염려하느냐?" 누가복음 11:5만 예외적으로 결론적 질문이 포함되어 있지 않다. 그러므로 누가복음 11:5이하가 일반적으로 강력한 부정적 대답을 염두에 둔 수사 의문문을 이끈다고 쉽게 말할 수 없다. "종종 평행 본문이라고 여겨진 다른 τίς ἐξ ὑμῶν이 나오는 구절보다 이것은 문법적으로 더욱 복잡하다."[23]

거기에다, 이 수사 의문문이 7절까지 계속되는 지도 의문이다. 예레미아스는 프리드릭센(A. Fridrichsen)을 따라서 다음과 같이 말한다. 만약 τίς ἐξ ὑμῶν이라는 구절 자체가 항상 부정적인 대답을 기대하는 구절이라면 "이 수사 의문문은 6절에서 끝나지 않는다. 왜냐하면 6절은 정황만을 언급하지 반응을 즉각적으로 요구하지 않기 때문이다. 그러므로 5-7절은 계속되는 하나의 수사 의문문으로 간주되어야만 한다."[24] 예레미야스의 말대로 τίς ἐξ ὑμῶν이라는

22) Jeremias, *The Parables of Jesus*, 158.

23) Tuckett, "Q, Prayer, and the Kingdom," 368-69.

어구가 대개 부정적 대답을 유도하는 것은 분명하다. 그러나 누가복음 11:5의 τίς ἐξ ὑμῶν 구절은 다른 구절들과는 그 형태가 다르다. 5-7절에서 "이 길게 늘여진 문장 속에서 의문문적인 성격을 잃었다"[25]는 리니(A. R. C. Leaney)의 말이 오히려 옳을 것이다. 다른 말로 하면 이 비유의 의문문적 형태는 예레미아스가 제시했던 것과 같은 의미를 가지고 있지 않다.

한마디로 말해, 누가복음 11:5 이하의 소위 τίς ἐξ ὑμῶν 구절이 분명한 부정적 진술을 이끄는 의문문이라고 할 수 없다. 오히려 이 본문은 다음과 같이 평서문으로 번역하는 것이 문맥에서 잘 어울린다. "그리고 그가 그들에게 말했다. 너희 중에 어떤 사람이 친구가 있는데 그가 한밤중에 그에게 와서 말했다. '친구여! 떡 나에게 떡 세 덩이만 빌려주게. 내 친구가 여행 중에 내게 왔는데 내가 그에게 줄 것이 없어서 그러네.' 그런데 그 집안에 있는 친구가 대답하여 말하기를 '나를 괴롭게 하지 마라. 이미 문이 닫혔고 나와 같이 있는 내 아이들이 잠자리에 들어 있네. 그래서 내가 자네에게 일어나 줄 수 가 없네.'라고 했다고 하자."

2. 본 비유에 대한 해석

1) 문맥과 구조

'밤에 찾아온 친구의 비유'는 소위 누가 복음의 여행 사화의 처음부분에 위치해 있다. 누가는 여행 사화의 시작 부분에 기도에 대한 세 묶음의 기사와 교훈을 포함시킨다. 누가복음 11:1-13의 세 묶음의 기도에 대한 기사 중 두 번째 것으로서 '밤에 찾아온 친구

24) Jeremias, *The Parables of Jesus*, 158.

25) A. R. C. Leaney, *The Gospel according to Luke* (2nd ed.; London: A and C Black, 1958), 188.

의 비유'(5-8절)가 있는데 그 앞에는 주기도문(1-4절)이 있고 뒤에는 기도에 대한 권고(9-13절)가 있다. 이 묶음은 기도라는 공통 주제와 아버지(2, 11, 13절), 주다(3, 7, 8, 9, 11, 12, 13절), 그리고 빵(3, 5절)이라는 단어들로 상호 묶여있다. 누가는 이 기도에 대한 이 세 에피소드를 그가 자주 사용하는 연결구로 묶는다: Καὶ εἶπεν πρὸς αὐτούς(5절); Κἀγω ὑμῖν λέγω(9절). 전체적으로 볼 때 본 비유는 어떻게 기도해야 하는 가(1절)에 대한 하나의 대답이 된다. 문맥에서 9-10절은 본 비유의 적용에 해당된다.

이 비유는 두 단계로 구성되어 있다. 첫 단계는 밤에 음식을 요구하는 친구의 청을 들어주지 않는 사람의 이야기이다(5-7절). 둘째 단계는 첫 번째 단계의 해석적 결론이다(8절). 첫 번째 단계에서는 두 가지 상호 반대되는 모티브가 동시에 나타난다. 하나는 친구의 모티브로서 이것은 흔히 호의를 가져오게 한다. 다른 하나는 한밤중 모티브로서 이것은 성가심을 야기한다. 여기서 친구의 모티브가 본 비유의 이야기를 지배하는 것은 자명하다(5, 6, 8절). 또한 여기에는 아마도 유대적 혹은 동양적 친구에 대한 호의가 그 배경에 깔려 있는 것 같다(cf. 창 18:1-8; 히 13:2). 그런데 많은 주석가들이 본 비유에서 '한밤중 모티브'가 또 하나의 중요한 모티브라는 것을 무시하거나 아예 발견하지 못한다.[26] 간과하지 말아야 할 것은 여기서 사용된 단어는 "밤에"(νυκτίου)가 아니라 "한밤중에"(μεσονυκτίου)라는 것이다. 설사 팔레스타인에서 한밤중에 여행하는 것이 흔한 일이었고 동양적인 호의가 친구 사이에는 어느 정도의 성가심은 야기시키는 것을 허용할지라도 '한밤중'에 친구의 집 문을 두드리며 무엇을 요구하는 것은 귀찮게 하는 일이 된다. 특히 모든 가족들이 다 잠들어 있는 상황에서는 분명히 그렇다.

---

26) 그러나 Joseph Fitzmeyer는 예외이다. *The Gospel according to John,* vol. I (Garden City, N. Y.: Doubleday, 1981), 912.

우리는 여기서 이야기 속에 위의 두 모티브가 서로 잘 엮여져 있는 것을 볼 수 있다. 친구의 모티브에 의하면 집안에 있는 친구는 집밖에 있는 친구의 청을 들어주어야 한다. 그러나 한밤중 모티브에 의하면 그 요청은 들어주지 않아도 된다. 첫 번째 단계에서는 이 두 모티브가 긴장 속에 균형을 이루고 있다. 이것은 이 이야기가 두 번째 단계에서 어떻게 결론이 내려질 것인가에 대한 기대를 갖게 한다. 그래서 두 번째 단계는 첫 번째 단계에서 발생한 문제에 대한 일종의 해답으로서 주어진 것이다. 두 번째 단계를 구분하기 위해 8절에서 누가가 앞뒤의 문맥을 구분할 때 흔히 사용하는 λέγω ὑμῖν이라는 구를 사용한 것은 주목할 일이다(눅 15:7, 10; 16:9; 18:8, 14). 이 부분에서 독자는 다음에 무슨 일이 일어날 것인가 하고 기대를 하게 된다. 그래서 본문의 구조상 그 핵심 교훈은 8절에 있게 된다.

2) 해석

본 비유의 구조는 두 단계로 되어있다. 그런데 본 비유의 결론인 8절에도 첫 단계에 나타난 두 모티브가 계속해서 나타나도록 구성되어 있다. 이 두 번째 단계도 친구의 모티브와 한밤중 모티브가 상호 긴장을 이루도록 구성되어 있다. 즉 이 8절을 우리는 두 단계로 나눌 수 있다.

A. λέγω ὑμῖν, εἰ καὶ
οὐ δώσει αὐτῷ
ἀναστὰς
διὰ τὸ εἶναι φίλον αὐτοῦ,
B. διά γε τὴν ἀναίδειαν αὐτοῦ
ἐγερθεὶς
δώσει αὐτῷ
ὅσων χρῄζει.

여기서 A부분은 친구의 모티브가 지배하고 B부분은 한밤중 모티브가 지배한다. 위의 구절에서 이 두 모티브가 키아즘 구조로 비교되어 나타난다. 그런데 이런 구조는 ἀναίδεια가 칠십인 역이나 요세푸스 문헌에서 "고집스러움" 혹은 "간청"이라는 의미로 사용될 때 흔히 나타나는 것이다. 예를 들어 집회서 40:30은 다음과 같이 되어 있다. "뻔뻔한 자(ἀναίδεια)의 입에서는 **요청하는 것**이 달지만 그 입에서는 불이 붙고 있다." 캐치폴이 분석한 대로 이 구절은 어떤 행동에 대한 두 가지 가능한 기초에 대한 내용으로 구성되어 있다. 한 가지는 선한 행동이고 다른 한 가지는 그 반대다. 누가복음 11:8도 선한 행동(διὰ τὸ εἶναι φίλον αὐτου)과 그 반대의 행동(διά γε τὴν ἀναίδειαν αὐτοῦ)에 대한 내용으로 구성되어 있다. 그래서 여기에서 ἀναίδεια의 뜻은 고집스러움으로 해석될 수 있다.

그렇다면 ἀναίδεια는 누구의 고집스러움을 가리키는가? 여기서 ἀναίδεια를 꾸미는 헬라어 인칭 대명사 남성 단수 속격 αὐτοῦ는 문법적으로는 각각 요청하는 친구와 요청 받은 친구를 가리키는 것이 모두 가능하다. 그런데 집회서 40:30과 같은 누가복음 11:8의 위와 같은 문학적 구조에서는 요청을 받은 자는 요청자의 행동을 판단해야 하는 위치에 있어야 한다. 다른 말로 하면 ἀναίδεια라는 단어는 요청을 받은 자가 요청한 자를 어떻게 평가해야 하는가에 대한 단어가 되어야만 한다. 그래서 문법적으로 αὐτοῦ는 양자를 지칭하는 것이 모두 가능하지만 본문에서는 문밖의 요청하는 친구를 지칭한다고 보는 것이 합리적이다.

만약 위의 주장이 옳다면 누가복음 11:8은 다음과 같은 의미로 해석된다. "집안에 있는 친구는 집밖에 있는 친구에게 비록 우정에 근거해서는 요청을 들어주지 않을지라도 간절한 요청을 하면 그 청을 들어주게 될 것이다." 이러한 해석은 누가복음 문맥에서 이 구절 다음에 나오는 기도에 대한 교훈의 내용과 일치하는 것이다

(눅 11:9-10). 한마디로 말해 밤에 찾아온 친구의 비유의 핵심은 하나님의 자비하신 인격에 대한 가르침이 아니라 인간의 기도에 대한 태도, 즉 적극적인 기도에 대한 가르침에 있다.

3. 누가의 기도 신학

신약성서 저자 중에서 누가는 그 어떤 사람보다 기도에 대한 관심이 많았다는 것은 잘 알려진 사실이다. 첫째, 누가 문서에는 '기도'(하다)에 대한 단어의 사용 빈도수가 신약의 그 어느 부분보다 높게 나타난다. 기도(하다)에 해당하는 헬라어 δέομαι, εὔχομαι, προσεύχομαι, προσευχή 등의 단어가 신약의 다른 부분에서 보다 누가복음과 사도행전에 많이 사용되었다.[27] 둘째, 누가의 편집 부분에서 누가는 빈번하게 원자료에 없는 기도에 대한 내용을 첨가함으로서 그가 기도에 대해 관심이 있다는 것을 보여준다. 누가복음의 예수는 세례 받는 장면(눅 3:21-22), 12제자를 선택하는 장면(눅 6:12-16), 베드로 신앙 고백 장면(눅 9:18-22), 변화산상 장면(눅 9:28-36), 주기도문을 가르치는 장면(눅 11:1-4), 베드로의 예수 부인 장면(눅 22:31-32)에서 기도하는데, 이것은 모두 본래 자료에 없던 것을 누가가 첨가한 것이다. 셋째, 누가의 기도에 대한 관심은 누가복음에만 나오는 기도에 대한 자료에서도 볼 수 있다: 밤에 찾아온 친구의 비유(11:5-8), 졸라대는 과부의 비유(18:1-8), 바리새인과 세리의 기도(18:9-14). 누가에 의하면 예수는 기도의 사람이다. 예수는 기도로 공생애를 시작하고 기도로 마친다(23:34, 36). 특히 예

---

27) 구체적인 사용 빈도수에 대해서는 김득중, 『누가의 신학』 (서울: 컨콜디아사, 1991), 266-68을 참조하라. 누가의 기도신학에 대한 최근의 논의로는 Kyu Sam Han, "Theology of Prayer in the Gospel of Luke," *JETS* 43(2000), 675-93을 보라.

수는 구원사의 중요한 순간마다 기도한다. 사도행전의 제자들도 예수와 같이 기도의 사람들로 묘사된다.

'밤에 찾아온 친구의 비유'는 누가의 기도에 대한 관심과 그의 신학을 잘 드러내고 있다. 누가는 흔히 짝을 이루는 교훈을 사용하는데-예를 들어 메시야 대망의 기사에서 시므온과 안나에 대한 기사는 각 각 남녀를 대표-여기에서도 본 비유는 누가복음 18:1-8에 나오는 졸라대는 과부의 비유'와 짝을 이룬다. 그리고 그 결론도 비슷하다. 졸라대는 과부의 비유의 목적은 "항상 기도하고 낙망치 말아야 할 것"(눅 18:1)을 가르치기 위함이었다. 즉 이 비유의 핵심적 교훈도 인간 편에서의 간절한 기도를 격려하는 것이다. 이렇게 인간편의 간절한 간구를 요청하는 것은 누가의 기도론에서 중요한 요소이다. 누가에 의하면 성령을 받는 것도 이러한 간절한 기도에 의해서다(눅 11:13).

4. 결론

지금까지 나는 밤에 찾아온 친구의 비유의 핵심이 어디에 있는가를 논했다. 나는 이 비유의 핵심이 하나님의 자비에 대한 것이라는 주장을 반박했다. 나는 이 비유의 초점이 기도에 있어서 강청에 있다고 주장했다. 기도하는데 있어 강청하는 것이 기독교 역사상 사람들이 기도하는 삶을 살았던 특히 중세기에는 분별력 있는 신자들에게 아무런 문제가 되지 않았다. 그런데 많은 현대 신자들은 이것에 방해받기 시작했다. 이러한 상황은 이러한 종류의 기도에 익숙하지 않은 현대 신자들의 경향성을 반영하는 것이라고 본다면 지나친 것일까?

7. 누가가 본 성령 충만

'성령 충만'이라는 말은 교회에서 흔히 사용하는 신앙 용어임과 동시에 성서에서 사용된 성서 용어이기도 하다. 경건 서적이나 조직 신학 책에서 우리는 이 용어를 자주 만난다. 그런데 사용하는 사람마다 이 용어에 대한 정의가 각각이다. 어떤 이에게 성령 충만은 성령이 체험자에게 증인의 능력을 감당하게 하는 것이 아니라 크리스천의 영성 형성에만 관계된 것이다.[1] 또 다른 이에게 성령 충만은 성령 체험을 광범위하게 지칭하는 은유일 뿐이다.[2] 만약 이 용어가 단순히 신학 용어라면, 각자가 이 용어를 어떻게 정의해서 쓰든 무방하다. 문제는 이 용어가 신학 용어이기 이전에 신약성서에 쓰인 성서 용어라는 데 있다. 그렇다면 우리는 성서의 용례에 맞게 성령 충만이라는 용어를 써야 할 것이다.

---

1) 성령 충만은 성서의 용례에 대한 분석 없이 흔히 이렇게 정의된다. 참조. 박영돈, 『성령 충만, 실패한 이들을 위한 은혜』 (서울: SFC, 2008), 56: "성령 충만이란 우리의 전인격과 삶이 성령에 의해 지배되는 것을 의미한다."

2) '성령으로 충만하다'라는 제목으로 쓴 한 신약학 분야 성령론 연구서에서는 흥미롭게도 이 어구에 대한 설명이 전혀 나오지 않는다. 저자는 이 어구를 성령 체험에 대한 광범위한 메타포로 쓴다. John R. Levison, *Filled with the Spirit* (Grand Rapids, MI: Eerdmans, 2009).

신약성서에서 성령 충만은 사실상 누가의 전문 용어다. 에베소서 5:18에 한 번 나오는 것을 제외하면,[3] 나머지 14번은 모두 누가-행전에만 나온다. 신약성서에는 사실 성령 충만이라는 명사가 결합된 형태는 나오지 않는다. 모든 용례가 동사이든지 혹은 명사를 꾸미는 형용사 형태다. 그래서 이 용어는 어떤 사람이 성령 충만하다든지, 혹은 성령 충만한 어떤 인물이라는 표현으로 나온다. 그런데 여기에 사용된 단어가 두 그룹이다. 하나는 '가득 채우다'라는 뜻을 가진 동사 핌플레미(πίμπλημι)이다(눅 1:15, 41, 67; 행 2:4; 4:8, 31; 9:17; 13:9). 다른 하나는 '가득한'이라는 뜻의 플레레스(πλήρης)라는 형용사(눅 4:1; 행 6:3, 5; 7:55; 11:24)와 이와 연관된 동사 플레로오(πληρόω)다(행 13:52).

여기서 문제는 성령 충만에 대해서 쓰인 위의 두 그룹의 단어가 누가-행전에서 신학적으로 동일한 뜻과 의미를 가진 것인가 아니면 각각이 구별되게 의미하는 바가 있는가 하는 것이다.[4] 이 두 단어는 기본적으로 모두 어떤 그릇과 같은 용기에 무엇을 채우다 혹은 그러한 상태를 의미하는 것으로, 이런 용례에서는 두 단어는

---

3) 이 구절에 나타난 성령 충만에 대한 연구로는 다음을 보라. C. John Collins, "Ephesians 5:18: What Does πληροῦσθε ἐν πνεύματι Mean?," *Presbyterian* 33(2007), 12-30; Timothy G. Gombis, "Being the Fullness of God in Christ by the Spirit: Ephesians 5:18 in its Epistolary Setting," *Tyndale Bulletin* 53(2002), 259-71; John Paul Heil, "Ephesians 5:18b: 'but be Filled in the Spirit'," *Catholic Biblical Quarterly* 69(2007), 506-516; Wendall Hollis, "Become Full in the Spirit: A Linguistic, Contextual, and Theological Study of πληροῦσθε ἐν πνεύματι," (Unpublished Ph.D. thesis; Trinity International University, 2001).

4) 내가 이 질문과 그 한 해결책을 처음으로 접한 것은 대천덕 신부의 글에서다. 이에 관해서는 다음을 보라. 김동수, "대천덕 성령론의 공헌과 특징," 『영산신학저널』 36(2016), 101-128. 본 논문은 그의 아이디어와 주장이 성서학적으로 적합하고 정당한지 질문한 것이고, 이어진 논의에서 보겠지만 그렇다는 것이 나의 결론이다.

그 뜻에 의해 명확히 구별되지 않는다.[5] 우리가 여기서 질문하려고 하는 것은 누가가 특정한 목적을 가지고 비슷한 의미의 두 그룹의 단어를 신학적으로 구별해서 썼는가 하는 것이다. 이 질문에 대해서 학자들의 견해가 나뉜다. 누가든 바울이든 이 용어는 한 가지를 의미하지 다른 의미로 쓰이지 않았다는 주장과 누가는 이 두 단어 그룹을 신학적 목적을 위해서 구별해서 썼다는 주장이 맞선다.

1. 성령 충만에 대한 세 가지 견해

편의상 핌플레미를 A로, 플레레스와 플레로오를 B로 약칭하겠다. 개역개정판에서는 두 단어 모두 모두 충만으로 번역되었는데, 영어에서는 전자를 'be filled with'로 후자를 각각 '(be) full of'로 구별하여 표현할 수 있다. 누가 문헌에서 성령 충만에 관한 용어 A와 B가 같은 의미로 쓰인 것인지, 아니면 다른 의미로 쓰인 것인지에 대해서는 두 부류로 나뉜다. 같은 의미로 쓰인 것으로 본 것 중에서도 이것이 사명 감당과 연관된 것이라고 보는 견해와 영성 형성과 연관되어 있다고 보는 견해가 갈린다.

1) 과업 완수를 위해 주어지는 전문 용어

이것은 A와 B 모두 사명 감당을 위해 주어지는 누가의 전문 용어라는 견해다. 스트론스태드(R. Stronstad)는 누가의 두 단어 공히 누가의 특정 신학을 지칭하는 전문 용어라고 본다. A는 예언자의

5) R. Schippers, "Fullness πληρόω," in *New International Dictionary of New Testament Theology* 1, 733-41; G. Delling, "πληρόω," *TDNT* 6, 283-311; G. Delling, "πίμπλημι," *TDNT* 6, 128-34; H. Hübner, "πλήρης," *EDNT* 3, 106-107; H. Hübner, "πληρόω," *EDNT* 3, 108-110.

직분의 수행을 위하 것이거나 예언적 말하기에 쓰이며, B는 A를 감당하기 위한 내용이라는 것이다.6) 쉘톤(James B. Shelton)은 두 단어 모두 영감 받은 말하기나 예수를 증거하는데 쓰인 누가의 전문 용어라고 본다.7) 페니(John M. Penney)는 기본적으로 쉘톤의 견해에 동의하면서 신약성서에서 B가 A보다 광범위한 의미로 쓰이지만 두 숙어는 상호 긴밀하게 연관되어 있다고 본다.8)

2) 영성 형성을 위해 주어지는 전문 용어

이것은 A와 B가 동일 의미를 가진 성령의 영성 형성에 관한 역사를 나타내는 메타포라는 견해다. 쾨스텐베르거(A. Köstenberger)는 칠십인 역 구약성서에서 πίμπλημι와 πληρόω는 의미가 상당한 정도로 중첩된다고 본다. 그리고 이 용례를 분석해 충만하다는 것이 (i) 성전 용어와 관련성, (ii) 종말론적 측면, (iii) 공동체적 측면, (iv) 개인적 측면을 가지고 있는데, 이것은 바울의 용례(엡 5:18)와 누가의 용례와 부합한다고 하면서, A와 B를 구별하지 않는다.9) 이 두 숙어의 용례를 누가 본문에서 보다 면밀하게 분석한 우드콕(Eldon Woodcock)은 "성령 충만하다는 것을 지칭하는 두 단어는 동일한 의미를 내포하고 있다. 성령과 연관하여 쓰일 때 πληρόω와

---

6) Roger Stronstad, "'Filled with the Holy Spirit': Terminology in Luke-Acts," *The Holy Spirit in the Scriptures and the Church*. Roger Stronstad and Laurence M. van Kleek (eds.) (Clayburn: Western Pentecostal Bible College, 1987), 1-13.

7) James B. Shelton, "'Filled with the Holy Spirit' and 'Full of the Holy Spirit': Lucan Redactional Phrases," *Faces of Renewal*. F. Elbert (ed.) (Peabody, MA: Hendrickson, 1988), 81-107.

8) John M. Penney, *The Missionary Emphasis of Lukan Pneumatology* (Sheffield: Sheffield Academic Press, 1977).

9) Andreas J. Köstenberger, "What Does It Mean to Be Filled with the Spirit?: A Biblical Investigation," *JETS* 40(1997), 229-40.

πίμπλημι와 그와 연관된 동족어는 동일한 영역의 의미를 가지고 있다."고 본다.[10] 계속해서 그는 두 단어는 "사실상 같은 뜻을 가진 용어다. 그래서 이것들이 신자가 성령의 충만함을 받았다는 것으로 쓰일 때 πληρόω와 πίμπλημι 사이의 의미의 차이는 거의 없다. 뿐만 아니라 성령의 충만함(full of)과 충만하게 됨(filled with) 사이에도 어떤 차이를 찾아보기 어렵다."고 주장한다.[11] 휘(Archies W. D. Hui)도 칠십인 역에서의 용례로 볼 때 두 단어의 의미론적 차이는 거의 없다고 본다.[12]

3) 순간성과 지속성을 나타내는 두 가지 성령 충만

이것은 A와 B는 각각 지속성에 있어서 순간과 계속 각각을 나타내는 누가의 용어라는 견해다. 터너(M. M. B. Turner)는 누가 자신이 양자의 의미를 구별해서 썼다고 보는 대표 주창자다. 그는 누가-행전에 있는 성령과 연관된 여러 숙어의 용례 연구의 일환으로 성령 충만에 관련된 단어를 연구한 결과 각각 약간의 예외는 있기는 하지만 대체적으로 A는 성령의 순간적인 역사를, B는 지속적인 역사에 관계해서 쓰였다고 본다. A는 순간적인 폭발 혹은 섬광이라면, B는 오랜 동안 지속되는 자질을 묘사한다는 것이다.[13] 브루스(F. F. Bruce)와 키너(Craig S. Keener)도 터너와 견해를 같이 하고 있다.[14] 아링톤(French L. Arrington)은 A는 "영적 결여"가 있

10) Eldon Woodcock, "The Filling of the Holy Spirit," *BibSac* 157(2000), 83.

11) Woodcock, "The Filling of the Holy Spirit," 83-84.

12) Archie Hui, "Spirit-fullness in Luke-Acts: Technical and Prophetic?" *JPT* 8 (2000), 24-38.

13) M. M. B. Turner, "Spirit Endowment in Luke/Acts: Some Linguistic Considerations," *Vox Evangelica* 12(1981), 45-63; M. M. B. Turner, *Power from on High: The Spirit in Israel's Restoration and Witness in Luke-Acts* (Sheffield: Sheffield Academic Press, 1996), 167-68.

을 때 주입되고, B는 이미 주어진 것이 계속되는 상태에 있는 것을 표현하는 것이라고 보았다.[15)]

나는 본 논문에서, A와 B가 기본적인 뜻은 유사하지만 누가가 성령의 역사의 서로 다른 측면을 표현하기 위해 이것을 구별해서 사용했다는 것을 보여주려 한다. 이런 면에서 나는 터너의 견해에 기본적으로 동의한다. 하지만, 터너가 약간의 예외가 있다고 본 것에 대해서 나는 그것들이 예외가 아니라고 생각한다는 면에서 그와 다르다. 누가는 철저하게 이 두 그룹의 단어의 쓰임새를 구별해서 자신의 신학을 펼치고 있다는 것이 내 주장이다. 또 터너가 A와 B를 순간성과 지속성의 범주로만 구별된다고 본 것에서, 나는 더 나아가 그 목적에 있어 그것이 각각 사역(A)과 건덕(B)을 위한 것이라는 것을 보여줄 것이다. 결국, 누가 문헌에서 A는 순간적인 체험으로 사역을 위한 것에 쓰였고, B는 지속되는 체험으로 크리스천의 영성 형성에 대해서 사용하고 있다고 주장할 것이다.

2. 핌플레미: 순간적으로 체험하는 사명 감당과 관계된 성령 충만

이전 연구에서 나는 신약성서에 나타난 πίμπλημι의 의미를 다음과 같이 정리하였다.[16)]

---

14) F. F. Bruce, *The Book of the Acts of the Apostles* (rev. ed.; Grand Rapids, MI: Eerdmans, 1988), 92 footnote 18; Craig Keener, *Acts: An Exegetical Commentary*, vol. 1, (Grand Rapids, MI: Baker Academic, 2012), 806.

15) French L. Arrington, "The Indwelling, Baptism, and Infilling with the Holy Spirit: A Differentiation of Terms," *Pneuma* 3(1981), 7-8.

16) 김동수, "대천덕 성령론의 공헌과 특징," 109-110. Cf. H. Balz and G. Schneider, "πίμπλημι," *EDNT* 3, 88.

> ‘핌플레미’(πίμπλημι)라는 단어의 기본 뜻은 ‘채우다’(fill) 혹은 ‘충만히 채우다’(fill up)이다. 『신약주석 사전』(*EDNT*)은 다음과 같이 이 단어의 쓰임새를 잘 정리해 준다. 첫째, 이 단어가 문자적 의미로 ‘어떤 공간이나 용기에 무엇이 가득하다’라는 의미로 쓰인 경우다(마 22:10; 27:48; 눅 5:7; 행 19:29). 둘째, 이 단어가 ‘성령으로 충만하다’라는 의미로 쓰인 경우다(눅 1:15, 41, 67; 행 2:4; 4:8, 31; 9:17; 13:9). 셋째, 이 단어가 ‘어떤 사람이 어떤 감정으로 가득하다’라는 의미로 쓰인 경우다(눅 4:28; 5:26; 6:11; 행 3:10; 5:17; 13:45). 넷째, 이 단어가 은유적으로 쓰여 ‘예언이 성취되다’(눅 21:22) 혹은 ‘어떤 시간이 차다’라는 의미로 사용된 경우다(눅 1:23, 57; 2:6, 21, 22).

위 의미 중 우리의 연구에 직접 관계된 것은 이것이 어떤 감정에 쓰여 화(눅 4:28), 두려움(5:26), 노기(6:11) 등이 가득한 것을 묘사하는 것과 성령으로 가득한 것을 표현하는 것이다. 두 경우 모두 이 단어는 여기서 은유로 쓰인 것이다. 이 단어는 분노 같은 감정이나 성령의 체험이 그 사람을 사로잡아, 이것이 그 사람의 마음을 가득 채운 것 같은 상태가 되어 그것이 외적으로 표출되는 것을 나타내는 것이다.

보다 구체적으로 이것이 누가-행전에서 성령과 연관하여 쓰일 때, 이 단어가 무엇을 의미하는지를 연구하는 것이 우리의 과제다.

1) 누가복음 1:15

누가 문헌에서 πίμπλημι와 성령이라는 단어가 같이 나오는 것은 세례 요한에 관한 기사에서처음이다. 천사는 세례 요한의 아버지 사가랴에게 그 아이가 모태로부터 “성령의 충만함을 받아”(눅 1:15) 이스라엘 사람들을 하나님께로 돌아오게 할 것이라고 예언한다(눅 1:16). 여기서 ‘충만함을 받다’라는 동사는 미래 시제로 나온다(πλησθήσεται). 여기서 문제는 세례 요한의 사역이 시작되기 훨씬 이전인 "아직 그가 그의 모태에 있을 때부터"(ἔτι ἐκ κοιλίας μητρὸς αὐτοῦ) 그가 성령 충만하게 될 것이라는 말이다. 언뜻 이 구절은 세례 요한은 모태에서 성령 충만을 받아 이것이 그의 사역 내내 중단 없이 계속될 것을 의미하는 것처럼 보인다.17) 하지만, 그 뒤에 나오는 구절을 통해서 볼 때 이 구절은 세례 요한이 모태로부터 자주 성령 충만을 체험했다는 의미로 볼 수 있다. 마리아가 엘리사벳을 방문했을 때 세례 요한은 장차 메시아로 태어날 분의 어머니를 알아보고, 그 어머니의 뱃속에서 뛰노는 것(눅 1:41)은 순간적으로 발생한 일이다. 이것은 앞으로 나올 구절에서 누가가 성령 충만한 체험을 묘사하는 것에서와 마찬가지로 어떤 과업을 위해 순간적으로 발생한 일이다. 그렇다면 이 구절을 통해서 누가가 말하려고 한 바는 세례 요한은 한 번의 성령 충만함을 체험한 사람이 아니라 모태에 있을 때부터 자주 성령 충만함을 체험한 사람이라는 것이다. 아마도 누가는 사역 내내 항상 성령 충만함 상태에 있다고 본 예수(눅 4:1)와 세례 요한의 자주 성령 충만하게 된 것을 구별하려 했던 것 같다.

또 한 가지 중요한 것은 여기서 세례 요한이 미래에 성령 충만해 질 때 나타날 현상은 그의 인격의 성숙이나 영성 형성에 관한 것이 아니라 그의 임무에 관한 것이라는 점이다. 특히 그의 사역을 "엘리야의 심령과 능력으로"(ἐν μνεύματι καὶ δυνάμει Ἠλίου) 하는 것이라고 표현하고 있는데(눅 1:17), 이렇게 성령(혹은 영)과 능력을 연결시키는 것은 전형적으로 누가적인 것이며(눅 1:35; 행 1:8), 그것은 곧 성령이 사명 감당과 관계된 사역을 하는 것을 일컫는 것이다.

---

17) So Joel B. Green, *The Gospel of Luke* (Grand Rapids, MI: Eerdmans, 1997), 75.

2) 누가복음 1:41, 67

흥미롭게도 누가복음에서 성령 충만을 받은 사람들은 세례 요한의 가족이다. 예수의 어머니 마리아가 세례 요한의 어머니 엘리사벳을 방문했을 때(눅 1:41)와 세례 요한이 할례 받을 때 아버지 사가랴(눅 1:67)가 각각 삽자기 성령충만을 받았다. 여기서 사용된 어구는 똑같이 "그가[혹은 그녀가] 성령으로 충만해졌다"(ἐπλήσθη πνεύματος ἁγίου)이다. 여기서 사용된 동사는 부정과거 직설법 3인칭 단수 수동태다. 곧 그들 각각이 성령으로 충만하게 된 것은 그들의 어떤 노력이나 고귀한 품성에 의해서가 아니라 하나님의 주도로 순간적으로 그렇게 되었다는 것이다.

성령으로 충만해졌을 때 엘리사벳과 사가랴에게 똑같이 임한 것이 예언이다. 엘리사벳이 말한 "큰 소리로 불러"(ἀνεφώνησεν κραυγῇ μεγάλῃ)는 "예언적 외침"을 의미하며 사가랴가 말한 "예언하여"(ἐπροφήτευσεν)는 영감 받은 말하기에 해당하는 것이다.[18] 예언이 임해서 엘리사벳은 마리아를 축복했고(눅 1:42-45), 사가랴는 아들을 주신 하나님을 찬양했다(눅 1:68-79). 이렇게 성령을 통해 영감을 받아 축복과 찬양을 하게 되는 것은 유대교의 예언의 영의 전형적인 사역이다.[19] 이것은 성령이 어떤 사람의 인격을 변화시키는 일이 아니라 그 사람에게 임해서 그 순간에 어떤 사역을 감당하게 하는 것이다.[20]

---

18) F. Bovon, *Luke*, vol. 1 (Minneapolis, MN: Fortress, 2002), 59.

19) 터너는 탈무드에서 미리암이 모세의 출생을 예언적으로 선포할 때의 외침이 엘리사벳의 외침과 유사하다고 말한다. "그녀는 성령을 통해 외치곤 했다. '내 어머니가 이스라엘의 구원자가 될 아들을 낳을 것이다.'"(b. Sot. 11b). Turner, *Power from on High*, 148.

20) 구약성서에서는 성령이 임해 갑작스럽게 예언을 하는 것보다 성령이 은사적 지혜와 관계있는 것이 더 보편적이다(출 28:3; 31:3; 35:31; 사

3) 사도행전 2:4

우리는 이 구절에서 오순절 날 예수의 제자 120명이 모여 있다가 갑자가 성령 충만함을 받은 사건과 만난다.[21] 여기서도 누가복음 1:41, 67에 사용된 똑같은 어구가 사용되었다. 바뀐 것은 여기서는 여러 사람들이기에 동사가 3인칭 복수형(ἐπλήσθησαν)이라는 것뿐이다. 누가는 엘리사벳과 사가랴가 받았던 바로 그 성령 충만함을 여기서도 말하고 있는 것이다. 엘리사벳과 사가랴가 성령 충만함을 받고 영감 받은 말을 구사했듯이, 여기에서도 제자들은 "다른 방언"으로 말하기 시작했다. 그런데 누가는 이 영감 받은 말을 한 것을 요엘서 2:28-32절의 성취로 본다(행 2:17-18). 즉 여기서 방언은 영감 받은 말을 하는 일종의 예언이다. 이 예언은 하는 사람의 영성 형성을 위한 것이 아니라 그 예언을 통해서 하나님의 사역을 하는 것이다. 그래서 예수의 제자들이 오순절 날 방언을 한 것은 엘리사벳과 사가랴가 한 예언과 같은 범주 안에 있는 것이고, 그것은 모두 크리스천의 인격 형성에 대한 것이 아니라 사명 감당에 관계된 것이다.

4) 사도행전 4:8

여기서는 베드로가 성령 충만함을 받은 것이 기록되어 있다. 여기서 사용된 어구도 앞에서 사용된 것과 같은 것이다. 다만 여기서는 품사가 본동사가 아닌 분사로(πλησθείς) 사용된다. 사도 무리

11:3). Turner, *Power from on High*, 148, footnote 30.

21) 여기서 이 사람들이 120명의 제자들이었는지 아니면 사도들이었는지 논란이 있다. 나는 사도행전 1장 15절에 모인 사람의 수가 120명이라고 말한 것이 중간에 바뀌었다는 결정적인 증거가 없기에 사도행전 2:1에 나오는 모인 사람도 같은 사람을 지칭한다고 본다. Keener, *Acts*, vol. 1, 794-95.

가 대제사장 무리에게서 심문을 받는 상황에서 베드로는 사도의 대표로 나와서 변론하는데, 이 때 베드로는 갑자기 성령 충만함을 받아 영감 있는 변론 겸 설교를 한다(행 4:8-12). 여기에서도 성령 충만함을 나타내는 앞의 기사에서와 마찬가지로 거기에 따라오는 것은 영감 받은 말을 통해서 하나님이 시킨 사역을 즉시로 감당하는 것이다. 문제는 베드로가 이미 오순절에 성령 충만함을 받았다고 했는데(행 2:4), 여기에서 다시 그가 성령 충만해졌다고 한 것이다. 여기서 사용된 부정과거 수동태 분사는 이 사건이 과거였음을 나타내지 않는다. 누가는 베드로가 그 설교를 하는 시점에서 성령 충만함을 받았다고 하는 것이다. 이것을 통해서 우리는 이러한 종류의 성령 충만은 순간적으로 주어졌다가, 그 순간이 지나면 사라지는 것으로, 다른 사역을 위해서는 다시 충만해 질 수 있음을 보여준다. 누가는 여기서 베드로가 과거에 받은 성령 충만함을 사용해서 말하는 것이 아니라 현재 그에게 역사하고 있는 그 성령 충만함을 통해서 일하고 있다고 말하고 있는 것이다.[22]

5) 사도행전 4:31

대제사장 무리에게 체포되었던 베드로가 풀려나자 예루살렘 교회의 무리는 하나님께 기도를 했고(행 4:23-30), 그러자 그들이 모여 있던 곳이 흔들리는 현상이 있었고, 그 후에 그들 모두가 성령의 충만함을 순간적으로 받았다. 이 때 그들에게 나타나는 것 역시 담대하게(μετὰ παρρησίας) 하나님의 말씀을 말한 것이었다(행 4:31). 여기서 우리는 오순절 날 제자들이 성령 충만함을 받은 것과 그 후에 일어난 일들이 그대로 일어나고 있는 것을 볼 수 있다. 오순절 날에도 사람들이 성령 충만을 받기 전에 모두 기도하

---

22) Keener, *Acts*, vol. 2, 1144.

는 과정 중에 있었고(행 1:13-14), 그 날에는 하늘로부터 강한 바람 소리 같은 초자연적인 현상이 있었고(행 2:2), 베드로를 비롯한 예수의 제자들은 담대하게 하나님의 말씀을 전했다(행 2:29; 4:13, 29). 오순절 날에 성령 충만이 사람들에게 순식간에 일어난 일이었듯이, 예루살렘의 제자들이 기도하는 중에 성령 충만받는 일이 갑자기 일어난 것이다. 그리고 그들은 담대하게 하나님의 말씀을 말한 것이다. 이것은 앞에서 성령 충만받은 사람들처럼 영감 받은 사람들에게 중간기 유대교에서 예언의 영이 나타날 때 흔히 발생하는 것처럼 영감 받은 말을 사람들에게 한다.[23]

6) 사도행전 9:17

여기에는 아나니아의 안수로 사울이라고 불렸던 바울이 성령 충만함을 받는 장면이 나온다. 누가는 여기서 예외적으로 바울이 성령 충만함을 받고 그에게 나타난 일을 기록하지 않는다. 그것은 아마도 누가가 같은 어구(πλησθῆς πνεύματος ἁγίου)를 계속 사용하면서 독자가 그 어구를 사용할 때 자신이 무엇을 말하려고 하는지를 충분히 알아차렸을 것이기 때문이다. 여기서 우리에게 중요한 것은 다음과 같은 질문이다. 이러한 성령 충만이 순간적인 체험인가 아니면 지속된 것이었는가? 또 이것이 바울의 선교 사명 감당을 위한 것인가? 아니면 성품을 새롭게 한 것인가? 터너는 누가-행전에서 "πίμπλημι 수동형+πνεύματος ἁγίου" 어구가 일반적으로 순간적인 성령 체험을 말하는데, 이 구절은 예외일 수 있다고 보았다.[24] 그 이유는 사도행전과 바울서신에 비친 바울의 사역은

---

23) 터너에 따르면 예언의 영이 임한 특징은 영이 임해서 계시와 지도와 지혜를 받고, 영감 받은 설교를 하며, 찬양과 예배 등을 하는 것이다. M. Turner, 『성령과 은사』 (서울: 새물결플러스, 2011), 36-44.

24) Turner, "Spirit Endowment in Luke/Acts," 55.

평생토록 성령 충만했던 것으로 보인다고 하는 것이다. 하지만 베드로도 오순절 날 순간적으로 성령 충만 받았지만(행 2:4), 대제사장 무리에게 설교할 때 다시 성령 충만을 받은 것을 통해서 볼 때(행 4:8), 여기서 바울의 체험도 그런 종류의 것이라고 보는 것이 더 합리적이다. 어쨌든, 누가가 여기에서는 바울이 성령 충만함을 받은 후 행한 일을 기록하지 않았기 때문에 어떤 결론이든 확신 있게 말하기는 어렵다. 다만 바울이 1차 전도 여행에서 성령 충만함을 다시 경험한 것(행 13:9)을 통해서 볼 때, 본 구절에서 바울의 성령 충만 체험은 사도들이 오순절 날 체험한 것과 같이 그는 여기서 사역을 위한 성령 충만함을 처음으로 체험한 것으로 볼 수 있다.

7) 사도행전 13:9

바울이 안디옥 교회의 파송을 받아 첫 선교 여행을 하던 중 바보라는 곳에 이르러서 유대인 거짓 선지자 엘루마를 만나자마자 그에게 성령 충만함이 임했다. 그는 즉시로 영감 받은 말로 예언을 했다. 그것은 그 마술사를 꿰뚫어보는 말로 바울이 이성적으로 생각해서 한 말이 아니라 성령 충만의 결과로 나온 것이다. 여기에도 앞에서와 똑같이 이러한 성령 충만함은 즉시로 바울에게 임했고, 바울은 그 성령 충만함의 결과로 선교의 사역을 감당했다.

이상을 통해서 누가가 "πίμπλημι 수동형+πνεύματος ἁγίου" 어구를 통해서 말하고자 한 바는 일관성 있고 분명하다. 그는 이것을 신자가 성령을 체험하는 것을 은유한 것인데, 그 체험은 순간적이고, 그 목적은 영감 받은 말을 통해서, 즉 예언을 통해서 하나님의 사역을 감당하는 것이다. 이러한 체험은 순간적이고, 어떤 구체적

과업을 수행하게 하기 위해 주어지기 때문에 또 다른 과업을 위해서는 그 시간에 다시 성령 충만함이 주어진다.

그렇다면 누가는 이러한 용법을 스스로 만든 것인가? 아니면 그는 이전 자료에서 이러한 용법을 취한 것인가? 사실 구약성서에서 πίμπλημι가 사람과 관계해서 드물게 사용될 뿐만 아니라(단 3:19), 이것이 πνεῦμα와 같이 사용된 것은 잠언 15:4 한 번 뿐이다. 70인역에서는 유사한 뜻의 단어 ἐμπίμπλημι가 하나님의 영(혹은 주의 영)과 함께 자주 사용된다.[25] 그런데 주목해 볼 것은 칠십인 역에서 일반 용례에서는 (ἐμ)πίμπλημι와 πληρόω가 혼용되는데 반해(예. 삿 16:27; 욥 32:18; 사 30:27; 51:20), 하나님의 영이라는 말 혹은 개념이 사용될 때는 πίμπλημι와 같은 뜻과 어근을 가진 동사(ἐμπίμ-πλημι)만 사용되었다는 것(출 28:3; 31:3; 35:31; 신 34:9; 사 11:3; 미 3:8; cf. 집회서 39:6; 48:12)은 흥미롭다.[26] 이 때 위의 6번(외경 포함 8번)의 구약성서 용례 모두 구체적인 과업을 수행하는데 관계된 충만함에 사용되었다. 다시 말해 누가는 πίμπλημι를 앞에서 본 바대로 쓴 것은 그가 이러한 칠십인 역의 용례에서 영향을 받은 것 같다.[27] 다만 70인 역에서는 이것이 순간적으로 체험되었는가는 누가-행전의 용례에서처럼 분명하지 않다. 한 마디로 말해, 누가는 이 용어가 하나님의 영과 같이 사용된 칠십인 역의 용례에서 성령의 사역으로 사명을 감당하는 것을 취하되, 성령으로 인한 순간적인 체험의 요소를 여기에 더한 것이다.

---

25) 이 단어는 기본적으로 '공간에 무엇을 채우다'의 뜻과 그것에서 발원된 '만족시키다'(요 6:12; 행 14:17)의 뜻을 가진 단어다. Turner, *Power from on High*, 166. 델링은 두 단어를 같은 군으로 취급하고 있다. Delling "πίμπλημι," 128-34.

26) 참조. Köstenberger, "What Does It Mean to Be Filled with the Spirit?," 34-35.

27) So Turner, *Power from on High*, 166.

3. 플레레스와 플레로오: 상태가 지속되며 영성 형성과 관계된 성령 충만

이전 연구에서 나는 플레레스의 신약 용례를 다음과 같이 정리한 바 있다.[28]

> '플레레스'(πλήρης)의 기본 뜻은 '가득한'(full), 혹은 '가득 채워져 있는'(filled)이다. 『신약주석사전』(*EDNT*)에 따르면 이 단어는 신약성서에서 다음과 같은 의미로 쓰인다. 첫째, 이 단어는 '공간에 무엇이 가득 차 있다'는 의미로 쓰인다(마 14:20; 막 4:28; 8:19). 둘째, 이것이 은유적으로 쓰여 '온전한'이라는 의미로 쓰이는 경우가 있다(요이 8). 셋째, 이것이 신학적 의미로 쓰이는 경우인데, 그런 경우는 요한복음에도 나오지만(1:14), 누가-행전에서 두드러지게 나타난다. 이 경우에도 부정적인 것과 결합하여 "거짓과 악독이 가득한"(행 13:10) 혹은 "분노가 가득한"(행 19:28)으로 쓰이기도 한다. 하지만 누가-행전에서 이 단어가 신학적으로 두드러지게 쓰이는 경우는 "성령으로"라는 어구와 같이 쓰이는 경우다(눅 4:1; 행 6:3, 5; 11:24). 곧 이 단어가 "[성령]충만한"이라는 의미로 쓰이는 경우다.

이것을 통해서 알 수 있는 것은 일반 용법에서 플레레스와 플레로오의 의미는 핌플레미의 의미와 별반 다르지 않다는 것이다. 다만 이것의 동사형인 πληρόω는 "성취하다"의 뜻으로, 특히 마태복음에서 많이 쓰인 것이다(마 1:22; 2:15, 23; 4;14; 8:17; 12:17; 13;35; 21:4).[29] 이것이 어떤 장소에 무엇을 채운 상태를 의미하거나, 은유적으로 쓰일 때 용법이 상호 비슷하다. 이 단어가 은유로 쓰인

28) 김동수, "대천덕 성령론의 공헌과 특징," 111-12. Cf. Hübner, "πλήρης," 106-107.

29) Hübner, "πληρόω," 108.

경우에는 그러한 그 사람의 내부에 머물러 있는 것이라기보다는, 그러한 상태가 밖으로 넘쳐 나와 사람들이 그것을 알아보는 것이다. 다비다가 "선행과 구제가 심히 많은(헬, πλήρης)" 것(행 9:36)은 그녀의 선행과 구제가 실행되어 타인에게 알려졌다는 뜻이다. 그래서 터너의 말 그대로, "특정한 속성에 의해 '충만한' 삶은 그 속성이 보일 수 있게 표현된 삶이고 그래서 그것이 그 사람에게 잠재적인 것으로 머물러 있는 것이라기보다는 그것이 그 사람을 분명하게 특징짓는 것으로 보이는 것이다."[30]

그런데 우리의 관심사는 이것이 성령의 사역과 관계되어 쓰일 때 누가는 이 단어군을 πίμπλημι와 구별하여 쓰는가 하는 것이다. 나는 성령의 역사와 관련하여 누가는 플레르(πληρ-) 어근을 플레(πλη-) 어근과 구별하여 쓴다는 것을 보여줄 것이다.

1) 사도행전 13:52

사도행전 13:52은 πληρόω가 성령과 관계되어 사용된 유일한 신약성서 구절이다. 여기서도 성령 충만함은 수동태로 쓰여, 이것이 하나님께로부터 주어지는 것이라는 것이 암시된다. 바울과 바나바가 비시디아 안디옥에서 사역을 하면서 핍박을 받았으나 사역을 마치고 그곳을 떠나자 그 결과로 예수의 제자가 된 사람들은 "기쁨과 성령이 충만했다(ἐπληροῦντο χαρᾶς καὶ πνεύματος ἁγίου)." 우선, 확인할 수 있는 것은 여기서 말하는 성령 충만은 사역의 결과로 발생한 것이지, 이것이 어떤 사역을 위해 주어진 것이 아니라는 것이다. 다음으로, 여기서 성령과 함께 충만의 요소로 제시된 기쁨은 바울이 성령의 열매의 하나로 언급한 것으로(갈 5:22-23),

30) Turner, "Spirit Endowment in Luke/Acts," 53. 원문에는 이탤릭체로 되어 있음.

이것은 크리스천의 영성 형성에 관한 것이다. 여기서 누가가 의도한 것도, 이 두 단어는 상호 설명하는 관계다. 곧 성령 충만은 기쁨 충만이고, 그 기쁨 충만은 성령의 역사로 된 것이라고 하는 것이다. 여기서 이것이 얼마나 지속되는 것인지는 명확히 알 수 없으나, 이러한 상태가 어떤 구체적인 사역을 성취하기 위한 것이 아니라, 사역의 결과로 그 사람의 인격에 영향을 주는 것이기 때문에 상당 기간 지속된 것이라고 볼 수 있다.

2) 누가복음 4:1

이 구절은 신약성서에서 유일하게 예수가 성령 충만했다는 것을 기록한 것이다. 그리고 공관복음서의 시험 기사에서(마 4:1-11; 막 1:12-13) 예수가 성령에 이끌리는 것을 기록하지만, 예수가 "성령 충만함을 입어"(πλήρης πνεύματος ἁγίου)라는 어구는 누가복음에만 나오는 것으로 이것은 누가가 첨가한 것이다. 여기서 예수의 성령 충만을 묘사하는 데 사용된 단어는 형용사 πλήρης다. 누가복음 바로 앞 구절들에서 성령 충만을 받은 세례 요한, 엘리사벳과 사가랴와 같은 사람들에 대한 묘사는 모두 πίμπλημι라는 동사로 나온다(1:15, 41, 67). 이 동사는 누가-행전에서 성령과 관련한 순간적인 체험을 역동적으로 표현하는 데 사용되었다. 그런데 본 구절에서 예수의 성령 충만에 대한 묘사에서는 형용사인 πλήρης가 사용되었는데, 이것을 통해 누가는 어떤 순간적인 체험이 아니라 이 상태가 어느 정도 지속되는 것을 의도했던 것 같다. 또 πίμπλημι 동사가 사용될 때 사람들이 성령 충만하여 영감 받은 언사를 구사하는 일이 전형적인 것이었는데 반해, 본 구절에서 예수가 성령 충만하여 어떤 사역을 한 것은 없다. 누가는 그가 "성령에게 이끌렸다"고 기록한다. 그런데 이러한 성령의 이끌림에 따라 예수가 어떤 사역을 한 것이 아니라, 마귀의 시험을 이긴다(눅 4:3-13). 그렇다면 본 구절에서 누가가 말하는 성령 충만은 성령의 역사가 그가 역사하는 인격체에서 인격의 열매로 나타나는 것을 말한다. 곧 이것은 순간적으로 체험해서 곧 이어지는 사역을 위한 것이 아니라, 크리스천의 품성 형성을 위한 것이다.

3) 사도행전 6:3, 5

예루살렘 교회에서 일곱 명의 일꾼을 뽑는데, 그 자격으로 제시된 것이 "성령과 지혜가 충만하여 칭찬 받는 사람"(행 6:3)이다. 이것을 다른 말로 표현한 것이 "믿음과 성령이 충만한 사람"(행 6:5)이다. 여기에 사용된 형용사도 πλήρης다. 여기서 성령과 함께 충만함의 요소로 제시된 것이 지혜와 믿음인데, 각각은 크리스천의 품성을 나타내는 것이다. 특히 이것을 통해서 주위의 사람들에게 칭찬을 받아야 하는 것이기에, 그것은 순간적인 어떤 자질이라기보다는 지속적인 것으로, 사람들에게 인정된 그 무엇이다. 그래서 여기서 일곱 일꾼의 자질은 결국 순간적인 어떤 성령 체험을 통해 영감 받은 말을 하는 은사가 아니라, 성령을 통해 성령의 인격의 열매가 나타나는 것을 말한다. 성령과 지혜가 충만한 것은 칠십인역에서 어떤 사람을 지도자로 세우기 위해 하나님이 부여하시는 조건으로 흔히 제시되는 것이다(출 28:3; 31:3; 35:31; 신 34:9).[31] 여기서 믿음과 지혜가 같은 범주의 말로 제시된 것이다.

4) 사도행전 7:55

스데반이 설교를 한 후 사람들이 그 설교에 마음에 찔리자 오히려 스데반을 죽이려고 했을 때 스데반은 "성령이 충만하여" 천상

31) Keener, *Acts*, vol. 2, 1277.

의 하나님과 예수를 보면서 말을 한다(행 7:55). 누가-행전에서 πλήρης가 성령과 함께 사용된 구절에서, 오직 이 구절에서만 성령으로 충만한 사람이 어떤 말한 한다. 그래서 이 구절에서 πλήρης의 쓰임새는 πίμπλημι의 쓰임새와 유사하다고 언뜻 생각하기 쉽다. 즉 여기서 πλήρης로 표현된 충만은 일종의 영감 받은 말을 한다는 의미로서, 이것은 그 사람의 인격을 표현하는 것이라기보다는 사역을 위해서 순간적으로 영감 받은 것을 표현하는 것이라는 것이다. 이 구절이 예외일 가능성이 있다는 것이다.[32] 하지만 이것은 스데반 순교 내러티브를 끝까지 보지 않고 내린 결론이다. 여기서 스데반이 영감 받은 말을 통해서 어떤 사역을 한 것이 아니다. 오히려 이 성령 충만함은 그의 인격의 상태를 가리키는 것으로, 그것은 결국 스데반이 자신은 돌로 쳐 죽이는 순교를 당함에도 불구하고 용서의 기도를 하게 하는 것이다. "주여 이 죄를 그들에게 돌리지 마옵소서."(행 7:60) 결국 누가는 πλήρης라는 단어를 통해서 일관되게 지속되며 인격에 관련된 성령의 역사에 대해서 말하고 있는 것이다.

5) 사도행전 11:24

누가는 안디옥 교회 지도자인 바나바를 "착한 사람이요 성령과 믿음이 충만한 사람"으로 묘사하고 있다. 여기서 성령 충만은 성령에 의한 어떤 순간적인 체험을 묘사하는 것이 아니라 어떤 사람의 지속되는 인격을 표현하는 데 사용되었다. 일곱 일꾼의 자격에 사용되었던 믿음도 같이 사용되었고, 나아가 그것은 그가 성숙한 인격을 가진 사람이라는 것과 연결된다. 한 마디로, 누가는 여기서 크리스천의 인격의 특성을 나타내기 위해 성령 충만이라는 말을

---

32) So Turner, "Spirit Endowment in Luke/Acts," 54.

사용하고 있는 것이다.

이상에서 우리는 다음과 같은 사실을 발견했다. 누가는 πλήρης 라는 형용사와 πνεύματος ἁγίου의 결합을 통해(한 번은 πληρόω 동사의 수동형과 πνεύματος ἁγίου의 결합을 통해) 어떤 사람이 성령의 영향을 받아 영적이고 인격적인 전 영역에서 그 성품의 열매를 맺는 것을 표현하려고 했다. 주의해서 볼 것은 그의 인격의 품성을 판단하는 데 있어 자신이 성령의 역사를 얼마나 역동적으로 체험했는지에 의한 것이 아니라, 성령으로 충만해진 그의 인격을 타인이 알아보고 느끼는 것에 의해서 그의 품성이 판단된다는 것이다. 누가는 πίμπλημι를 통하여 성령의 순간적이고, 예언의 말을 하는 역사를 표현한다면, πλήρ- 어근 동사와 형용사를 통하여 신자의 품성에 관계된 성령의 역사를 표현한다.

지난 백년 어간에 누가의 성령론의 성격에 대한 학자들 간의 열띤 논쟁이 있었다. 궁켈(H. Gunkel)과 멘지스 등은 누가의 성령론은 중간기 유대교 문헌에 나타난 예언의 영의 사역과 같다고 보았다.[33] 다시 말해, 누가의 성령론에는 구원론적이며, 윤리적인 성격이 없다고 보았고, 그러한 것은 바울이 처음으로 도입한 것이라고 보았다. 터너도 누가의 성령론이 예언의 영의 사역을 이어받은 것이라는 점에는 동의하지만, 유대교의 성령론에 구원론이나 윤리적인 함의가 없다는 데는 동의하지 않는다.[34] 우리는 본 연구를 통해 누가가 유대교의 예언의 영을 이어 받아 성령의 역사를 순간적으로 체험하여 영감된 말을 하는 것으로 이해한다는 것을 다시 한 번 확인할 수 있었다. 나아가, 누가는 유사한 뜻을 가진 단어를 구

33) Robert P. Menzies, *The Spirit in Luke-Acts* (Sheffield: Sheffield Academic Press, 2001).

34) Turner, *Power from on High*.

별하여 사용함으로써 성령의 역사에 윤리적인 측면의 역사가 있음을 보여주었다. 누가는 유대교의 예언의 영의 역사를 단순히 이어받은 사람이 아니라, 그것을 수용하면서도 성령의 역사에 윤리적인 함의를 추가해서 성령의 사역의 영역을 넓히고 있다.[35)]

4. 결론

지금까지 나는 누가 문헌에서 성령 충만이 한 가지가 아니라 두 가지로 제시되어 있다는 것을 보여주려 했다. πίμπλημι와 πληρόω는 일반 헬라어와 칠십인 역에서 각각 '어떤 공간에 무엇을 채우다'라는 기본 뜻과 그것에서 파생된 뜻을 가진 단어로 상호 교환적으로 사용되어, 그 뜻을 구별하기 어려운 경우가 많다. 그런데 이 단어들이 누가 문헌에서 성령과 연관하여 쓰일 때는 구별된다. 누가 문헌에서 πίμπλημι는 이른바 성령의 순간적인 체험의 사역을 지칭하는 것으로, 이 체험의 결과로 체험자는 주로 영감 받는 말을 한다. 그 목적은 하나님이 부여한 사명을 그 시에 완수하는 것이다. 반면, πληρόω와 πλήρης는 성령의 역사로 어떤 사람의 인격이 성령의 인격의 영향을 받아 영성이 형성되는 것과 관계된 것으로, 이것이 지속된 결과 사람들이 그 사실을 알아차릴 수 있는 것이다. 바울이 유일하게 말하는 성령 충만도 이런 것이다(엡 5:18).

이상의 결과를 통해서 우리는 현대 누가의 성령론 문제 해결에 있어 다음과 같은 힌트를 얻을 수 있다. 누가는 성령의 역사를 유대교의 예언의 영의 역사를 잇는 것으로 보아, 성령이 주로 사명 감당을 위한 동력으로 주어진 것으로 보았다. 하지만, 누가는 이에서 더 나아가 성령이 어떤 사람의 영성 형성과 관계되어 있는 것

35) 참조. 이성찬, "누가의 성령론적 윤리," (미 출판 박사학위 논문; 장신대학교, 2010).

으로도 제시한다. 누가는 각각을 지칭하기 위해 단어를 구별하여 사용하고 있다. 그 동안 여러 학자들은 누가의 의도와는 다르게 이 두 가지를 하나로 통합하려 했다. 어떤 이들은 이것을 증인의 사명 감당을 위한 능력 체험으로 환원하려 했고, 또 다른 학자들은 이것을 크리스천 인격 형성에 관계된 것으로 환원하려 했다. 하지만, 아마도 이러한 일원화의 위험성을 알고 있던 누가는 의도적으로 성령 충만을 나타내는데 있어 두 단어를 일관성 있게 구별해 사용함으로써 두 가지 성령 충만이 있음을 보여주려 했다.

8. 요한의 눈으로 본 유아세례

20세기 중반 바르트(K. Barth)가 유아세례 교리가 성서적으로 부당하다는 것을 주장한 이후 이에 대한 찬반의 반응이 있어왔다.[1] 여기에, 기독교대한성결교회가 유아세례를 도입한 이후 국내에서도 이에 대한 성서학적, 신학적, 예배학적 논의가 계속되고 있다.[2] 기독교대한성결교회가 받아들인 유아세례는 성서적 근거가 있는가? 본인은 본 장에서 유아세례가 성서적인 근거가 있는가에 대한 논의를 하고자 한다.

지금까지 논의는 주로 사도행전에 나오는 "온 집"의 세례에 대한 문제(행 16:15, 33; 18:8; cf. 고전 1:16), 공관복음서에 나타난

---

1) K. Barth, *The Teaching of the Church Regarding Baptism* (London: SCM, 1954); O. Cullmann, *Baptism in the New Testament* (London: SCM, 1950); J. Jeremias, *Infant Baptism in the First Four Centuries* (Philadelphia: Westminster, 1960); Kurt Aland, *Did Early Church Baptize Infants?* (Philadelphia: Westminster, 1963); G. R. Beasley-Murray, *Baptism in the New Testament* (Grand Rapids, MI: Eerdmans, 1962); Paul K. Jewett, *Infant Baptism & the Covenant of Grace* (Grand Rapids, MI: Eerdmans, 1980).

2) Cf. 전성용, 『칼 바르트의 성령론적 세례론』 (서울: 한들, 199); idem, "유아세례 논쟁," 『신학과 선교』 24(1999), 33-63; idem, "칼 바르트의 반유아세례론," 『성결교회와 신학』 1(1997), 110-29; 조갑진, "신약에서의 유아 세례에 관한 연구," 『성결교회와 신학』 1(1997), 64-91; 박명수, "웨슬레안 성결운동의 세례이해에 대한 역사적인 고찰," 『성결교회와 신학』 1(1997), 130-54; 조종남, "요한 웨슬레의 세례관," 『성결교회와 신학』 1(1997), 92-109.

예수의 유아에 대한 환대와 유아 세례의 연관성(막 10:13, 15-16; 마 18:1ff.; 눅 18:17), 혹은 바울서신에 나타난 불신자와의 결혼과 유아세례의 연관성(고전 7:14) 등에 초점이 맞추어져왔다. 신약성서 자체에 유아세례에 대한 문제가 직접적으로 언급되지 않은 점으로 볼 때 위 주제에 관한 논의는 유아세례에 대한 암시 구절들에 대한 논의로서 적절했다고 할 수 있다.

하지만 요한문헌과 관계되어 유아세례 문제를 논의할 수는 없을까? 요한복음에는 예수의 수 세례, 성만찬 제정 등이 직접적으로 언급되어 있지도 않은데 유아세례 문제를 이 문헌을 통해 논의한다는 것은 일견 무모한 시도인 것처럼 보인다. 하지만 세례가 구원론의 한 부분이라면, 요한문헌에 나타난 구원관을 통해서 요한문헌의 유아세례에 대한 입장을 추론해 보는 것은 불가능한 것은 아니다.

이러한 연구가 의미 있는 것은 한국 성결교회가 취하는 구원론의 핵심 개념은 중생에 있고, 그 개념을 요한 문헌에서 주로 취했다는 데 있다. 이에 본인은 주로 요한복음에 나타난 중생 개념을 통한 구원론의 입장을 통해 요한문헌이 유아세례에 취했을 입장을 추론해 보고자한다. 본인의 결론은 요한문헌에서는 구원론에 있어서 예수 그리스도의 구속사역을 통한 구원의 객관성과 아울러, 그것이 믿음을 통해서 신자 안에서 체험되는 구원의 주관성을 강조하기 때문에 구원의 외적인 틀-예를 들어 세례, 성만찬, 유아세례-은 그리 중요하게 취급하지 않았다는 것이다. 특히 구원에 있어서 믿음을 강조하는 것-믿음은 예수를 그리스도로 믿는 것-을 통해 볼 때 지적 혹은 영적으로 이를 받아들일 수 없는 유아에게 세례를 주는 것은 요한문헌이 취하지 않았을 입장일 것이다.

1. 요한복음에서의 중생

1) 서시에서의 중생(1:12-13)[3]

요한복음에서 "거듭(혹은 위로부터) 태어나다"(3:3)라는 중생에 대한 전문 용어가 나오기 이전에 이에 대한 다른 표현으로 "하나님으로부터 나다"(1:13)라는 표현이 나온다. 헬라어 단어 ἄνωθεν이 "위로부터"라는 뜻이 있기 때문에 그것은 곧 요한복음에서 "성령으로"(3:5) 혹은 "하나님으로부터"(1:13)라는 표현과 동의어로 쓰인다. 여기에 하나님으로부터 난 자들은 하나님의 자녀(1:12; 11:52)이고 자녀들 간에는 형제이고(20:17) 나아가 영적 가족이 된다(요 19:25-27). 이러한 하나님으로부터 태어난다는 메타포는 아브라함의 씨(8:33), 아브라함의 자녀(8:39), 하나님의 씨(요일 3:9), 자녀(21:5; 요일 2:14, 18), 형제들(요일 3:13; 요삼 1:3, 5)같은 여러 표현으로 요한문헌 전반에 걸쳐 편만하게 나타난다.

하나님으로부터의 탄생이라는 표현으로 요한복음에서 중생에 대해서 가장 먼저 나오는 것은 요한복음 프롤로그에서이다(1:1-18).[4] 요한복음 프롤로그는 크게 세 부분으로 대별해 볼 수 있는데(1-9; 10-13; 14-18), 처음 부분과 마지막 부분이 기독론적인 것이라면 중간 부분은 교회론적 혹은 구원론적 측면을 담고 있다. 이 부분은 사실 요한복음 전체의 요약이라 할 수 있다. 유대인과 세상이 예수를 거절한 것(10-11)과 신자가 예수를 영접한 부분(12-13)은 각각 복음서의 두 부분(1-12장; 13-21장)을 요약한 것이다.

서시의 10-11절에는 거절의 모티브가 주를 이룬다. 그런데 12절

---

3) 이 부분은 『요한신학 렌즈로 본 요한복음』에서 발췌 요약한 것이다.

4) 이하 부분의 본인의 논문 "요한복음에 나타난 하나님과 신자의 부자관계," 『성경의 효』 (서울: 성산서원, 2001), 181-94에서 발췌 혹은 요약한 것이다.

에서 주 모티브가 급격하게 전환되고 있다. 여기에서는 그리스도에 대한 긍정적인 반응과 그 결과가 기록되어 있다. 세상과 유대인의 불신앙은 예수를 영접한 신자들의 신앙과 극명하게 대조되어 나타난다. 첫째, 불변화사 δέ가 12절에 사용되었는데, 이것은 강력하게 "그러나"의 뜻으로 사용되었다. 둘째, 11절(παρέλαβο)과 12절(ἔλαβον)에서 불신과 신앙을 나타내는 동사로 같은 어원의 동사를 사용함으로써 신앙과 불신앙은 극명하게 대조된다.

이러한 문맥에서 "하나님의 자녀"라는 문구가 등장한다. 하나님의 본래 백성이 예수를 거절한 것과는 대조적으로 일군의 사람들이 그리스도를 영접하는데 그들이 바로 "하나님의 자녀"이다. 여기서 하나님의 자녀가 되는 것은 신자들에게 하나님이 부여하시는 특권이다. 그런데 이러한 특권은 모든 신자들에게 주어지는 것이다. 이스라엘 백성이 하나님의 자녀라는 것은 이미 구약(신 14:1; 호 2:1)과 고대 유대교 문헌들(집회서 36:17; 제4에스라서 5:28)에 나온다. 신자가 하나님의 자녀라는 것은 공관복음에서도 약간씩 다른 표현으로 나타난다(마 3:9; 5:9; 눅 20:36). 하지만 신약에서 신자가 하나님의 자녀라는 표현이 가장 두르러지게 신학화되어 나타나는 것은 요한문헌과 바울서신이다.

요한복음이 전통적인 용어를 사용하여 신자의 하나님 자녀됨을 표현하지만 13절에 보면 요한복음이 말하는 하나님의 자녀됨은 구약과 고대 유대교와 바울과는 상당히 다르다는 것을 알 수 있다. 요한복음에서 하나님의 자녀됨은 구약이나 유대교에서처럼 선택된 소수의 사람들에게 주어진 것도 아니요, 바울서신에서처럼 하나님의 양자로서의 법률적인 것도 아니다(롬 8:16f.). 요한복음에서 하나님의 자녀됨의 특징은 하나님의 자녀는 하나님으로부터 태어나야 된다는 것을 말하는 데 있다. 요한은 하나님의 자녀가 어떠한 인간적이거나 육체적 기원을 갖고 있다는 사상에 대해서 세 가지 부정 문구를 통해서 분명하게 밝힌다. 하나님의 자녀됨은 "피의 결합에 의한 것도 아니고, 육체의 정욕에 의한 것도 아니고, 사람(혹은 남편)의 의지에 의한 것도 아니다." 이러한 하나님의 자녀에 대한 인간적인 기원에 대한 부정을 말하는 문구는 이어서 나오는 "그러나 하나님께로부터 난 자들이다"라는 문구를 강화시켜주기 위해 사용된 것이다. 여기서 수동태로 사용된 γεννάω라는 동사는 특히 ἐκ와 함께 사용되어 요한복음에서 출처와 기원을 나타내는데 많이 쓰였다. 요한복음의 하나님의 자녀됨의 특징은 이 문구에서 발견된다. 이 표현은 어떤 인간도 자연적으로 하나님의 자녀가 될 수 없다는 것을 말한다. 하나님의 자녀는 하나님으로부터 그리스도를 믿음을 통해 태어나야 한다.

위와 같은 결과를 통해 요한복음에서는 구원에 있어서 그리스도의 대속적 죽음과 부활뿐만 아니라 신자가 그것을 받아들여야 하고, 실제로 그것을 통해 새로운 존재로 태어나야 함을 말하고 있다는 것을 알 수 있다. 특히 요한복음이 쓰인 일세기 말 상황을 고찰해 보면 당시에는 은혜의 수단으로써 세례와 성만찬이 주요한 것으로 여겨졌다. 이러한 상황에서 요한복음은 프롤로그의 핵심 구절을 통해 하나님의 자녀됨이 어떤 외적인 은혜의 수단보다도 내적으로 신앙에 의한 하나님의 자녀됨이라고 강변하고 있는 것이다. 물론 이것은 요한이 세례나 성만찬 등 모든 성례전을 직접적으로 반대했다는 것을 의미하지는 않는다.[5] 다만 그 어떤 것보다도 하나님의 자녀됨에서 믿음을 강조하고 그것을 통해서 실제로 새롭게 하나님의 자녀됨을 강조함으로써 지나친 성례전 제일주의는 반대했을 것으로 추론할 수 있다.

5) 요한복음의 성만찬 신학에 대해서는 R. E. Brown, *An Introduction to the Gospel of John* (N. Y.: Doubleday, 2003), 229-34, 270-72를 보라.

2) 예수와 니고데모와의 만남에서의 중생(3:1-21)

예수와 니고데모의 대화를 통해 예수는 중생의 도리에 대해서 직접적으로 언급한다. 바리새인이며 산헤드린 공회원이었던 니고데모라는 사람이 예수를 "랍비"라고 칭하면서 예수의 표적에 대해서 긍정적으로 말하는 것으로 대화는 시작된다. 예수에 대해 호의적으로 접근한 사람에게 예수는 의외로 다음과 같은 말을 한다. "진실로 진실로 내가 네가 이르노니 사람이 거듭나지 아니하면 하나님 나라를 볼 수 없느니라."(3절) 그러나 이러한 예수의 태도는 바로 앞 구절을 통해 이미 예견된 것이다. 예수는 사람의 마음을 다 알기 때문에 사람의 아첨의 말에 의지하지 않는다는 것이다.

어쨌든 여기서 개역 성경에 "거듭"이라고 번역된 헬라어 부사 ἄνωθεν은 우리가 흔히 생각하는 것보다는 더 폭넓은 함의를 갖고 있는 단어이다. 본래 이 단어는 "거듭"이라는 뜻과 "위로부터"라는 두 가지 뜻을 가진 단어이다.[6] 그런데 니고데모는 이것을 "거듭"이라는 뜻으로만 알아들어 이 말을 통해서 예수가 전달하고자 하는 말을 정확히 이해하지 못했다. 그래서 니고데모는 이렇게 말하지 않을 수 없었다. "사람이 늙으면 어떻게 날 수 있삽나이까. 두 번째 모태에 들어갔다가 날 수 있사옵나이까"(4절). 이러한 질문에 대해 예수는 자신이 말한 것을 설명한다. "진실로 진실로 내가 네가 이르노니 사람이 물과 성령으로 나지 아니하면 하나님 나라에 들어갈 수 없느니라. 육으로 난 것은 육이요 성령으로 난 것은 영이니 내가 네게 거듭나야 하겠다 하는 말을 놀랍게 여기지 말라. 바람이 임의로 불매 네가 그 소리를 들어도 어디서 오며 어디로

---

6) 이에 관해서는 Gail R. O'Day, "New Birth as a New People: Spirituality and Community in the Fourth Gospel," *Word and World* 8(1998), 53-61을 참조하라.

가는지 알지 못하나니 성령으로 난 사람은 다 이러하니라(5-8절).

예수는 자신의 말을 이해하지 못하는 니고데모에게 "거듭난다"는 말을 "물과 성령으로 난다"는 말로 풀어 설명한다. 그런데 이 표현이 큰 문제가 된다. 예수가 위로부터 난다는 말을 단순하게 성령으로 난다고 했다면 이해하는데 큰 문제가 없다. 그런데 갑자기 앞에 물이 나온다. 그렇다면 이 물은 무엇인가? 그동안 이것에 대해서는 천상의 물, 세례시의 물, 아이를 태어나게 하는 물(양수, 혹은 정자) 등 다양한 제의가 있어왔다.[7] 우선 천상의 물이라는 제안은 증거가 희박해 보인다. 다음으로 세례를 상징하는 물은 많은 학자들의 호응을 얻는 것이다. 초기 교회 시대에 물은 세례를 상징하는 경우가 많은 점을 감안하면 이 제안은 충분히 고려할 만한 것이다. 하지만 이것을 세례를 상징하는 물로 해석하면 문맥에도 어울리지 않을 뿐 아니라 요한신학에도 부합되지 않는다. 요한복음에서 크리스천의 세례가 명시적으로 언급된 적이 전혀 없는 것이 갑자기 문맥에 어울리지 않게 나타날 가능성은 별로 없다. 물을 세례로 보는 견해가 더욱 더 어려운 것은 요한복음 자체는 세례와 성만찬 등을 반대하지는 않을지라도 이것이 직접적으로 은혜의 방편이 된다는 것은 기록하지 않는다. 그러므로 인간적인 출생에 반대된 하나님으로부터의 출생을 이야기하면서 요한이 세례를 언급한다는 것은 문맥과 요한신학 전체에서 잘 어울리지 않는다.

다음으로 고려할 수 있는 것은 여기서 물이 성령을 상징한다는 것이다. 물과 성령이 같이 나타나 성령을 상징하는 것은 구약의 전통일 뿐만 아니라(겔 36:25-26; 사 44:3) 요한복음 자체에서도 찾아볼 수 있는 것이다(7:37-39). 그러므로 물과 성령이 분리된 개념이 아니라 하나의 개념으로서 성령을 상징한다는 것은 상당히 가

---

7) 이에 대해서는 Craig S. Keener, *The Gospel of John: A Commentary* vol. I (Peabody, MA: Hendrickson, 2003), 544ff.를 보라.

능성 있는 의견이다.

또 다른 견해로는 그 뒷 문맥과 연관하여 보면 여기서 물은 자연적 출생 시의 물을 상징할 수도 있다. 니고데모가 자연적 출생만 알고 있기 때문에, 예수는 자연적 출생과 아울러 영적 출생이 있음을 말하는 것이다. 그래서 이 견해대로 해석하면, 예수는 니고데모에게 거듭남을 설명할 때 자연적 출생과 영적 출생 두 가지가 있다는 것을 말하고, 이어서 자연적 출생은 육적 출생이요 영적 출생은 성령에 의한 것이라는 것을 뒤에 다시 한 번 설명하는 것이 된다.

본인은 위의 두 가지 견해가 모두 다 가능성이 있다고 생각한다. 물은 자연적인 물일수도 있고 성령을 상징할 수도 있다. 하지만 어떻게 해석하든 예수 말씀의 본래의 뜻은 변하지 않는다. 사람이 하나님 나라에 들어가려면 자연적 출생 이외의 또 다른 출생, 즉 위로부터의 출생, 성령으로부터의 출생이 있어야 한다는 것이다.

이것을 통해서 요한복음의 구원론에서 중요한 것은 크리스천 공동체에 참여하기 위한 어떤 예식보다도 내적인 변화, 거듭남이라는 것을 알 수 있다. 요한복음이 그리스도의 대속적 능력을 과소평가하지 않으면서도 그 효력을 발휘하기 위한 것으로 성례전 같은 것을 들지 않고 거듭남을 말했다는 것은 요한복음의 중요한 특징 중의 하나이다.

2. 중생과 유아세례

신약성서에는 예수 그리스도를 통한 신자의 구원을 말한다. 구원을 설명할 때 하나님의 뜻에 따라 행하신 예수의 대속적인 죽음에 초점이 맞추어 질 수도 있고, 그것을 받아들이는 신자의 신앙에 그 초점이 있을 수도 있다. 전자가 극단화되면 예수 그리스도의 대속적 사역은 신자와 불신자를 불문하고 모든 사람을 구원할 수 있다는 보편 구원설(universalism)이 되고 후자의 극단화된 형태는 신비주의가 된다. 신약성서는 보편 구원설도 말하지 않고 신비주의도 말하지 않는다. 바울과 요한을 비롯한 신약성서의 저자들은 예수 그리스도의 대속 사역과 그것을 신앙하는 신자의 신앙을 모두 말하고 있다. 하지만 그 강조점이 없는 것은 아니다. 지나친 일반화의 위험성을 무릅쓰고 말한다면 바울은 구원의 객관성에 더 강조점을 두고 있고, 요한은 그 주관성에 강조점을 둔다.

기독교 역사를 통해서 볼 때도 정통 기독교는 구원의 객관적 측면과 주관적 측면을 모두 말하고 있다. 종교개혁 이후 시대의 견해를 보면 칼빈을 비롯한 종교개혁자들은 구원의 객관적인 측면 혹은 신적인 측면을 더 강조했다고 말할 수 있다. 한편 웨슬리는 이러한 종교개혁자들의 전통을 이어받으면서도 이들이 덜 강조했던 구원의 주관성을 더 힘주어 말한다. 이것을 이어 받아 19세기 미국의 부흥 운동은 구원의 주관적 측면을 더 많이 부각시켜 구원론에 있어서 중생을 중요한 것으로 취급했다.[8] 한국의 성결교회는 바로 이러한 전통에 서 있다고 할 수 있다. 그래서 성결교회의 네 가지 전도 표제 중의 제일 처음의 것으로서 중생이 언급된다.

성서적으로 볼 때 중생은 바울과 베드로의 언어이기도 하지만(롬 6:1-11; 딛 3:5; 벧전 1:3, 22, 23) 앞에서 고찰한 대로 요한의 언어일 뿐만 아니라 요한 구원론을 대표하는 개념 중 하나이다. 요한 구원론의 특징 중 하나는 신자의 믿음을 강조하는 것이고, 이어서 믿음을 통해서 신자가 실제로 새롭게 태어나는 것을 강조하는 것이다. 이것은 교회에 등록하는 것이나 세례를 받는 것이나 혹은 성만찬에 참여하는 것과 같은 어떤 외적인 절차에 의해 되는 것이 아니라 예수 그리스도를 믿음을 통해 내적으로 변화되는 것

8) 박명수, "근대복음주의의 중생이해에 대한 역사적인 고찰," 『성결교회와 신학』 1(1997), 9-62.

을 통해서 되는 것이다.

성결교회의 중생론이 바로 위와 같은 요한의 중생론에 기초하고 있다고 한다면 믿음이 전제되지 않은 유아세례는 중생론과 잘 어울리지 않는 것이다. 요한복음과 성결교회가 말하는 중생은 성령에 의한 것인데 그 전제로 반드시 믿음을 필요로 한다는 것이라면, 유아세례는 이러한 중생론과 어울릴 수 없는 것이다.

3. 결론

본인은 이상을 통해 성결교회가 기초하고 있는 요한의 중생론의 입장에서 유아세례론을 논했다. 그리고 그 결과로 이 두 가지 교리는 상호 잘 어울릴 수 없는 것이라고 주장했다. 그 동안 신약의 유아세례 연구가 국내외를 막론하고 주로 공관복음과 사도행전과 바울서신에 초점이 맞추어져 왔다는 면에서 본 연구는 새로운 연구의 하나일 것이다. 또 성결교회가 서 있는 입장에서 성서적으로 유아 세례론을 다루었다는 면에서도 공헌한 면이 있을 것이다. 하지만 보다 설득력 있는 연구가 되기 위해서는 요한일서의 구절(요일 2:20, 27; 5:5-8)도 다루어야 했을 것이다. 이 짧은 연구는 실험적이지만 종합적이지는 않다. 앞으로 보완된 연구를 통해서 요한문헌의 유아세례에 대한 입장을 더 명확히 할 수 있을 것이다.

제3부 _ 이슈별 신약성서 해석

9. 한글 성서 번역 원칙

20세기의 성서 번역은 성서 번역학의 발전과 함께 이루어졌다. 이 시기 성서 번역자들은 나이다(Eugene Albert Nida)의 이론을 비롯한 성서 번역 이론의 토대 위에서 성서를 새롭게 번역할 수 있었다.[1] 완전히 새로운 번역을 위해서는 아마도 또 다른, 완전히 새로운 번역 이론의 등장이 있어야 할지도 모른다. 하지만, 내가 본 장에서 말하려고 하는 것은 새로운 번역 이론을 제시하는 것도, 독자층에 대한 여러 측면의 새로운 분석도 아니다. 그것은 번역에 있어서 근본적인 문제인 번역이 문화와 어떤 관계를 맺을 것인가 하는 것을 생각해 보는 것이다. 또 번역자의 원저자의 사상에 대한 이해가 실제 번역에 있어서 중대한 영향을 미친다는 것을 보여주면서, 번역자를 선택할 때 번역 위원회에서는 이 점에 유의해야 한다는 것을 말하는 것이다.

본 장은 위의 두 가지 사항에 대한 기존의 논의들을 개괄하고 이와 함께 고려해야 할 점을 간단히 제시하는 것이다. 그래서 본

---

1) Eugene A. Nida, *Bible Translating: an Analysis of Principles and Procedures with Special Reference to Aboriginal Languages* (N. Y.: American Bible Society, 1947); Jan de Waard, *From one Language to Another: Functional Equivalence in Bible Translating, Eugene A Nida* (Nashville, TN: Thomas Nelson Publishers, 1986).

장의 목적은 차후에 이 분야를 심도 있게 연구하는 학자들에게 문제 제기로 자리매김 하려는 것이고, 또 새로운 번역에 있어서도 이러한 원칙이 적용되었으면 하는 소망을 나타내는 것이다. 본 연구의 대상은 개역개정판 성서의 신약 본문이다.

첫 번째 문제는 문화와 번역의 문제이다. 번역은 문화의 옷을 입게 마련이다. 번역자와 독자는 특정한 문화 속에서 살고 있기 때문이다. 그래서 문화는 번역에 있어서 반드시 고려해야 할 요소이다. 번역이 단어들을 한 언어에서 다른 언어에서 단순히 옮겨놓는 것은 아니기 때문이다. 어떤 단어나 문장은 실제 번역된 단어나 문장에서 이해될 수 있어야 한다. 번역에 있어서 그 동안 강조했던 점은 이 점일 것이다. 그런데 번역자의 문화가 알게 모르게 본래의 본문 내용을 왜곡하게 하는 경우도 있다. 본 장에서는 이것에 대해서 말하려고 한다. 그것을 바로 잡는 것을 나는 왜곡된 문화의 옷 벗겨내기라고 하겠다.

본 장에서 두 번째 관심을 갖는 것은 번역에 있어 기초적인 문제이다. 번역자는 성서 각 책 저자의 사상에 정통해야 원문을 올바로 번역할 수 있다는 것은 아무리 강조해도 지나치지 않을 것이다. 개역개정판을 예로 들면 번역자가 성서 저자의 사상을 잘 이해하지 못해, 어떻게 보면 사소하게 보이지만, 매우 중요한 점들을 잘못 번역하는 사례들이 많이 발견된다.

1. 문화의 옷 벗겨내기

우리 말 번역에는 사상적으로 볼 때 아무래도 우리 문화 기저에 있는 유교와 샤머니즘이 번역에 많은 영향을 미쳤다. 이것은 의식적으로 된 것보다도 무의식적으로 된 측면이 더 많다. 그래서 유교의 서열주의는 성서 본문 자체에 있는 평등의 비전을 왜곡되게 번역하는 경우가 많다. 또 어떤 경우에는 문화가 저자의 의도를 삼켜버려 성서 본문 자체에는 없는 것인데, 문화의 옷을 입고 새롭게 나타나는 경우도 있다.

1) 사도의 가르침을 받아?(행 2:42)

한국의 기독교 문화 중에 목사 중심주의가 오래 동안 자리 잡아 왔다. 이것은 아마도 유교의 서열의식에서 영향을 받은 것일 것이다. 그 문화가 성서 번역에도 영향을 미친 대표적인 사례로 사도행전 2:42을 들 수 있다. "그들이 사도의 가르침을 **받아** 서로 교제하고 떡을 떼며 오로지 기도하기를 힘쓰니." 이 번역은 사도의 가르침을 받는 것이 나머지 뒤에 나오는 행위들을 통제하는 것으로 되어 있다. 그런데 문제는 헬라어 원문에서 분사로 쓰인 προσκαρτεροῦντες라는 단어가 1) 가르침, 2) 교제, 3) 떡을 뗌, 4) 기도에 병렬로 연결된다는 것이다. 여기서 1)이 2) 3) 4)를 통제하는 것이 아니다. 그들이 전념한 것은 4가지다. 그런데 개역개정판에서는 1)이 나머지를 통제하는 것으로 되어 있다. 물론, 그렇게 해설할 여지는 있을 것이다. 하지만 번역에서는 최대한 저자의 말을 그대로 놓아두고, 해석은 독자들의 몫으로 남겨놓아야 할 것이다. 개역개정판 본문의 또 한 가지 문제는 여기에서는 "오로지 힘쓰다"라는 분사가 기도에만 해당되는 것으로 오해되기 쉽다. 그래서 본 번역은 이렇게 해야 할 것이다. "그들은 사도들의 가르침을 받는 일과 교제하는 일과 음식을 나누는 일과 기도하는 일에 힘썼습니다."

여러 언어권에서 대부분의 번역에서는 위의 나의 제안과 같은 번역을 취하고 있다. 그런데 유독 개역개정판에는 이러한 번역이 탄생했다. 그 근원은 어디에 있을까? 번역자가 이 구절에서 문법을 잘못 분석했을 가능성은 거의 없다. 이것은 매우 단순한 문법이기 때문이다. 아마도 이 번역은 우리 기독교 문화에 있는 목사중심주의의 영향을 받은 것 같다. 우리 교회 문화에서 목사가 사도의 직분을 일정 부분 이어받고 있다고 생각하여 신자들의 교제와 음식을 나누는 것과 기도하는 것을 목사가 통제해야 한다는 생각에서 이런 번역이 나온 것 같다.

그런데 위와 같은 번역은 성직자주의를 만들고, 이른바 평신도 사역의 기초를 흔들 수 있다. 이 번역은 본래 성서 저자가 의도했던 것과는 반대로 가고 있는 셈이다. 그래서 이 번역에서 우리는 우리 한국 교회의 성직자중심주의의 옷을 벗겨내 번역할 것을 제안한다.

2) 효를 행하여?(딤전 5:4)

본 구절은 개역개정판 성경전서에서 효(孝)라는 단어가 나오는 유일한 곳이다. 사실 서양의 주요 언어들에서나 성서 원어들(히브리어, 헬라어)에서 한자의 효에 해당하는 단어는 존재하지 않는다. 그래서 영어로 번역할 때 이 단어는 중국어식으로 xiao라고 쓰거나 혹은 한국어 식으로 *hyo*라고 표기한다. 이것을 억지로 풀어서 영어로 표현하면 filial piety가 될 것이다. 그런데 개역개정판에서 우리말로 "효를 행하여"라고 번역한 것이 나온다. 이것은 물론 문화적인 번역이다. 주석가는 이것을 문화적으로 적절한 번역이라고 할 수도 있을 것이다. 하지만, 이 문제는 보다 심도 있는 검토가 필요하다.

"효를 행하여"는 헬라어 εὐσεβέω라는 동사의 번역이다. 신약성서에서 이 단어는 동사형으로는 이곳과 사도행전 17:23에만 나온다. 사도행전에서 이 단어는 "알지 못하는 신"을 목적어로 하는 동사로 "위하는"이라고 번역되었다. 그 뜻은 예배한다는 것이다. 대부분의 영어 번역본들은 이것을 "예배하다"(worship)로 번역하고 있다. 이러한 용례로 볼 때 이 단어는 종교 영역에서 주로 쓰이는 것임을 알 수 있다. 이것의 명사형인 εὐσεβεία는 신약성서에서 신성, 종교, 경건 등의 뜻으로 쓰인다. 본래 이 단어는 위와 같이 동사형으로 예배 행위에 대해서 쓰이고, 명사형으로 신의 성품을 가리키는 데 쓰이고(딤전 2:2; 3:16), 나아가 신의 성품을 닮은 사람의 인격에 대해서도 쓰인다(행 3:12; 10:2).

그런데 디모데전서 5:4에서 εὐσεβέω는 부모 공경과 관련하여 쓰였다. 그래서 번역자는 자녀나 손자가 부모하게 할 도리를 말한 이것을 우리 문화에 맞게 "효를 행하여"로 번역한 것이다. 하지만, 여기서 쓰인 본래 동사의 뜻이 직접적으로 "효"를 의미하는 것은 아니다. 앞에서 고찰한 대로 이것은 하나님을 예배하는 행위이든지, 하나님의 성품이든지, 혹은 그것에서 기원한 사람의 성품을 의미한다. 그래서 많은 영어 번역본에서 이것을 "종교적인 의무를 행하다"(NRSV; NIV) 혹은 "경건을 보여주다"(KJV)라고 번역하고 있다. 이런 번역의 영향을 받아 공동번역과 새번역도 각각 "종교적 의무를 다하는 일"과 "종교상의 의무를 행하는 것"으로 번역하고 있다. 하지만, 우리말로 "종교적 의무를 다하다"라는 표현은 부모에게 어떤 것을 하라는 것인지 분명하지 않다. 영어의 "religious duty"에서 종교라고 하는 것은 기본적으로 유대교/기독교를 말하는 것이지 종교 일반을 말하는 것이 아니다. 또 여기서 말하는 종교는 신앙심(piety)을 의미하지 일반 종교심을 말하는 것이 아니다. 그래서 우리말로 이렇게 옮겨놓았을 때 독자들은 그 의미를 다르게 해석할 수 있다.

그렇다면 "효를 행하여" 혹은 "효성을 다하는 일"(새번역, 1973)은 오히려 문맥에서, 또 문화적으로 그 의미를 잘 전달하는 것처럼 보인다. 그런데 문제는 여기서 디모데전서 저자가 단순히 부모에게 잘하라는 의미에서 이 말을 쓴 것은 아니라는 것이다. 그렇게 하는 것은 그 사람의 하나님에 대한 신앙과 관계되어 있다는 것이다. "효를 다하여"라는 번역은 이러한 윤리가 하나님에 대한 태도와 어떻게 연결되어 있는 지를 전혀 보여주지 못한다. 그렇다면 이것을 우리는 이 단어의 보편적 의미인 "경건의 행위를 하다"로 번역하든지 혹은 "신앙의 의무를 행하다"로 번역할 수 있을 것이다. 그 행위의 대상이 부모이기 때문에 이러한 번역은 문맥에 잘 맞지 않는다. 이 두 가지를 잘 고려하면 "경건에 합당한 행위를 하다"로 번역해도 좋을 것이고, 또 이것을 좀 더 풀어서 "신앙심에 합당한 행위를 하다"로 번역해도 좋을 것이다.

또 한 가지 "효"로 번역할 때 우리의 문화적 가치관과 성서적 문화 사이에 충돌이 일어나는 것을 고려해야 한다. 본래 동양에서 효는 자녀의 부모에 대한 도리를 표현하는 말이다. 그런데 이것은 충(忠)과 함께 흔히 정치적 이데올로기로 이용되어 왔다. 부모에게 대한 무조건적 순종에서, 정치가들과 종교지도자들은 자신들에 대한 무조건적 순종을 강요해 왔다. 또 효는 부모에게 대한 의무를 표현하는 말로써만 쓰이지, 역으로 부모가 자녀에게 행하는 어떤 행동과 연관하여 쓰일 수 없다. 하지만 신약성서에서 부모에게 하는 행위로써 흔히 쓰이는 "공경하다"(τιμάω)라는 단어는 부모에 대해서도 쓰이지만(엡 6:2; 마 15:4), 이것은 하나님의 인간에 대한 행위에도 쓰인다(요 12:26). 또 명사형(τιμή)으로 이것은 하나님의 약자에 대한 존중의 의미로도 쓰인다(고전 12:23, 24). 이런 의미에서 효라는 단어는 성서의 부모자녀 관계를 담는 언어로 제한성이 있다. 이는 신약성서 전체 본문에서 해당 헬라어 용어가 어떤 함의를 갖고 있는지 파악하면서 번역을 해야 한다는 것을 의미한다.

3) 주안에서… 순종하라?(엡 6:1)

본 구절에서 문제되는 것은 번역의 문제라기보다는 이 문장에 대한 이해의 문제다. 여기서 많은 독자는 "주 안에서"라는 어구가 "순종하라"를 한정한다고 이해한다. 그래서 많은 사람들은 이것을 "주안에서만" 부모에게 순종하라고 이해한다. 다시 말해 부모가 하는 명령이 성경적인 한에서 순종하라는 것이다. 하지만, 문맥에서 보면 이 어구는 "그리스도를 경외함으로"(5:21), "주께 하듯"(5:22), 혹은 "그리스도께 하듯"(6:5)이라는 어구들과 상응하는 말이다. 그래서 이 어구는 순종하라는 것을 한정하기보다는, 오히려 순종하는 방식에 대해서 말하는 것이다. 그래서 "주께 하듯 부모에게 순종하라"는 말이 더 맞는 말일 것이다. 또 원문 비평학에서 볼 때, 많은 신약학자들은 "주 안에서"가 원문에 포함되지 않았을 가능성에 더 무게를 두고 있다. 그렇다면 우리 독자들이 흔히 하는 오해를 피하고, 또 원문비평적으로 다수 의견을 반영하여, 이것을 빼는 것이 본문을 올바로 해석하는데 도움이 될 것이다. 만약 넣는 것이 원칙으로 정해진다면, "주 안에서"보다는 "주께 하듯"이 더 문맥에 맞는 번역일 것이다.

이 문제는 독자가 "주 안에서"가 "순종하라"를 제한하게 함으로써, 부모의 명령 중에 우상숭배나 비기독교적 가르침을 따르지 않을 수 있는 원칙을 성서가 제시하고 있다고 생각하는 것이다. 그러한 원칙은 성서 전반에서는 얻을 수 있을 것이다. 하지만 본문 에베소서 6:1에서 저자가 그것을 의도한 것인가를 질문해 볼 때, 그렇지 않다고 볼 수 있다. 여기서 저자가 말하려고 하는 바는 그리스도를 두려워하는 크리스천은 십계명의 가르침을 그대로 지켜야 한다는 것이었지, 부모의 말에 제한적으로 순종하라는 것은 아니었기 때문이다.

한 마디로, 위 구절을 우리 독자들이 우리 문화적으로 이렇게 해석하는 경향성이 있기 때문에 번역자는 이것을 고려하여 번역하는 지혜가 필요할 것이다.

2. 성서 저자의 신학 살리기

현대 저서의 번역에서도 중요한 요소 중의 하나는 역자가 저자의 사상을 얼마나 이해하고 있는가 하는 것이다. 그래서 좋은 역자는 단순히 원 저자의 언어와 독자의 언어를 이해하고 있는 것으로 충분하지 않다. 역자는 저자의 사상을 충분히 이해하고 있어야 좋은 번역을 낼 수 있는 것이다. 신약성서에 한정해서 말하면, 신약성서 각 권을 번역하기 위해서 역자는 저자의 사상과 어투를 충분히 이해하고 있어야 한다. 그런데 이러한 이해가 결여되어 있는 번역이 개정개역판 여러 곳에서 발견된다.

1) 그 당할 일?(요 18:4); 영혼이 떠나가시니라?(19:30)

공관복음과 요한복음은 공유하는 자료가 매우 적다. 있다 해도 에피소드 몇 개에 불과하다(요 2:13-22; 6:1-21; 12:1-8). 그런데 수난사화에 있어 요한복음과 공관복음은 전체적인 스토리와 내용이 일치한다. 하지만, 수난사화에서 예수에 대한 상(像)은 공관복음과 요한복음은 상당히 다르다. 예를 들어 마가복음의 수난 사화에서 예수는 고난 받는 종 메시아로 그려져 있다면, 요한복음 수난 사화(요 18-19장)에서 예수는 신적 혹은 왕적 메시아로 묘사되어 있다. 또 수난의 의미도 고난이나 고통이기보다는 영광이다. 그래서 요한복음 수난사화에서 예수는 수난을 당한다기보다는 죽음의 영광의 길을 걸어가는 것으로 그려져 있다.

위와 같은 신학을 이해하고 요한복음 수난사화를 번역하는 것이 매우 중요하다. 그런데 이러한 신학을 고려하지 않고 번역한 것이 몇 군데에서 보인다. 요한복음 18:4에는 εἰδὼς πάντα τὰ ἐρχόμενα ἐπ' αὐτόν이라는 어구가 나오는데 개역개정판에서 이것을 "그 당할 일을 다 아시고"라고 번역하고 있다. 여기서 "당할"이라는 말은 수동적이요, 힘이 없는 사람이 힘 있는 사람의 폭력을 당할 때 쓰는 표현이다. 하지만, 본문의 문맥에서 보면, 예수는 자신에게 다가올 모든 일을 미리 알고 있었다. 그래서 이 번역은 "당할"이라기보다는 "닥칠"이 적절하다. 또 "그에게"라는 말도 여기에서 번역되어 있지 않는데, 이것을 포함해서 번역하면 이렇다: "자신에게 닥칠 모든 일을 아시고."

요한복음의 수난 사화에서 또 하나의 중요한 번역 중의 하나는 예수의 죽음을 표현한 19:30의 번역이다. "τετέλεσται, καὶ κλίνας τὴν κεφαλὴν παρέδωκεν τὸ πνεῦμα"(30b절) 여기서 문제가 되는 부분은 παρέδωκεν τὸ πνεῦμα이다. 여기서 τὸ πνεῦμα를 성령으로 이해하여 "그는 성령을 건네주셨다"고 번역해야 한다는 주장도 있지만,[2] 여기서는 예수의 죽음을 표현하는 것이기 때문에, 이것은 "그[예수]의 영혼"이라고 보아야 할 것이다. 그렇다면 παρέδωκεν을 어떻게 번역해야 할 것인가가 남는다. 이 단어의 기본적인 뜻은 "건네주다, 넘겨주다"이다. 어떤 물질이나 힘을 다른 이에게 넘겨줄 때 이 단어는 흔히 사용된다. 요한복음에서 이 단어는 유다의 행동에도 쓰이고, 빌라도의 예수에 대한 행동에도 쓰이고, 유대인들이 예수를 빌라도에게 건네줄 때도 쓰인다(18:30, 35, 36; 19:16). 그렇다면 이것이 예수의 죽음에 대해서 쓰일 때는 어떤 뜻일까? 예수는 "자신의 영혼을 [하나님께] 돌려드렸다." 예수의 죽음을 표현할 때 마가는 예수가 마지막 숨을 쉬신 것으로 표현하는 반면(막 15:37), 마태와 누가와 요한은 예수께서 자신의 영혼을 내 놓은 신 것(마 27:50), 맡긴 것(눅 23:46), 혹은 건네 준 것(요)으로 표현하고 있다.

---

2) E. g., David Crump, "Who gets What?: God or Disciples, human spirit or Holy Spirit in John 19:30," *NovT* 51(2009), 78-89.

요한이 이러한 표현을 쓴 것은 요한복음 수난 사화에서 예수가 신적 메시아로 왕적 메시아로 모든 상황을 통제하고 있는 것과 무관하지 않다. 그는 죽음을 수동적으로 당한 것이 아니라 자신이 주관하여 모든 것이 이루어지자, 자신이 영혼을 하나님께 건네주신 것이다. 이것은 예수가 자신의 목숨을 기꺼이 주신 것을 의미한다. "숨을 거두셨다."(표준새번역), 혹은, "영혼이 돌아가시니라"(개역), 혹은 "영혼이 떠나가시니라"(개역개정)라는 번역은 모두 저자의 신학적 의도를 잘 반영하고 있지 못한 것이다. 이 구절은 죽음에 대한 완곡한 표현이기는 하지만 여기에 요한의 신학이 배어 있는 것이다. 왕적 메시아 혹은 신적 메시아의 입장에서 이 어구를 번역하면 이것이 좋을 것이다. "자신의 영혼을 [하나님께] 건네주셨다(혹은 위임하셨다)."

2) 다른 언어들로?(행 2:4)

사도행전 2:4에서 전통적인 번역에서 "방언"이라고 했던 것을 개역개정판에서는 "언어들"이라고 번역했다. 최근의 주요 번역 중에서 이러한 방식을 취해서 NRSV에서도 이것을 languages로 번역하고 있다. 물론, 비교적 최근의 다른 여러 번역본에서도 이러한 번역을 취하고 있기는 하다(N. E. B.; Philips Modern English; Today's English Version). 아마도 문구 그 자체보다도 상황적 일치를 표현하기 위해 이것을 방언이 아닌 "언어"로 표현 한 것 같다. 헬라어 문구로는 "방언"이지만 독자가 올바로 이해하기 하기 이해서는 이것이 실제 언어였다는 것을 말하는 것이 더 좋다는 것이다.

하지만, 이러한 번역은 누가가 이 어구(λαλεῖν ἑτέραις γλώσσαις)를 사용하여 하나의 일치된 방언론을 펼치고 있다는 것을 간과한 것이다. 누가는 "[다른] 방언을 말하다"라는 위 어구를 사도행전

2:4에서 처음으로 사용한 후에 10:46과 19:6에서 이것을 계속 사용해서 거기에서의 체험이 오순절에서의 예루살렘에서의 체험과 연결되어 있음을 보여주려 하고 있다. 여기에서는 이 어구가 외국어를 나타낸다는 뉘앙스가 전혀 없다. 누가는 오순절 방언 체험이 요엘의 예언의 성취로 보며, 그것을 말세의 하나님의 백성들의 표식으로 말하고 있다. 그런데 위와 같이 ἑτέραις γλώσσαις을 "다른 언어들로" 번역하면 누가가 의도한 그러한 연관성을 독자가 찾아내기 어렵게 된다.

또 다른 중요한 문제는 사도행전 2:4의 λαλεῖν ἑτέραις γλώσσαις가 반드시 실제 언어를 의미한다고 모든 학자들이 동의하는가 하는 것이다. 대다수 학자들이 이것을 실제 언어라고 보지만, 일부 학자들은 여기에서 기적은 말하는 사람 편에서 뿐만 아니라 듣는 사람에게서 일어난 기적이라고 한다.[3] 그래서 이것이 꼭 실제 외국어(xenolalia)를 가리킬 수도 있지만, 듣는 기적의 언어(akolalia)이 일어난 것이라고 볼 수도 있다. 그래서 이와 같이 논란이 되고 있는 구절에서 번역은 해석을 지나치게 해서는 안 되고, 여러 가지 해석의 가능성을 주석가들에게 넘기고, 번역 언어 자체를 그대로 놓아두어야 할 것이다.

3) 유익하게 하려 하심이라?(고전 12:7)

바울은 고린도전서 12-14장에서 성령의 은사에 대해서 말하면서, 그 은사가 현시되는 목적을 12:7에서 분명하게 밝힌다. 그것은 헬라어 문구로 표현하면 "πρὸς τὸ συμφέρον"이다. 이것을 개역개정판에서는 "유익하게 하려 하심이라"고 번역하고 있다. 물론 이렇게

---

3) Luke Timothy Johnson, *Religious Experience in Earliest Christianity* (Minneapolis: Fortress, 1998); M. Green, *Thirty Years That Changed the World: The Book of Acts for Today* (Leicester: IVP, 2002), 252-53.

번역된 것도 있지만(J. B.), 대부분의 현대 번역에서 이것은 "공동의 유익을 위함이다"라고 번역하고 있다. συμ이라는 접두어는 σύν이라는 전치사에서 온 것으로 "같이, 함께"라는 뜻이다. 그래서 συμφέρον은 단순한 선함이 아니라 공동의 선을 위해서 주어진 것이라고 번역되는 것이 맞다.

이것은 단순히 어원에 대한 분석에서만 그런 것이 아니다. 본문의 정황을 보면 고린도교회는 성령의 은사의 문제로 다툼이 생겼는데, 그 때 바울은 해결책으로 그 은사는 개별 신자 자신의 유익을 위한 것이 아니라 공동체의 유익을 위한 것이라고 제시했다. 그래서 본문에서 단순한 유익함, 혹은 선함이라고 번역하면 바울의 이러한 사상을 잘 담지 못하게 된다. 그래서 본문은 "공동의 유익을 위함이다" 혹은 "공동체의 유익을 위함이다"라고 번역해야 할 것이다.

3. 결론

위에서 나는 새로운 번역을 위한 지침 중 하나로 두 가지를 염두에 두어야 함을 제안했다. 첫째, 번역과 문화에 대한 문제로써, 어떤 번역은 문화를 전혀 염두에 두지 않아 독자가 번역을 그 언어 자체로만은 이해하지 못하게 되는 경우가 있는 반면, 어떤 경우에는 지나치게 문화화되어 본문 자체의 의미를 잃어버리게 되는 경우도 있다는 것을 보았다. 또, 번역의 기초 원칙 중 하나인, 본문을 저자의 사상과 연관해서 이해하는 것의 중요성을 몇 몇 구절들을 사례로 들었다. 앞으로 나올 번역에서는 여러 번역의 원칙들과 함께 내가 제시한 이 원칙들이 성서의 다양한 구절들에 적용되어 보다 향상된 번역이 나오기를 기대한다.

10. 유다복음 실체 해부

내셔날 지오그래픽 사에 의해서 2006년 부활절 어간에 유다복음이 원문인 콥트어에서 영어, 불어, 독일어로 번역되어 발표되었다. 그래서 저널리스트들 사이에서 열광적인 관심이 일어났다. 이 해에는 전 세계적으로 이른바 『다 빈치 코드』 열풍과 함께 유다복음 돌풍이 있었던 것이다.[1] 그런데 그 내용을 분석하기 위해서는 이 분야 전문가들의 기초적인 연구와 평가가 필요한데 그 문서의 번역에 참가하지 않은 학자들에게서 그러한 연구가 아직 제대로 이루어지지 않았다. 그러므로 일반인들이나 대중매체는 섣부른 판단에 앞서 앞으로 이루어질 전문가들의 연구에 귀 기울여야 한다.

전문가들의 기본적인 연구로 다음과 같은 것들이 밝혀져야 한다. 먼저, 과연 이것이 2세기에 이레니우스가 『이단을 반박함』이라는 책에서 말한 '그 유다복음'인 지가 먼저 밝혀져야 한다. 또 그것이 본래 같은 것이라고 할지라도 현존하지 않는 본래의 헬라어 판본과 지금의 콥트어 판본이 얼마나 일치하는지도 추정해야 한다. 또한 학문적인 연구를 위해서 이 본문이 콥트어에서 우리말로 직접 번역되어야 함은 물론이다. 이러한 작업이 이루어지지 않는 상태에서 그 내용과 신학에 대한 전문적인 학문적 토론은 시기상조

1) 본 장은 2006년 6월 8일에 있은 한남대학교 학제신학대학원 주최 신학 세미나에서 발표한 것을 보완·수정한 것이다.

다. 다만 대중 매체의 감성에 호소하는 보도로 이 문서의 성격에 대해서 궁금해 하는 일반 독자들을 위해 그 내용과 성격에 대한 소개는 필요하고 가능하다고 하겠다. 그래서 논자는 본 문서에 대한 소개의 차원에서 초보적인 연구를 하는 것이다.[2)]

『다빈치코드』는 기독교 기원을 소재로 한 댄 브라운(Dan Brown)의 추리 소설이며, 유다복음은 초기 교회에 있었던 영지주의 문서다. 두 문서 모두 기독교 기원에 대한 그 동안의 상식을 뒤집는 내용을 포함하고 있다. 전자는 소설, 즉 허구(fiction)인데 이것이 영화로도 만들어지면서 일반인들에게는 그 내용이 사실에 입각한 것으로 착각되기도 한다. 유다복음의 경우에는 현대에 어떤 사람이 만들어낸 소설도 아니고 고대 문서이며 복음서라는 장르의 책이기 때문에 사람들은 이것이 예수에 관한 그동안 알려지지 않았던 숨겨진 정보를 제공해 줄 것이라고 믿기 쉽다.

여기에 어떤 학자들은 초대 교회에서 사복음서가 살아남은 것은 그 내용이 사실에 입각해서라기보다는 당시 교권을 가지고 있던 이레니우스를 비롯한 초대 교부들의 신학에 부합해서라고 한다.[3)] 즉 초대 교회의 다양한 문서 중에서 어떤 복음서가 정경에 포함된 된 것은 그 내용의 진정성에 의해서가 아니라 교권에 의해서 그렇게 된 것이고, 교부들에 의해서 정죄되어 불태워졌다가 최근에 발견된 유다복음은 당시 파워게임에서 진 것일 뿐이라는 것이다. 그런데 그것이 과연 그러한가? 내셔널지오그래픽이 공개한 유다복음은 사복음서를 뒤집는 역사적 사실을 포함하고 있는가? 과연 복음서가 확정되기까지 우리가 몰랐던 어떤 계략이 있었던 것인가?

---

2) 본 장에서는 공표된 유다복음이 내셔널지오그래픽의 주장대로 이레니우스가 말한 바로 그 유다복음이라는 전제하여 논의를 전개할 것이다.

3) Cf. H. Koester, *Ancient Christian Gospels: Their History and Development* (London: SCM, 1990).

본 장은 위와 같은 질문들을 염두에 두면서 유다복음의 특징을 밝혀내고자 한다. 유다복음은 외경복음서, 영지주의 문서, 기독교 이단 문서라는 것이 밝혀질 것이다. 이러한 결론을 통해서 볼 때 유다복음은 현재 사복음서 내용을 뒤집을 만한 사실(史實)을 담지하고 있지 않다는 것이 밝혀질 것이며, 오히려 사복음서가 역사적 예수의 행적과 말씀에 대한 가장 중요하고 의미 있는 내용을 포함하고 있다는 것이 주장될 것이다.

1. 유다복음 개요

유다복음에 나타난 신학을 분석하기에 앞서 내용적 개요를 다음과 같이 정리할 수 있다.

1) 개론적 문제

1) 기록 언어: 콥트어(고대 이집트 어)
2) 기록 연대: 220-340년 사이로 추정된다(방사성 탄소 연대 측정 결과). 본래의 헬라어 판은 180년(이레니우스가 유다복음 언급) 이전에 기록되었다. 헬라어 판은 대략 130-170년경에 기록된 것으로 추정된다.
3) 저자: 위명 저작이며 저자 미상이다. 확실한 것은 가룟 유다는 절대 저자가 아니라는 것이다. 이레니우스에 기록으로 볼 때, 이 문서는 본래 영지주의 일파인 가인파에 의해서 기록된 것으로 추정된다.

2) 내용 개요

서막(머리말): 예수가 가룟 유다와 대화 가운데 나눈 비밀 계시
　예수의 지상사역
장면 1: 예수가 자기 제자들과 이야기하다: 감사기도 또는 성만찬
　제자들이 분노하다.

예수가 유다에게 내밀히 이야기하다.
장면 2: 예수가 제자들에게 재차 나타나다.
제자들이 성전을 보고, 이에 대해서 토론하다.
예수가 성전에 대한 환상을 비유적으로 해석하다.
유다가 예수에게 그 세대와 인간의 세대에 대해서 묻다.
장면 3: 유다가 환상을 이야기하고 예수가 응답하다.
유다가 자신의 운명에 대해서 묻다.
예수가 유다에게 우주론을 가르치다: 영과 스스로를 생성한 자
아다마스와 빛들
우주와 혼돈, 그리고 지하세계
인간 창조
유다가 아담과 인간의 운명에 대해서 묻다
예수가 유다 및 다른 사람들과 함께 악한 무리들의 멸망에 대해서 논하다.
예수가 세례 받은 자들과 유다의 배반에 대해서 말하다.
결론: 유다가 예수를 배반하다.
유다복음서

3) 인물 묘사

유다복음은 정경복음과는 달리 인물을 다음과 같이 묘사한다.

1) 유다: 유다복음에 나오는 가룟 유다는 예수의 유일한 애제자다. 그는 예수의 말을 깨닫는 유일한 제자요, 예수의 본질을 알고 있는 유일한 제자이며, 행동에 있어 모델 제자로 그려지고 있다. 여기에서 유다는 "13번째"라고 지칭되는데 그것은 유다가 12제자를 능가하는 새로운 인물이라는 것이다. 심지어 예수가 유다를 배반한 것도 예수의 은밀한 지시에 의한 것임을 유다서는 암시한다. "그러나 너는 그들 모두를 능가할 것이다. 왜냐하면 너는 나를 옷 입고 있는 그 사람을 제물로 바칠 것이기 때문이다."
2) 예수: 유다복음에 나오는 예수는 세상을 위해서 목숨을 버린 구세주

가 아니라 비밀스런 계시를 가르치는 교사일 뿐이다. 예수의 죽음도 어떤 대속적 의미가 있다기보다는 죽음은 예수가 육체로부터 해방되는 것이다. 그래서 죽음은 결코 슬픔이 아니다. 구원은 예수의 죽음과 희생을 통해서가 아니라 비밀스런 계시를 깨닫는 것에서 발생한다. 예수는 성육신 한 것이 아니라 인간의 모습으로 '나타난' 것이다. 구원은 이 세계를 벗어나는 것이기 때문에 예수의 부활은 없다.
3) 구약의 하나님: 유다복음에서도 다른 영지주의 문서에서처럼 구약의 여호와 하나님은 저급한 신으로 묘사된다. 제자들이 성만찬을 할 때 예수가 [비]웃으면서 제자들이 믿는 신을 자신의 신과는 다른 "너희 신"이라고 한다.
4) 12제자들: 유다복음에서 12 제자 무리는 예수의 말씀을 깨닫지 못하는 인물들이며 가롯 유다를 핍박하는 사람들이다.

2. 유다복음의 성격

그렇다면 유다복음은 어떤 성격의 문서인가? 그 동안 유다복음에 대해서는 이번에 내셔날 지오그래픽 사와 연관하여 연구에 참여한 일부 학자들처럼 역사적 예수의 이야기를 새로 써야 되는 혁명적인 문서로 보는 사람도 있지만 대다수의 학자들은 이러한 판단을 부정적으로 보거나 판단을 유보하고 있다. 차정식은 그 역사성은 의심되지만 유다복음서가 발생한 사회 심리적 층위를 분석해 보면 반면교사로의 역할은 있다는 것으로 유다복음 자체의 문제가 아니라 유다복음 돌풍 사건을 통해서 우리 교회가 배워야 할 점이 무엇인가를 찾아내자고 제안하기도 한다.[4]

본 장에서는 앞으로 전문적인 학자들에 의해서 유다복음을 본격적으로 깊이 학문적으로 천착하기에 앞서 유다복음은 기본적으로 다음과 같은 성격의 문서임을 밝혀내고자 한다.

---

4) 차정식, "가롯 유다와 '유다복음'의 진실," 『현대종교』(2006/6), 57-65.

1) 외경 복음서

유다복음은 무엇보다도 여러 외경 복음서 중 하나이다. 구약 외경은 신구약 중간 시대에 기록된 작품들로서 내용은 건전하지만 정경에 포함되지 못한 문서들이다. 가톨릭교회에서는 이것을 '제 2의 정경'이라고 부른다. 구약 외경은 공동번역 가톨릭 판에 성서로 포함되어 있다. 신약 외경은 이와는 전혀 다른 성격의 문서들이다. 신약 외경은 복음서, 행전, 묵시록 등이 있는데 대부분 사도들이나 유명인의 이름으로 되어 있으나 위명작품으로 기본적으로 역사적 사실(史實)을 기초로 하고 있지 않다. 신약 외경은 사도나 혹은 그의 영향을 받은 어떤 사람들에 의해서도 쓰이지 않았다. 외경 복음서는 독자의 흥미를 자극하게 위해 혹은 자신이 믿는 관점을 부각시키기 위해 대개 허구적인 내용으로 구성되어 있다.[5)]

유다복음은 신약 외경 복음서 중 하나이다. 그래서 위의 외경적 특징을 다 가지고 있다. 크레이그 에반스는 유다복음은 "단지 무의미한 소설일 뿐이다", "유다복음에는 역사적으로 신뢰한 만한 내용은 하나도 없습니다"[6)]라고 말한다. 유다복음도 예수의 말씀과 행적을 균형 있게 소개하기 보다는 자신들의 이데올로기를 전하기 위한 기록이기 때문에, 주로 예수의 어록만 기록한다. 여기에는 예수의 죽음과 부활에 대한 기록도 나오지 않는다. 물론 예수 승천 후에 성령 강림을 통해 교회가 설립될 것이라는 보도도 없다.

복음서 중에서 정경과 외경을 가른 것은 정치나 음모에 의해서가 아니라 내용과 영감에 의해서였다. 정경은 2세기 교회의 주도권 싸움에서 승리한 자들의 문서이고, 외경은 패배한 자들의 문서

---

5) 신약 외경 자체에 대해서는 Wilhelm Schneemelcher (ed.), *New Testament Apocrypha* (2 vols.; Louisville: Westminster, 1991 and 1992)를 보라.

6) 『내셔날 지오그래픽 한국판』 (2006년 5월), 51에서 재인용.

인가? 내셔날 지오그래픽 사는 이런 관점으로 유다복음을 소개하고 있다. 유다복음은 2세기에 예수에 대한 관점이 얼마나 다양했는가 하는 스펙트럼을 보여주고 있다는 것이다. 그러나 이 말은 사실이 아니다. 2세기 중후반에 이르러서는 정경 복음서가 이미 예수의 말과 행적을 기술한 올바른 복음서로 확실히 자리 잡고 있었으며, 외경 복음서는 그러한 정통의 기독교에 대한 심리적 반발로서 나타났다가 곧 사라진 복음서들이다. 그래서 정통 교회 안에서 복음서들이 서로 경쟁적으로 읽히면서 특정한 복음서들만 살아남았다는 것은 사실이 아니다. 정통 교회에서는 이미 정경 복음서가 자리 잡고 있었고, 이단 집단들에서 그것에 대한 반작용으로 외경 복음서들을 태동시킨 것이다. 외경 복음서 중 그 어느 것도 정경 복음서와 동시대 혹은 앞선 것이 없다는 것, 또 외경은 정경의 내용을 전제로 하고 있다는 것이 그 증거일 것이다. 정경복음서들은 그 내용과 영감에 의해 자연스럽게 신자들에게 인정되었고, 그것을 교부들 혹은 교회들이 추인한 것뿐이다.

또한 정경 복음서(사복음서)만이 예수의 생애와 가르침을 역사적으로 진실하고 올바른 관점으로 기술하고 있다. 사복음서가 정경화 되는 과정에서 마르시온은 누가복음만을 인정하려 했고, 타티안은 사복음서를 합해 단권으로 만든 디아테사론(=네 기사를 통하여)을 내 놓았다. 하지만 정통 교회에서는 사복음서만이 정경으로 채택했다. 이레니우스는 복음서가 반드시 네 개가 되어야 한다고 강변한다. 그에 의하면 복음서가 네 개가 되어야 하는 이유는 기본 방향이 동서남북 네 방향이며, 계시록의 네 마리 짐승은 사복음서를 의미하고, 하나님이 인간과 맺은 언약은 노아, 아브라함, 모세, 그리스도와 맺은 네 가지이기 때문이라고 한다. 물론 이런 주장이 상당히 인위적이기는 하지만 이것은 초기 교회에서 사복음서가 예수의 생애와 가르침을 기록한 받아들일만한 복음서들로 확고히 자리 잡고 있었음을 보여준다.

그렇다면 사복음서에는 어떤 공통점이 있는가? 첫째, 사복음서는 예수의 생애를 기록하면서 모두 예수의 십자가와 부활에 초점을 맞춘다. 사복음서 모두는 예수의 죽음이 인간의 죄를 용서하기 위한 것이라는데 공통점이 있다(마 26:28; 막 10:45; 요 19:14). 그래서 예수의 수난이 예수 사역의 정점이다. 그런데 외경 복음서에는 예수의 수난이 전혀 나와 있지 않은 것도 있다(예, 도마복음). 둘째, 외경복음서에는 사람들의 호기심을 자극하는 것이 많은 반면, 사복음서는 그리스도의 구속사적 행위와 가르침에 그 초점이 있다. 외경 복음서 중에는 예수의 어린 시절 이야기가 있는데 여기에는 예수를 신동 겸 악동으로 그리고 있다. 특히 빌립복음서에는 예수와 마리아가 청춘남녀로서 사랑했다는 주장의 단초가 될 수 있는 구절이 있다. 사복음서에는 예수가 12살 때 부모와 함께 성전에 올라간 기사 이외에 어린 시절이나 청년시절에 대한 흥미로운 묘사는 전혀 없다. 셋째, 사복음서는 예수의 가르침과 행동을 균형 있게 다룬다. 외경 복음서는 예수의 탄생만 기록한 것(예, 도마의 유아복음), 가르침만 기록한 것(예, 도마복음), 혹은 수난 기사만 있는 것(예, 베드로복음) 등이 있지만 사복음서는 그 초점은 수난에 있지만 예수의 가르침과 행적을 균형 있게 다루고 있다. 넷째, 사복음서는 사도 혹은 그에 준하는 저자가 자신의 이름을 드러내지 않기 위해 저자를 밝히지 않는데 반해, 외경복음서는 비 정통 신앙을 가진 저자들이 오히려 자신들의 정통성을 입증하기 위해서 사도나 유명인사의 이름을 복음서 저자로 쓰는 위명 저작들이다.

2) 영지주의 복음서

다음으로 유다복음은 외경복음서 중에서도 사상적으로 영지주의 복음서라고 할 수 있다. 먼저, 영지주의 세계관을 보면 현 물질세계는 불완전한 신에 의해서 창조되었다고 한다(그러므로 구약의 야훼 신은 저급한 신이며 그리스도의 아버지가 아니다).[7] 그래서 사람은 이 세계를 벗어나야 한다. 진리는 이 세상 밖에 있는데 그것을 깨닫는 비밀스런 지식이 바로 '그노시스'(영지; 득도; 깨달음)다. 구원이란 이것을 깨달아 악한 물질세계를 벗어나 선한 영적 왕국에 들어가는 것이다. 이 세계관에 따르면 우리의 마음속에 있는 신성한 빛으로 영지에 도달할 수 있다. 그런데 그것을 깨닫기 위해서는 인간은 도움이 필요한데 예수가 바로 물질세계 너머에 있는 진리를 깨닫는 데 도움을 줄 수 있는 분이다. 예수는 태어난 것이 아니라 영적인 세계에 있다가 이 세계에 나타난 것이다(가현설). 그런데 예수는 그 깨달음을 모든 사람에게 준 것이 아니라 특정한 사람들에게 계시해 준다.

유다복음 이외에도 영지주의 복음서가 많이 있다. 그 동안은 이단으로 정죄되어 교부들에 의해서 그 내용의 요약만 전해지다가 이집트에서 1945년 발견된 나그함마디 도서(Nag Hammadi Library)가 발견되면서 그 실체가 드러났다.[8] 이 중 도마복음, 빌립복음, 진리복음 등이 잘 알려져 있는 것들이다. 이 중에서 도마복음이 가장 유명한데, 예수의 제자 도마의 이름을 빌려 예수의 어록 114개를 기록하고 있다. 이 복음서들은 예수의 행적은 없고 예수의 어록으로만 구성됐다는 특징이 있다. 또 비밀스런 계시에 의한 영적 깨달음과 예수의 가현을 말하고 있다.

유다복음은 전형적인 영지주의 복음서이다. 위에서 언급한 영지주의의 특성을 그대로 갖고 있다. 첫째, 유다는 선택받은 득도한

---

7) 영지주의에 대해서는 다음의 책들을 보라. Elaine Pagels, 『영지주의 신학』 (서울: 한국로고스연구원, 1997); Pheme Perkins, *Gnosticism and the New Testament* (Minneapolis: Fortress, 1993).

8) 이 문서들을 영역해서 집대성한 책으로는 James M. Robinson (ed.), *The Nag Hammadi Library in English* (San Francisco: Harper, 1990)을 보라.

인물이다. 둘째, 예수는 여러 가지 몸으로 나타난다(어린이 몸을 포함해서). 셋째, 예수의 구속사적 행위(십자가와 부활과 승천)가 구원을 위해서 효과가 있는 것이 아니라 예수의 계시의 깨달음이 그 효과를 발한다.

이레니우스에 의하면 유다복음은 영지주의 중에서도 가인파의 작품이다. 가인파는 영지주의 일파로서 형제 아벨을 살인한 가인의 명예를 회복시키려고 했다. 이들은 다른 영지주의자들처럼 구약의 신을 저급한 신으로 보았으며 가인을 그 신에 의한 최초의 피해자로 보았다. 이들은 구약의 인물 중 에서, 고라, 소돔 인들을 숭상했고, 이런 맥락에서 모든 신약 문서에서 정죄하는 가룟 유다의 명예도 회복시키려고 했던 것 같다.

유다복음은 또한 셋(Seth) 족속의 영지주의 작품이다. 구약에 나오는 셋이라는 인물을 새로운 깨달음을 가진 인간의 시작으로 본다. 유다복음도 셋이 등장하는 셋 족속의 영지주의의 작품이다. 여기에는 가인에 대한 언급이 많이 나온다. 특히, 유다의 언급 - "당신은 불명의 바벨로 왕국에서 왔습니다."-은 바로 셋 족속 영지주의의 전형적 특징이다. 이러한 본문에서는 천상의 세계를 이 세계와 나누고 거기에서 어머니의 역할을 하는 바벨로를 말한다. 유다복음에는 바벨로가 한 번 밖에 나오지 않지만, 이 용어는 셋 족속의 다른 영지주의 문헌에서는 자주 나오는 단어이다.

3) 이단 문서

유다복음은 기독교 이단 문서이다. 유다복음 번역에 참여한 학자들처럼 유다복음은 2세기 교회의 다양한 목소리 중의 하나를 보여주는 것이라고 주장하는 학자들도 있지만(Marvin Meyer 외)[9] 고

---

9) Cf. R. Kasser, et al., *The Gospel of Judas* (Washington: National Geographic

대 학자들로부터 현대 학자들에 이르기까지 유다복음은 여러 학자들에 의해 이단 사상의 문서로 평가되고 있다. 대표적으로 이레니우스는 유다복음을 가인파에 속한 영지주의 이단으로 여긴다.

> 또 다른 집단은 가인이 가장 높은 신으로부터 그의 존재를 부여받았으며, 에서, 고라, 소돔 사람들 같은 인물들이 그들과 관계되어 있다고 시인한다. 여기에 덧붙여서 그들은 그와 같은 인물들이 창조의 신(구약의 하나님-역자 주)으로부터 공격을 받았으나 그들 중 아무도 부상을 당하지 않았다고 말한다. 왜냐하면 소피아(구약의 하나님보다 높은 여신)가 그녀에게 속한 자들을 그들에게서 빼앗아서 그녀에게로 데려가고는 했기 때문이다. 그 집단에 속한 자들은 배신자(가룟) 유다가 그런 것들을 잘 알고 있었으며, 다른 사람들은 알지 못했던 그러한 진리를 그만이 알고 있었기에 배신의 신비를 수행했던 것이라고 주장한다; 그에 의해서 땅 위에서나 하늘 위에서의 모든 일들이 혼돈 가운데 던져졌다. 그들은 이런 종류의 거짓된 역사를 만들고, 소위 <유다 복음>을 지어내었다. [이단에 대항하여 I. 31.1][10]

유다복음은 예수의 구속사적 생애를 받아들이지 않으며, 구약의 하나님을 거부하고, 기독교적 윤리의 부재 등 그 사상이 전형적으로 이단적인 문서이다.

3. 결론과 의의

위에서 우리는 유다복음의 성격을 신학적으로 규명했다. 유다복음서는 외경 복음서로서 영지주의적 성격의 것으로서 신학적으로

Society, 2006); 김용옥, 『기독교성서의 이해』 (서울: 통나무, 2007).

10) 강성모, 『유다복음, 그 허구성을 밝힌다』 (서울: 나눔사, 2006), 42-43에서 재인용.

는 이단적인 문서라고 할 수 있다.

우리가 유다복음 문제를 학문적 문제 이외의 것도 살펴야 하는 이유는 유다복음 공개에는 상업적 목적이 깊이 배어 있기 때문이다. 첫째, 유다복음 발견에서 출판에 이르기까지의 과정을 보면 여기에 상업적인 의도가 깊이 배어 있음을 알 수 있다. 이집트 가난한 농부들이 발견하여 이집트 골동품 시장에 나와 해나 아사빌(스위스 은행 금고, 미국 은행 금고)에 의해 간수되다가 프리다 차코스(예일대학 박물관; 브루스 페리니)의 소유로 넘어가고 후에 스위스 메세나 재단과 내셔날 지오그래픽 사에게, 최후로는 이집트 곱트 박물관에 이르는 과정이 모두 상업적인 의도로 이루였다는 것은 잘 알려진 사실이다.[11)]

또 이것이 성금요일에 공개된 것에도 상업적 의도가 배어 있다는 것은 너무도 분명해 보인다. 종교적 관심사가 극도에 달해 있을 때 이 문제를 터뜨려 사람들의 관심을 불러 일으켜 결국 돈을 벌려는 것이다. 차코스는 불법적으로 유출된 고문서를 팔 수 없게 되자 출판권을 내셔날 지오그래픽에 팔고 그 문서를 이집트로 돌려주는 고도의 상술을 발휘한다. 한 가지 더하자면, 포스트모던 시대에 절대적인 것을 부인하려는 사조로 신약성서에서 묘사하고 있는 구속사적 예수 부활 이해를 왜곡하려는 의도도 있지 않았을까?

앞으로 이 분야의 전문가들에 의해서 서론에서 말한 기본적인 연구가 이루어져 그 이후에 유다복음에 대한 활발한 학문적 토론이 있기를 기대하며, 본 논문은 그러한 깊은 학문적 토론에 앞서 유다복음에 대한 개론적 소개의 역할을 하기를 소망한다.

---

11) Cf. 『내셔날 지오그래픽 한글판』 (2006년 5월) 52-55; 강성모, 『유다복음, 그 허구성을 밝힌다』, 1장: <유다복음> 사본이 공개되기까지.

11. 한국 신약학의 현황과 미래

한국에 복음이 전파되면서 자연스럽게 성서 연구는 시작되었지만 국내에서 신약학이 학문으로서 본격적으로 발전되기 시작한 것은 한국신약학회가 결성되면서부터라고 보아야 할 것이다. 1961년 당시 11명으로 출발했던 한국신약학회는 46년이 지난 현재 학 회원 수가 20배 이상 늘었을 뿐만 아니라, 학자들이 쏟아내는 논문과 연구도서의 양에 있어서도 괄목할 만하게 증대되었다. 한국기독교학회 연합체에 관계된 여러 신학 관련 학회 중에서도 한국신약학회는 그 회원 수, 연중 학회지 발행 횟수(4회), 학회원의 논문 산출량 면에서 어느 학회에도 뒤지지 않는다. 그렇다면 한국 신약학은 지금 세계 신약학 안에서 어떤 위치에 있는가? 한국 신약학의 현주소는 무엇인가? 미래의 발전 가능성과 세계 학회의 공헌은 어느 정도 할 수 있을 것인가?

본 장의 목적은 바로 한국 신약학의 현주소를 객관적으로 파악해 내고, 미래의 발전을 위한 제안을 하는 데 있다. 이러한 과제를 가지고 씨름한 논문이 이미 여러 편 출판되었다.[1] 김득중의 '1970

1) 그 동안 세계 신약학의 역사와 조류를 소개하는 논문은 많이 있었다. 문상희, "신약학의 동향," 『신학논단』 5(1959), 87-113; 김용옥, "신약학의 최근 동향," 『신학사상』 13(1976), 219-40; 강요섭, "신약성서 해석

년대 신약신학'이라는 논문은 제목 그대로 1970년대 한국 신약학 연구 현황을 개괄하고 평가하여 미래적 과제를 제안한 것이다. 이 논문은 1970년대에 주로 활동한 신약학자들이 어떤 이들이었으며 이들이 주로 어떤 주제의 논문을 썼는지를 잘 보여주고 있을 뿐만 아니라, 당시에 연구 주제로 잘 다루어지지 않은 것들까지도 잘 지적해주고 있다.[2] 흥미로운 것은 1980년대 한국 신약학을 포함하여 그 이전까지의 한국 신약학을 정리하고 평가한 논문이 거의 나오지 않았다는 것이다. 다만 이때는 주로 역사비평적 해석 방법에 관한 찬반 논쟁을 정리하는 논문이 주류를 이뤘다.[3] 김득중의 논문이 나온 지 20년 후인 2000년대에 들어서서 여러 사람들에 의해서 한국 신약학을 새롭게 정리하는 시도들이 계속되었다. 박수암은 '20세기 한국 신약학의 회고와 전망'이라는 논문에서 20세기 세계 신약학의 흐름 속에 한국 신약학을 위치시켜 한국 신약학의 역사를 3기(1900-1950년대, 60-70년대, 80년대-90년대)로 구분하고, 이어서 21세기에 한국 신약학의 나아갈 방향을 제시하고 있다.[4] 유승원은 『신학 연구 50년』이라는 책의 신약 분야 논문에서 한국

의 동향," 『신학사상』 35(1981년 가을), 784-801; 김창락, "최신 신약신학의 동향," 『기독교사상』 331(1986년 7월), 30-37; 성종현, "신약학의 어제와 오늘," 『목회와 신학』 33(1992년 3월), 49-55; 조태연, "'학자들이 나를 누구라 하더냐?': 신약학 논의의 최신 동향," 『신학사상』 94(1996년 가을), 161-84; 심상법, "복음주의 신약연구의 동향," 『성경과 신학』 21(1997), 37-70.

2) 김득중, "1970년대 신약신학," 『신학사상』 36(1982년 봄), 37-57.

3) 박수암, "역사비평법의 가능성과 문제점," 『장신논단』 2(1986), 23-36; 성종현, "크리스챤과 성서해석," 『장신논단』 2(1986), 7-22; 김득중, "역사비평 이전과 이후의 성서해석," 『신학과 세계』 21(1990년 가을), 45-68; 김창락, "20세기 후반기의 신약신학," 『신학연구』 36(1995), 51-90.

4) 박수암, "20세기 한국 신약학의 회고와 전망," 『한국기독교신학논총』 22(2001), 119-42; cf. 박수암, "장신대 신약학의 어제와 오늘과 내일," 『교회와 신학』 40(2001년 봄), 32-43.

신약학 역사를 보다 세분하여 역사비평 이전의 시대(-1945년), 비평적 성서연구의 발아와 논쟁시대(1945-1960), 신약학회의 출범과 발전 시대(1960년대), 한국교회의 급성장과 신약학자들의 고민 시대(1970년대), 세계의 신약학사와 연계된 시대(1980-현재)로 구분하고, 마지막 부분의 논문들을 주제별로 개관하고 평가하고 있다.[5)]

본 장은 위 논문들과 같이 최근 한국 신약학 논문과 연구서들을 개관하고 평가하는 데 초점을 맞추지 않을 것이다. 오히려 본 논문이 주목하려고 하는 바는 한국 신약학의 물리적 현주소이다. 이를 테면, 한국 신약자의 총수와 질은 어느 정도인지, 한국 신약학이 얼마나 국제화되었는지, 학문적 교류와 비판적 대화는 학자들 사이에서 잘 이루어지고 있는지, 한국적 신약학은 형성되어 가고 있는지, 외부 세계에 대한 영향력은 어느 정도인지 등에 관한 것이다. 그래서 본 장은 신약학자들의 물리적 현황과 논문 출판을 통한 학술 활동 등을 분석해서 한국 신약학의 미래를 예측해 보고자 하는 것이다. 특히 한국 신약학자들이 최근 10년간 신약학 전문 저널에 낸 논문을 주제별로 통계를 내고, 이를 분석하여 한국 신약학의 현주소와 바람직한 미래의 연구 방향을 제시해 보고자 한다. 본 논문은 이러한 분석의 결과 한국 신약학은 현재 여러 면에서 긍정적으로 성장해 가고 있음을 보여줄 것이다. 이어서 한국 신약학계가 당면한 도전과 과제를 통해 미래 한국 신약학이 나아가야 할 바람직한 방향도 제시하고자 한다.

---

5) 유승원, 『신학 연구 50년』. 한국문화원(편), (서울: 혜안, 2003), 93-138; 이러한 종류의 글들로서 신약 각 분야별로 한국 신약학을 리뷰한 글로는 조태연(공관복음 연구), 유승원(바울연구), 김동수(요한문헌 연구), 송순열(한국 신약성서 연구의 흐름과 전망)을 보라. 김경희 외, 『신약성서개론: 한국인을 위한 최신 연구』 (서울: 대한기독교서회, 2002).

2. 한국 신약학의 현황

1) 학자의 총계와 우수성

어떤 분야의 학문이 얼마나 발전했는가는 그 학문 분야에 종사하는 학자의 총 수와 그 질을 보면 알 수 있다. 자연 과학과 사회과학의 경우 관련 분야에서 세계적으로 인정되는 학술지에 몇 편의 논문을 냈고, 그 논문의 피인용도는 얼마나 되는지를 분석해 보면, 그 학자의 질과 그 분야 학문의 발전도를 어렵지 않게 가늠해 볼 수 있다. 하지만 인문과학, 그것도 신학의 경우에는 우리 학자들이 주로 한글로 자신의 논문을 쓰기 때문에 외부 세계로부터 평가받을 수 있는 객관적인 잣대가 분명하지 않다. 하지만 학자의 총수와 그들이 훈련받은 학교들과 활동상황을 통해 그 질을 어느 정도는 평가할 수 있다.

한국 신약학의 현황에 있어서 가장 중요한 것은 신약학자의 총수를 파악하는 것이다. 이것은 한국 신약학의 현주소를 파악하는 데 있어서 가장 기본적인 데이터임에도 불구하고 지금까지 어느 누구도 한국 신약학을 분석하면서 그 정확한 숫자를 파악해 보려고 하지 않았다. 숫자를 파악하려고 할 때, 우선 한국 신약 학자를 어떻게 정의할 것이냐의 문제가 생긴다. 신학대학에서 신약학을 교수하고 있는 사람으로만 볼 것이냐, 아니면 박사과정 학생을 포함해서 신약학에 관심이 있는 신약학회 회원으로 볼 것이냐 등의 문제이다. 본 논문에서는 한국인으로 신약학으로 박사 학위를 받은 사람이거나, 대학에서 신약학을 교수하는 사람을 신약학자로 볼 것이다. 그래서 가장 유용한 자료는 한국신학대학협의회(KAATS) 회원 명부에서 신약학 전공 교수를 찾는 것이다. 하지만 이것으로는 부족하다. 여기에 가입하지 않은 신학대학(원)에 속한 신약학자가 많을 뿐 아니라 신약학 전임 교수로 일하고 있지 않는 신약학자가 많기 때문이다. 다음으로 유용한 자료는 한국신약학회와 복음주의 신약학회의 회원 명부를 통해서 파악하는 것이다. 그런데 최근에 학위를 받은 사람 중 어디에도 명단이 없는 경우도 있다. 이것은 개인적으로 파악해보는 수밖에 없다. 한국신약학회 최근 주소록(www.ntsk.org)과 한국복음주의신약학회 학회지인 신약연구 최근호(제5권, 2006년)의 회원 명부와 전국신학대학협의회(KATTS)에서 발행한 『한국신학교육기관 자료집 2006/2007』의 자료에 근거해서 판단해 보면 현재 한국에서 신약학자로 활동하고 있는 사람은 최소 200명, 최대 230명 정도라고 할 수 있다.[6] 한국신약학회 회원 명단(학생이 아닌 학자들의 명단)은 현재 180명이고, 한국복음주의 신약학회 회원명단(박사 과정 학생 회원 포함 전 회원 명단)은 130명이며, KAATS에 소속된 신약학자 명단은 82명이다. 한국신약학회와 복음주의신약학회 명단에는 중복된 명단이 많고, KAATS 소속 학자 중 위의 어떤 학회에도 소속되지 않는 학자들도 있고, 복음주의신약학회에는 순수 신약학자가 아닌 사람도 있기 때문에 이 모든 것을 검사하여 중복된 인원을 뺀 결과 현재 한국에서 활동하고 있는 순수 신약학자는 교수(강사포함) 184명(은퇴 교수 9명 포함), 목회자와 기관사역 종사자 18명 등 총 202명 이었다. 여기에 이 자료로도 파악되지 않은 인원도 있고, 또 최근 국내에서 신약학으로 학위를 받은 학자들 중 목회에 전념하는 학자들도 상당수 있는 것으로 파악됨으로 이들을 포함할 경우 230명 정도 되는 것으로 보인다.

그렇다면 현재 한국에서 신약학자들은 주로 어떤 활동을 하고 있는가? 한국에서 전문적인 연구 분야로서 학회로서 한국신약학회

6) 전국신학대학협의회(편), 『한국신학교육자료집 2006/2007』 (부천: 서울신대, 2005).

가 발족된 것은 1961년이고, 이 때 창립총회에 참석한 인원은 11명이었다.[7] 그러던 것이 2007년 현재 국내외에서 활동하고 있는 신약학자의 수는 200명이 넘는다. 해외 신학대학(원)에서 신약학을 가르치는 사람들로는 김찬희(Clareomnt), 김세윤(Fuller), 양승혜, 박응천(GTU)이 잘 알려져 있고 최근 영미 신학 대학에서 일하는 여러 신진학자들이 많이 있다. 또 신약학으로 박사 학위를 받고 신약학자로서 활동하다 대형 교회에서 활동하는 전문 목회자 경우도 신학의 다른 어떤 분야보다도 많은 편이다. 이종윤(서울교회), 김지철(소망교회), 오덕호(광주서석교회), 권성수(대구동산교회), 유승원(홰잇빌한인장로교회)이 대표적인 이들이다. 또 신약학을 전공하고 교회 지도자의 길을 가는 학자들도 있는데, 박성민(한국 C.C.C. 대표), 김정주(연세대 용재 특임 교수) 등이 있다. 또 대학 교목으로 활동하고 있는 학자들(구제홍<명지대>, 송영목<고신대>, 김판임<세종대>)도 있다. 그 외 대다수의 학자들은 현재 한국의 신학대학(원) 혹은 일반대학의 신학과, 기독교학과 등에서 신약학을 교수하고 있다. 총 200여명의 신약학자 중 논자가 조사한 결과 현재 KAATS 소속 대학에서 전임 교수로 활동하고 있는 신약학자는 82명이고, 그 외 신학대학(원)에 소속된 전임 교수는 총 47명이다.[8] 그래서 한국에서 정규(신학) 대학 혹은 대학원에서 가르치고 있는 교수는 약 130명 정도이며 목회와 기관 사역에 전념하고 있는 학자들이 15명 정도 된다.

학자들의 질을 평가하는 데 있어 중요한 자료 중의 하나는 다양

---

7) 한국 신약학회 홈 페이지(http://www.ntsk.org) 참조

8) 이 숫자는 정확한 것은 아니다. KAATS 이외의 대학에 종사하고 있는 교수들은 한국신약학회와 복음주의신약학회 주소록을 통해서 파악한 것이기 때문에 이 학회들에 소속되지 않은 사람은 숫자에 포함되지 않았다. 하지만 양 학회 어디에도 회원이 아닌 교수들은 소수일 것으로 생각된다.

성이 될 수 있다. 어떤 학문 분야가 국내에서 생산된 학자들이 주류를 차지하고 있다든가 아니면 한 조류나 국가에 치우쳐 있다면 그것은 건강한 학회의 지표가 될 수 없다. KAATS 인명부에 있는 정보를 통해서 현재 이 협회 소속 대학(신학대학 교수의 70% 정도)에 있는 신약학자의 최종학위 대학에 관한 통계는 정확히 낼 수 있다. KAATS 소속 교수들의 최종학위 출신 분포로는 총 82명 중 미국(카나다 포함) 34명, 독일(프랑스 포함) 17명, 한국 15명, 영국 12명, 기타 국가 4명이다. 이것은 한국신약학회 순수 학자 회원 180명 중 출신별로 미국 42명, 독일 35명, 영국 30명, 기타 국가 4명, 한국 34명, 불분명 27명임을 볼 때, 실제로 KAATS 소속 대학의 교수로 임용된 학자로는 해외에서 박사 학위를 받은 사람이, 그것도 미국에서 박사 학위를 받은 사람이 많음을 알 수 있다. 특기할 만한 것은 1980년대까지만 해도 미국과 독일에서 공부한 학자들이 주류를 이루었었다면, 최근에는 미국, 독일, 영국, 아프리카, 한국 등 학자들의 최종학위 취득 국가가 다양해졌다는 것이다. 이것은 한국 신약학이 세계와 소통하고 있다는 지표가 된다.

또 한국 신약학의 미래를 점쳐 보기 위해서는 미래를 짊어지고 나갈 신진 학자가 얼마나 있는지를 알보고는 것이 중요하다. 한국의 신약학자 중 박사 학위를 받은 년도는 정확히 통계는 낼 수 없었지만 한국신약학회 소속 180명의 학자들을 필자가 아는 범위에서 조사한 결과 1990년 이전에 박사 학위를 받은 사람이 23명, 1990년대에 58명, 2000년 이후에 73명이 학위를 받은 것으로 조사되었다. 나머지 26명은 박사 학위 과정 중이거나 현재 확인할 수 없는 경우이다. 1990년 이전에 학위를 받고 활동하는 학자들을 원로로, 1990년대에 학위를 받고 활동한 사람들을 중진으로, 2000년대에 학위를 받고 활동하는 학자들을 신진 학자로 분류한다면, 그 수로 보아 앞으로 신진 학자들의 활동이 매우 왕성하게 되리라고 본다. 2000년에 들어와서는 매년 평균 10명 정도의 학자가 신진 학자로서 새로이 한국 신약학 발전을 위해 활동하고 있음을 알 수 있다.

활동하고 있는 순수 학자의 수가 200명이 넘는다는 것은 한국의 신학 계통 학회 중에서 신약학회가 가장 많은 학자를 보유하고 있는 학회중 하나라는 것을 말해준다. 또 세계적으로 보더라도 한국은 미국, 독일, 영국과 함께 아마도 가장 많은 신약학자를 보유한 나라가 될 것이다. 흔히들 질(quality)은 양(quality)에서 나온다고 하는데 이것은 학문 세계에서도 어느 정도 적용될 수 있다. 현재 우리나라에 이 정도로 신약학자가의 수가 있고 이 추세대로 간다면 한국에서 수 년 내에 300명이 넘는 신약학자가 활동하게 될 것이다. 이 정도의 학자 군이 생기면 학자들 사이에 전문화가 이루어질 수 있고 한국 신약학이 세계 신약학에 공헌할 수 있는 중요한 토대가 될 수 있을 것이다.

2) 논문의 다양성과 우수성

한국 신약학은 최근 10년간 많은 연구가 이루어졌다. 학자들이 대학에서 가르치는 것을 넘어 전문 분야의 연구에 집중하게 되고, 학자의 수가 늘어나면서 연구 논문의 수는 매년 기하급수적으로 증가하고 있다. 본 논문은 이 기간에 쓰인 중요한 연구 서적이나 논문을 정리하고 평가하는 것이 아니기 때문에 이 기간 안에 쓰인 논문의 통계에 집중할 것이다. 1990년대 초까지 학자들은 자기가 속한 교파나 대학이 발행하는 학술지나 초교파적 학술지인 기독교사상, 신학사상, 성경과 신학(한국복음주의신학회 학회지) 등에 논문을 게재하였다.

그러던 것이 지난 10년간 신학 전문 학술지의 등장으로 학자들은 한국기독교신학논총, 신약논단, 신약연구, 신약신학저널 등에 논문을 많이 게재되었다. 한국기독교 논총에는 16집(1999년 10월)-40집(2005년 7월)까지 총 37편의 신약논문이 게재되었다. 그런데 이 중 삼분의 일 정도가 미래 정해진 주제 논문이고, 나머지 삼분의 일은 성서신학적 주제 논문이고, 나머지는 각 책을 주석적, 신학적으로 분석한 논문이다. 복음주의신약학회에서 발행하는 신약연구도 1권(2002년)-5권(2006년)까지 42편의 논문이 게재 되었는데, 이 중 12편이 복음서와 사도행전 관련 논문이고, 20편이 서신에 대한 것이며 나머지 10편이 신약일반(5편)과 신약 배경사(5편)에 대한 것이다. 신약신학저널 1-8권(2000-2002)에는 모두 35편의 논문이 게재되었는데 이중 복음서와 사도행전 논문이 12편, 서신서 논문이 18편, 신약 배경(4편)과 신약일반 논문이 1편이었다. 위 저널 하나하나에서는 논문 편수도 부족하고, 논문 저자의 폭도 좁아 이것이 한국신약학의 어떤 특징과 연관되어 있는지에 관해서 의미 있는 결과를 끌어내기는 어렵다. 다만, 신약연구와 신약신학 저널은 복음주의적 입장을 견지하기 때문인지 여기에 나오는 논문들은 신약성서 자체의 주석적, 해석적 문제에 집중하는 논문이 대다수를 차지한 것이 특색이고, 기독교신앙논총은 기독교 전반에 대해서 다루는 것이기 때문에 일반 주제(예, 신약성서에 본 환경 문제)의 논문이 많다.

신약논단은 1995년 제 1호가 발행된 이후 매년 한 호씩 발행되다가 2000년에는 연 2회, 2001년부터는 2006년 말 현재까지 연 4회 발행하고 있으며 지금까지 실린 논문의 총 수만도 263편이나 된다. 특히 12권부터는 한국학술진흥재단이 인정하는 등재후보지로 발전하여 한국신약학의 대표적인 학술지로 자리매김하고 있다. 신약논단은 지금까지 11년에 걸쳐, 어떤 특정 조류의 신학을 표방하지 않고 순수 연구 논문을 게재했기 때문에 이러한 연구의 특징을 최근 한국 신약학 연구의 특징으로 보아도 무방할 것이다. 특히 전 세계적으로 발행되는 신약학 논문 초록집인 New Testament Abstracts(이하 NTA)와 그 논문의 주제별 편수의 비율을 비교해 보는 것은 흥미로울 것이다. 이것을 비교하면 세계 신약학계 연구 논문과 비교해서 한국 신약학계에 집중해서 연구한 주제가 무엇이고 또 비교적 도외시한 주제가 어떤 것이었는지가 밝혀질 것이다. 이 논문에서는 NTA 2006년 제 1, 2권과 신약논단 1-13권의 논문을 주제별로 비교해 보려 한다. 아래 도표는 바로 NTA의 분류표를 따른 것이며 신약논단 논문 중 몇 편을 따로 기타로 분류하였다(서평, 번역논문, 외국어 논문). 이 도표가 어떤 의미가 있을까? 우선, 이 NTA에 나타난 도표는 신약학 논문의 완벽한 평균 분포를 나타내는 것은 아니지만 큰 틀로 보면 대체적으로 이런 분포를 하고 있다고 할 수 있다. 신약논단은 지난 12년 동안의 기록이기 때문에 신약 학자들의 논문 주제 경향성을 잘 드러낸다고 볼 수 있다.

신약논문 분류표

구분	NTA	신약논단		NTA	신약논단
경전	3	0	서신 일반	1	
해석	146	9	바울	61	20
본문비평	8	2			
성서언어	10	1	로마서-고린도전후서	66	15
성서번역	31	1	갈라디아서-빌레몬서	53	14
컴퓨터 도움 연구	1	0	히브리서	20	4
학자	20	0	일반서신	20	3
알림	7	0	계시록	37	12
신약일반 총계	**226**	**13**	**서신-계시록 총계**	**258**	**68**
복음서전반	15	10	기독론	24	1
예수	46	8	교회와 사역	26	3
수난과 죽음	14	2	여러 주제들	97	23

부활	15	0	성서신학	6	
공관복음서	11		신약의 세계	43	
마태	64	13	고고학	64	0
마가	87	20	사해사본	33	15
누가	48	15	유대세계	107	6
요한	72	21	랍비문헌	60	0
사도행전	33	7	그리스-로마 세계	53	5
Q		8	초기 기독교	89	3
복음서/사도행전 총계	**405**	**104**	영지주의	11	2
			신학과 배경 총계	**611**	**58**
			서평		6
			번역논문		3
			외국어(혹은 외국학자) 논문		11
			기타 총계		**20**
			전체 통계	**1500**	**263**

위의 통계를 통해 신약논단과 NTA를 비교해 보면 다음과 같은 사실과 특징을 밝혀낼 수 있다.

(1) 신약논단에는 성서고고학에 대한 논문이 한 편도 없다.
(2) 신약논단에는 신약 배경에 대한 논문이 매우 적다. 쿰란 연구는 예외이다.
(3) 신약논단에는 신약성서 자체의 주석적, 신학적 문제에 대한 논문은 NTA보다 더 많은 편이다.
(4) 신약논단에는 신약 외경을 전문적으로 연구한 논문이 거의 없다.
(5) 신약논단에는 서평(전체 263편의 논문 중 6편에 불과)이 매우 적은 편이다.
(6) 신약논단에서 다루어진 논문 주제는 NTA에 포함된 대부분의 주제를 커버하고 있다.

그 동안 고고학 연구가 없었던 것은 한국에서 활동하고 있는 신약학자 중 고고학을 전문 연구 분야로 하는 학자가 하나도 없었기 때문이기도 하다. 신약 고고학자가 많이 필요한 것은 아닐지라도 적어도 한 두 명의 전문 학자가 필요한 실정이다. 다음으로, 우리 학자들이 연구한 것이 신약 경전의 주석과 신학에 집중한 반면, 배경(사)에 대한 것은 비교적 적었던 것은 세계 신약학계에 흐름과 다른 것이다. 이것은 지금까지 한국 신학이 교회와 연관성 있는 신학을 추구하는 경우가 많아서 주로 정경 연구에 집중한 것 같다. 하지만 신약 정경을 더 잘 이해하기 위해서라도 유대교, 그리스-로마, 랍비 문헌 등의 연구는 필수적이라 하겠다.

한 가지 중요하게 지적해야 할 것은 서구의 학문적 저널들과는 다르게 우리 신학계에서는 연구 논문 위주로 학술지를 구성했고, 서평이나 리뷰(review) 글을 싣는데 인색했다. 그 이유는 좁은 나라에서, 그것도 어떤 사람의 책이나 글을 잘못 평가했다가 개인적으로 어려움을 겪는 일이 있는데, 그러한 우리 문화와 무관치 않을 것이다. 그래서 한글로 글을 쓰면서도 동일한 주제로 논문을 쓴 국내 학자와 대화하는 것이 아니라 주로 외국 학자와 학문적 대화를 하는 경우가 많다. 어떤 한 사람의 논문이나 연구서를 집중적으로 해부하고 평가하는 것은 잘 시도되지 않았었다. 하지만 신약논단 13권과 신약연구 5권부터는 매호마다 서평을 싣고 있다. 이것은 한국신약학의 발전을 위해서 매우 고무적인 일이다. 학문적으로 다른 사람의 글을 비평하고 그것에 반박하고 재반박 하는 것이야 말로 학문함의 기초이기 때문이다.

마지막으로, 신약논단은 이제 연 4회 발행하는 것과 그 체제와 주제의 포괄성에 있어 세계 신약학회지인 *New Testament Studies*와 견주어도 손색이 없을 정도이다. 양 학회지 모두 신약학 전문 학회지이고, 모두 연 4회 발행되고 있으며, 논문의 양과 체제도 비슷하다. 그래서 세계 신약 학계가 *New Testament Studies*를, 미국 성서학회가 *Journal of Biblical Literature*를 발행한다면 적어도 한국 신약학계도 성서학을 함에 있어서 표준적 저널인 『신약논단』을 소유하고 있다고 말하는 것은 지나친 언사일까? 물론 논문의 질과 영향력은 아직 거기에 이르지 못하지만, 앞으로 계속해서 발전하면 먼 장래에는 그렇게 될 수도 있을 것이다. 별도로 일 년에 한 호 정도는 외국어 논문집을 발행하면 우리 한국의 신약학이 세계의 신약학과 대화하는 발판이 마련될 수 있을 것이다.

3) 국제화

또 한 가지 학문이 발전했는가 안했는가의 중요한 지표는 국제화일 것이다. 그 학문이 얼마나 국제적으로 소통되고, 국제적으로 대화하고 있는가 하는 것이다. 한국 신약학계에서 실제 교수로 임용된 대다수의 학자들이 외국에서 학위를 받은 사람들이고, 그들이 쏟아내는 논문에서 내용과 방법과 이슈가 모두 현재 세계 신약학계에서 바로 사용되는 것들이다. 이런 의미에서 한국 신약학은 세계화되었다고 볼 수 있다.

그렇다면 또 다른 질문이 있다. 우리 한국 학자들이 세계 신약학회에 얼마나 공헌하고 있는가? 이것은 아직 갈 길이 멀다고 할 것이다. 앞에서 말한 대로 국외에서 국제적으로 활동하는 학자들이 있지만 그 숫자는 아직 미미하다. 하지만 미래적 전망은 그렇게 어두운 것은 아니다. 국내에서 신약논단 등을 통한 학술학동이 활발했던 것과 발맞추어 지난 10년간 우리 신약 학자들의 외국어 연구서 출판과 해외 저널 논문 게재가 활발히 이루어지고 있다. 이미 독일의 유명한 WUNT 시리즈에 다수의 한국인 학자가 박사학위 논문을 출판하였고(김세윤, 박응천, 성종현, 박승천, 이필찬, 권연경), 영국의 JSNT 시리즈에도 이미 여러 학자가 학위 논문을 출판되었다(홍인규, 양용의, 김경진, 김정훈, 정창욱, 허주). 이전에는 한국 사람의 박사 학위 논문이 해외 유명 연구서 시리즈에 채택되는 것 자체가 뉴스거리였지만 이제 유럽에서 공부한 사람들에게 박사학위 논문 출판은 일상적인 일이 되었다. 한 가지 유념해야 할 사항은 북미에서는 박사학위 논문을 그대로 출판하는 것이 관례가 아니기 때문에 미국에서 박사 학위 논문을 출판하지 않았다고 해서 그 논문의 질을 의심해서는 안 된다는 것이다.

나아가 최근에는 우리 학자들의 논문이 신약학 논문을 게재할 수 있는 가장 권위 있는 저널들인 *New Testament Studies*(김세윤), *Novum Testamentum*(홍인규, 서중석), *Journal of Biblical Literature*(최흥식), *Zeitschrift für die Neuetestamentliche Wissenschaft*(장해경) 등에 나오고 있다는 것이다. 그 외 *Expository Times*(양재훈), *Evangelische Theologie*(박정수) 등의 전통적인 학회지에 우리 학자들이 논문이 채택되고 있는 것은 고무적인 일이 아닐 수 없다. 현재 미국, 영국 등지에서 활동하고 있는 한국인 학자들이 늘어가는 추세이고 국내에서 활동하고 있는 학자들이 외국어로 논문을 많이 내고 있기 때문에 앞으로 외국어로 논문을 출판하는 일은 가속화되리라고 본다.[9] 그래서 앞으로 한국 신약학은 언어 문제로 어려움은 있겠지만 세계 신약학계에 일정부분 기여하게 될 것이다.

4) 열린 교류와 비판적 학문 대화

20세기까지의 한국 신약학은 다른 신학 분야에서처럼 진보와 보수의 갈등이 계속되어 왔다. 신약학에서는 역사비평적인 성서해석 방법에 대한 입장에 따라 진보와 보수가 갈렸고[10] 상당한 기간 동

9) Cf. 신현우, "한국 신학 수출도 선교다," www.newsnjoy.co.kr 2006년 10월 11일 자 게재.

10) 이러한 역사에 대해서는 다음을 보라. 김정우, "21세기 한국교회와 성

안 양자 사이에는 학문적 대화는 물론이고 인적 교류도 드물었다. 그런데 지난 세기 90년대 중반부터 서구의 일반대학에서 공부하고 돌아온 학자들이 보수와 진보 학계에 같이 포진하면서 신약학자 간 학문적, 인간적 교류는 자연스럽게 이루어졌다. 현재 한국의 신약학계는 그 어느 때보다도 진보와 보수의 갈등이 없이 신약성서 연구라는 공통의 과제를 가지고 서로 자유롭게 토론하는 장이 무르익어 있다. 한국의 신약학회를 대표하는 한국신약학회와 복음주의 신약학회는 2005년부터 매년 연말 공동 논문 발표 모임을 갖으며 상호 공식적으로 교류하고 있다. 또 양 학회는 상당수의 회원을 공유하고 있으면서 자유롭게 신약논단(한국신약학회 학술지)과 신약연구(복음주의 신약학회 학회지)에 논문을 게재하고 있다.

여기에 일조한 기관 중의 하나가 한국신학정보연구원이다. 이 기관은 1998년부터 매 학기 3회에 걸친 정기 논문발표회를 개최했는데 여기에서는 전통적인 보수신학적 입장의 학자들과 진보적인 학자들의 논문이 모두 발표되었다. 이곳을 통하여 많은 학자들은 보혁의 갈등 없이 오랫동안 대화하고 토론해 왔다. 나아가 최근에 구약학회(한국 구약학회, 복음주의 구약학회)와 신약학회(한국신약학회, 복음주의신약학회)는 2007년 5월에 평양대부흥 100주년 기념 성서학회를 공동으로 주최하여 이를 준비하고 있는데 이 모임을 4개 학회가 공동으로 주최하면서 상호 깊은 학문적, 인간적 교류를 다지고 있는데 이 학술대회를 통하여 한국의 성서학자들이 서로 만나 하나의 공통된 주제로 깊이 토론할 수 있는 장이 마련되어 앞으로 한국 성서학 발전에 기여할 것으로 기대된다. 그래서 우리 학회는 이전보다 훨씬 더 열린 교류를 하고 있다고 본다.

서학, 회고와 전망," 『성서마당』 45(2000년 11월), 4-6; 김영봉, "21세기 한국교회와 신약신학, 회고와 전망," 『성서마당』 45(2000년 11월), 7-11.

5) 한국(적) 신약학의 형성

성서학은 연구자에게 성서라는 공통의 텍스트가 주어져 있기 때문에 이론 신학이나 실천 신학에 비해서 해석자의 문화에 덜 민감하다. 성서 본문의 뜻을 밝혀내는데 있어서 그 어떤 것보다도 본문의 언어, 문법, 역사, 고고학적 증거, 저자의 신학에 대한 분석이 우선하기 때문이다. 하지만 본문 주석과 해석에 있어 개인 혹은 집단 해석자의 중요성은 결코 무시될 수 없는 것이다.[11] 이에 성서학의 선진국이라고 할 수 있는 독일, 영국, 미국은 서로 학문적으로 깊이 교류하고 대화하면서도 각 나라마다 특징 있게 학문이 발전해 왔다. 독일 신약학에 있어 그 내부에도 학파와 조류가 있기는 하지만, 역사-비평학적 방법론의 원용은 필수사항이다. 영국은 독일과 방법론은 공유하면서도 보다 온건해서 교회와 신학이 연관성을 가지려고 하는 특징이 있다. 미국은 독일식 신약학도 있고, 영국식도 있으며, 보수-근본주의적 학문도 발달해 있는데, 간학문적, 실용적 연구도 활발한 편이다.

앞에서 본대로 우리 신약학계는 미국, 독일, 영국, 한국에서 공부한 학자들이 주류를 이룬다. 각 학자들은 각자가 익숙한 방법론과 틀로서 학문을 전개하는데, 독일에서 공부한 학자들과 영미권에서 공부한 학자들 사이에는 학문의 소통에 있어서 상당히 어려움이 있다. 물론 이것은 독일 학자들과 영미권 학자들 사이에 벌

11) Cf. 권성수, "문화와 성경해석," 『신학지남』 237(1993년 가을), 7-47. 성경해석이 가치중립적으로 될 수 없음은 최근 성서해석학자들이 자주 지적해오는 바이다(cf. 최승락, "'가치중립적' 성경 주해에 대한 신학 해석학적, 언어 이론적 반박," 『국제신학』 7[2005], 213-50). 그 사람이 본래 가지고 있던 이데올로기와 (신앙)체험이 그 사람의 해석을 좌우한다. 그래서 서구 신앙인의 이데올로기나 체험에 의해서가 아니라 한국인 신앙인의 공통된 특질의 체험과 성서해석이 자연히 연결되어 있다는 것은 자명한 일이다.

어지는 어려움이기도 하다.12) 하지만 한국에서 신학을 하는 학자들로서는 한국인의 신앙과 경험이 들어간 한국적 신약학을 형성함으로 이를 극복할 수 있을 것이다. 서구 신약학자들도 오랜 전통의 서구인의 경험과 방법론으로 성서를 해석하고 있다고 볼 때 우리 한국인의 공통 신앙 경험에 의해 형성된 신약학이 필요하다.13)

이를 위해서는 우리 신약학자들 간에 더 활발한 비평적 대화와 토론이 필요하다. 최근 우리 신학계의 문제점 중 하나는 공통 주제에 관해서 찬반의 격렬한 토론이 미진한 것이다. 어떤 연구서가 나왔을 때 그 방면의 전문가에 의해서 서평이 곧바로 나와야 하고, 또 어떤 이슈에 대해서 첨예한 대립이 이루어져 토론할 때, 일종의 학파가 형성될 수 있고 그러면서 자연히 한국적 신약학이라는 것이 생겨날 수 있다고 본다. 다행인 것은 한국기독교신학논총과 신약논단에서 논문을 낼 때 동일 주제의 국내 학자의 논문과 반드시 대화해야 한다는 규정이 있어 앞으로 이러한 토론이 계속될 때 한국적 신약학이 자연스럽게 형성되리라 믿는다.

6) 외부 세계에 대한 영향력

세계가 급변하는 만큼 신약학에도 무수한 새로운 도전이 있을 것이다. 우리 신약학이 발전하기 위해서는 이러한 도전에 시대마다 적절히 응답해야 할 것이다. 웨인 믹스(Wayne A. Meeks)는

---

12) Cf. J. Beutelr, "Responses from a European Perspective," *Semeia* 53(1991), 191-202.

13) 최근 아시아 성서학회가 구성되어 2008년 서울에서 첫 모임이 열렸다. 이러한 조류로 볼 때 신약학을 하면서 아시아인의 성서학, 더 좁혀서는 한국적 신약학을 모색하는 것은 이상한 것이 아니다. 또 2007년 봄에 한국신학정보연구원에서 *Canon and Culture*라는 성서 해석학 저널이 나왔는데 이것도 본문 해석에 있어서 해석자의 경험을 중요하게 생각하는 것이다.

2004년에 행한 세계신약학회(SNTS) 연례 모임의 회장 연설에서 이러한 도전에 대해서 언급하고 세계 신약학계가 이러한 도전에 대해서 어떻게 응전할 것인지를 나름대로 제시하고 있다. 세계 신약학계는 지금까지 당연시 되어왔던 세 가지 전제가 무너지고 있다는 것이다. 첫째는 우리가 과학적 연구 방법을 도입해서 연구하면 과거의 역사를 객관적으로 재건할 수 있다는 믿음이고, 또 한 가지는 적절한 방법론을 사용하면 성서 본문의 의미를 밝혀 낼 수 있다는 가정이고, 나머지 한 가지는 우리가 말하는 것을 잘 들어줄 청중(대화 상대자)이 충분히 있다는 생각이다.[14] 그 중에서도 믹스는 신약학 학문의 대상을 기독교 신앙을 가진 신약학자로 한정하지 말고, 여기에 타 분야 학자는 물론 비기독교인 세상도 포함하자고 주창하고 있다. 그는 심지어 "네가 우리의 성서 본문을 진정으로 이해하려고 한다면 먼저 기독교로 개종하라"는 신앙적인 해석학의 교만을 버려야 한다고까지 말한다.[15]

믹스는 서구의 신약학계에서의 도전에 대해서 말하고 있다. 하지만 여기서 우리에게도 적용되는 중요한 점이 있다. 그것은 우리 신약 학문함의 독자들에 관한 것이다. 우리의 신약 연구가 물론 다른 동료 신약학자와 대화하는 것이 주가 되어야 하는 것은 당연한 것이다. 하지만 현대 학자들의 사명은 단순히 진리를 밝혀내는 데만 있지 않고 이것을 일반 대중과 소통할 수 있는 언어로 만들어 내는 것까지 포함된다고 할 수 있다. 최근 신약학 비전문가인 김용옥이 EBS에서 요한복음 강해를 하는데 대중들이 많은 관심을 보이고 있고 대중 매체는 이것을 대대적으로 보도하고 있다.[16] 그가 신약학에 있어 비전문가임에도 불구하고 많은 대중들이 그의 강의에 매료

14) Wayne A. Meeks, "Why Study the New Testament," *NTS* 51(2005), 155-70.
15) Meeks, "Why Study the New Testament," 169.
16) "도올 요한복음 강의논란," 서울신문 2007년 2월 21일 25면 참조.

되는 것은 그는 대중의 관심사를 읽고 이것을 그들이 이해할 수 있는 언어로 풀어낼 수 있는 능력이 있는데 있다. 우리 한국 신약학계가 직면한 새로운 도전 중의 하나는 신약성서를 신자들과 학자들을 넘어 나아가 타 학문 분야의 학자들과 일반 대중에게까지 어떻게 설명할 수 있을 까 하는 것이다. 물론 이것이 학문의 본질은 아니겠지만, 우리에게 주어진 중요한 도전이라고 할 수 있다.

7) 학문의 기초 분야 연구

모든 학문에서 학문의 미래를 예측하려면 그 응용 결과와 함께 그 학문의 기초가 되는 학문 분야가 발전했는지, 학자들이 기초를 튼튼히 읽히고 있는지를 보아야 한다. 신약학 분야도 예외는 아니다. 20세기 후반에 들어서면서 세계 신약학계는 여러 종류의 (신)문학비평(서사비평, 독자 반응 비평 등)과 이데올로기 비평(여성신학적 성서 해석, 탈식민주의적 성서해석 등)과 타학문에서의 개념 차용에 의한 해석(사회학, 인류학)의 홍수를 이루고 있다.[17] 해석 방법은 그야말로 본문을 보다 잘 이해하기 위한 방법이기 때문에 어떤 한 방법이 절대적이거나 최고의 방법일 수는 없다. 이러한 새로운 방법론의 등장은 계몽주의 시대 이후에 신약학계를 지배했던 역사-비평적 방법론을 극복 혹은 보완하기 위한 몸부림이었다. 이러한 운동은 역사-비평학의 공헌과 한계를 적절히 지적해 주었다고 볼 수 있다.

그런데 이러한 방법론이 도입되면서 고대 문서를 연구하는 가장

17) 서인선, "수사비평이란 무엇인가?" 『신약논단』 2 (1996), 191-214; 심상법, "사회-과학적 해석과 마가복음 설교," 『신학지남』 254(1998년 봄), 223-48; 오덕호, "신약성서 연구를 위한 독자반응 비평," 『성서해석학』 (서울: 한들, 1997), 185-211; 유승원, "신약연구에 있어서 사회학적 방법론이 갖는 의미와 한계," 『나사렛논총』 4(1999), 147-74.

기초적인 사항, 예를 들어 본문의 언어와 역사와 배경에 대한 연구도 역사-비평학의 유물인 것처럼 치부되어 소홀히 하는 경향성이 생기기 되었다는 것이다.[18] 이것은 다만 우리 신약학계에만 있는 문제는 아닌 것 같다. 이미 10여 년 전 서구 신약학계의 이러한 조류에 대해서 당시 세계 신약학회(SNTS) 회장이었던 마틴 헹엘(M. Hengel)은 우려의 목소리를 내고 있다. 그는 신약학자를 훈련하는 박사 과정 프로그램에서 고대 언어 교육을 충분히 하지 않는 것을 걱정하고 있다. 그는 신약학 박사 과정에 있는 학생들의 라틴어, 헬라어, 셈어의 실력이 우려할 수준이라고 말한다. 그는 좋은 신약학자가 되기 위해서는 우리의 선배 학자들이 갖추었던 것보다 더 풍부해진 일차 자료를 원문에서 직접 손쉽게 다룰 수 있어야 한다고 말한다.[19]

또 한 가지 신약학 연구가 꽃을 피우기 위해서는 신약신학의 기초가 되는 신약 배경 문헌에 대한 연구가 충분히 있어야 할 것이다. 지난 10년 동안의 연구 자료를 분석해 본 결과 우리 신약학계에서 신약의 배경이 되는 유대교, 그리스-로마 세계, 초기 교부 문헌 등에 대한 연구가 충분하지 않았다. 쿰란 문헌에 대해서는 예외적으로 연구가 활발한 편이었지만 여타 문헌에 대한 연구는 미진했다고 할 수 있다. 앞으로 이러한 연구가 활발하기 위해서는 구약 위경, 신약 외경, 요세프스, 필로 등의 글이 원문에서 한글로 번역되는 작업이 있어야 할 것이다. 다행히도 한국한술진흥재단의 프로그램의 하나로 박정수 등에 의해 요세프스 작품의 일부가 번역되어 출판과정 중에 있는데 이러한 작업이 앞으로 계속되어야 신약 배경 문헌에 대한 연구가 더 활발하게 이루어질 것으로 전망된다.

---

18) 논자는 이에 관해서 다음에서 강조한 바 있다. 김동수, "서평: 윤철원의 『신약성서의 그레꼬-로마적 읽기』," 『신약논단』 8(2001), 205-210.

19) M. Hengel, "Tasks of New Testament Scholarship," *BBR* 6(1996), 67-86.

신약학에서서 고전 언어 습득의 중요성을 지적했던 헹엘은 문헌학자나 역사학자가 되지 않고서는 제대로 된 신약학자가 될 수 없다고 말하는데 우리는 그의 말을 주목해서 들을 필요가 있다.[20]

2. 결론

김득중은 1970년대 한국 신약학 연구를 개관하면서 여러 가지 사정으로 연구가 활발하지 못했음을 지적했다. 그는 당시에 구약학 연구가 활발했던 것과 신약학 연구의 미진했음을 이렇게 표현했다. “지난 10년간의 구약학계를 여름에 비한다면 신약학계는 겨울에 비교할 수 있을까?”[21] 그러나 그는 절망으로 그 글을 맺지 않고 오히려 미래에 대한 긍정적 소망을 이야기 한다. “그러나 70년대 후반에 귀국하여 신약학계에 처음 등장하기 시작한 젊은 소장 학자들이 여러 명 있음을 감안한다면 그 겨울은 80년대의 새로운 봄과 여름을 맞기 위한 배태기라고 생각해 볼 수 있으며, 따라서 80년대에는 그런 소장 학자들의 활발한 연구 활동이 훌륭한 결실을 맺게 될 것으로 기대된다.”[22] 지금은 은퇴 교수가 된 당시 소장 학자였던 김득중의 소망은 완전히 이루어져 한국 신약학계는 봄을 이미 맞이했고, 현재는 열심히 땀을 흘리는 여름의 시기라고 할 수 있다. 나아가 한국 신약학계는 세계 신학 학계에서도 크게 공헌할 가을의 시대도 꿈꾸고 있다. 그런데 한국의 신약학이 꽃을 피우고 결실을 맺기 위해서는 우리에게 다가오는 ‘태풍’과 ‘장마’의 도전에 적절히 응전해야 할 것이다.[23]

---

20) Hengel, “Tasks of New Testament Scholarship,” 67-86.

21) 김득중, “1970년대 신약신학,” 57.

22) 김득중, “1970년대 신약신학,” 57.

23) Cf. 고영민, “신약성서 신학의 과제와 미래적 전망,” 『신학사상』 95 (1996년 가을), 94-118; 조병수, “신약신학의 미래 과제,” 『한국개혁신

한국 신약학계는 최근 많은 신진학자들의 유입과 함께 양질의 논문의 다량 생산으로 가히 신약학의 여름을 맞이하고 있다고 할 수 있다. 한국신약학회의 학회지인 한국의 신약학회 중에서 몇 안 되는 한국학술진흥재단에서 인정한 등재후보지이고, 연 4회에 매년 1000쪽이 넘은 분량의 논문을 발행하고 있다. 이것만 보면 우리 신약학은 현재 여름 나무의 프르름 그 자체라고 할 수 있다. 하지만 학자의 숫자와 논문의 발행 숫자에 비해 우리 한국 신약학계는 언어와 배경사 등 기초 분야의 연구가 미진하고, 새로운 시대의 새로운 도전에도 직면해 있다. 여기에 아직 한국적 신약학의 형성이라는 큰 과제도 앞에 놓여 있다. 앞으로 위에서 지적한 미진함 점을 보완하고, 미래에 닥칠 도전에 적절히 응전한다면 머지 않아 한국 신약학이 세계 신약학계에 크게 공헌할 뿐 아니라 먼 미래에는 세계 신약학을 주도할 수도 있을 것이다.

본 장의 특징은 한국 신약학자와 신약학 논문 주제에 관한 통계를 통해 한국 신약학의 현주소를 파악하며. 이를 통해 한국신약학의 미래를 예측하고 조망하고 밝은 미래를 위한 과제를 제안한 것이다. 본 논문의 약점으로는 보다 세밀한 통계 자료를 도출해 내지 못했고, 그에 이은 정교한 분석을 하지 못했다는 것이다. 하지만 본 연구는 앞으로 한국 신약학의 미래를 예측하는 하나의 중요한 기본 데이터로써 기능할 수 있을 것이다. 이 연구를 바탕으로 앞으로 한국 신약학의 미래에 대해서 여러 가지 더 정확한 분석과 연구가 이루어지기를 기대한다.

학회 논문집』 8(2000), 57-75.

12. 성서신학과 조직신학

학문이 전문화되면서 학문 간에 불통이 현대 세계에서 중요한 이슈가 되고 있다. 서로 다른 학문들 사이는 물론 같은 학문의 분과 사이에도 이러한 소통의 부재는 일어나고 있다. 이 문제를 신학으로 좁혀보자면 오래 동안 성서신학과 조직신학 사이에는 차일즈(B. S. Childs)가 "철의 장막"이라고 부른 것이 존재해 왔다.[1] 가블러(Johann Philipp Gabler)가 1787년에 알트도르프대학 교수 취임 연설에서 교회가 믿는 교리를 연구하는 교의신학과 성서 본문 본래의 의도를 캐내는 성서 신학을 나눈 이후 조직신학과 성서신학은 각자의 영역에서 발달해 왔고 상호 교류가 별로 없었다.[2] 성서학자들은 성서 본문을 역사적으로 연구할 뿐 신학에 별 관심이 없는 경우가 많았고, 조직 신학자들은 복잡하고 다양하게 진화해가는 성서신학의 방법론을 이해하기도 어려웠고, 그것에 근거해서 조직신학을 할 필요성도 느끼지 못했었다.

---

1) B. S. Childs, *Biblical Theology of the Old and New Testaments* (Minneapolis: Fortress, 1992), xiv.

2) Joel B. Green, "Scripture and Theology: Uniting the Two So Long Divided." Joel B. Green and Max Turner (eds.), *Between Two Horizons: Spanning New Testament Studies & Systematic Theology* (Grand Rapids, MI: Eerdmans, 2000), 1.

기독교 역사 전체에서 보면 위와 같은 성서신학과 조직신학의 분리는 비교적 최근의 현상이다. 교부시대부터 종교개혁 시대에 이르기까지 신학자는 곧 성서주석가와 성서해석자로 흔히 여겨졌었다. 성서학이 성서학자의 전유물이 된 것은 가블러 이후이다. 또 일부 조직신학자들이 성서와 상관없이 신학을 시작한 것은 20세기 후반부이다. 물론, 이러한 조류에서도 성서학을 바탕으로 신학을 전개하는 조직 신학자들도 있었고, 성서신학을 하는 성서학자들도 있었다.

그런데 비교적 최근에 성서신학자들과 조직신학자들 양 진영에서 모두 양 분야의 간격을 메우려는 작업을 시작했다. 많은 성서학자들이 성서 본문을 역사적으로 연구하는 역사학자로만 자신들이 자리매김 되는 것에 불편해 했다. 성서의 진리는 성서신학으로 표현되어야 한다고 믿고 그러한 작업을 전개한 것이다.[3] 또한 조직신학자들도 성서학에 근거하지 않는 조직신학의 공허함을 느끼고 성서학에 관심을 기울이고 성서에 근거한 조직신학을 펼치기 시작했다.[4]

본 장의 목적은 성서학에 근거한 조직신학을 하는 대표적인 학자인 예일대학교 신학부 교수인 미로슬라브 볼프(M. Volf)의 방법론을 비평적으로 소개하고 검토하는 것이다. 본 장은 그가 『하나

---

3) 이런 학자들로 김창선은 대표적으로 차일즈(B. S. Childs)와 휘브너(Hans Hüber)와 슈틀마터(Peter Stuhlmacher)과 튀징(Wilhem Thüsing)을 들고 있다. 김창선, 『21세기 신약성서신학』 (서울: 예영커뮤니케이션, 2004), 33-42을 보라.

4) E. g., Kevin J. Vanhoozer, "서론: 성경의 신학적 해석이란 무엇인가?" 『신약의 신학적 이해』 (서울: CLC, 2011), 19-36; David Ford, *Christian Wisdom: Desiring God and Learning in Love* (Cambridge: CUP, 2007); David Kelsey, *Eccentric Existence: A Theological Anthropology* (Louisville: Westminster John Knox, 2009); Michael Welker, *God the Spirit* (Minneapolis: Augsburg Fortress, 2004).

님의 말씀에 사로잡혀』라는 책에서 "신학적 성경읽기"라고 지칭한 것에서 밝힌 것을 소개하고 평가하는 것에 집중할 것이다.5) 이러한 과업의 의의는 최근에 일어난 성서학과 조직신학의 간극을 좁혀보려는 한 신학자의 시도가 얼마나 의미 있고, 또 앞으로의 성서신학과 조직신학을 연결하는 시도를 어떻게 해야 할 것인가 하는 것에 대한 실제적인 답을 줄 수 있을 것이기 때문이다. 먼저, 볼프의 주장을 요약 소개하고, 다음에는 그것에 대한 평가가 뒤따를 것이다.

1. 볼프의 성서와 신학 다리 놓기 방법: 신학적 성서 읽기

볼프가 시도한 것은 한 마디로 "신학적 성서 읽기"이다. 그가 밝힌 것처럼 이것은 성서학자가 하는 단순한 주석 작업도 아니요, 전통적인 교리적 성서 읽기도 아니다. 그는 성서 본문을 신학적으로 해석하는 것을 시도하고 있다. 다음에서 나는 볼프가 어떤 근거 하에서 그것을 시도하고 있는지를 『하나님의 말씀에 사로잡혀』라는 책에서 말한 것을 요약적으로 보여줄 것이다.

1) 신학에 있어서 성서의 중요성

신약성서 형성 이후 시대부터 중세에 이르기까지 신학자는 곧 성서해석자였다. 종교개혁자인 루터와 칼빈도 마찬가지였다. 그러던 것이, 볼프에 의하면 계몽주의 시대 이후로 한편으로는 성서가 이상한 낯선 것이라고 여겨지기도 했고, 다른 한편으로는 새로운 세계로 인식되기도 해서 현대 신학자들에게 "관계를 맺기도 어렵

5) M. Volf, 『하나님의 말씀에 사로잡혀』 (서울: 국제제자훈련원, 2012).

고 버리기도 어려"운 것이 되었다.[6] 하지만 성서를 무시하면 하나님의 계시의 원천을 잃는 더 위험한 일이 발생한다. 그런데 칸트(I. Kant)가 학문하는 데 있어서 이성의 한계를 최대한 누려야 한다고 주창한 이후 많은 신학자들이 성서와 상관없이 신학을 해왔다는 것이다. 이러한 풍의 학자로 쉴라이어마허가 대표적인 사람이다. 20세기 초반부에서는 바르트(K. Barth)와 본회퍼에 의해 성서는 신학의 주요 원천으로 자리 잡았다.

그런데 1960년대 이후에 조직신학자들을 더 이상 성서를 자신들의 신학의 원천으로 사용하지 않는 경향성이 생겨났다. 이 시대를 설명하는 볼프의 말을 그대로 들어보자.

> 놀랄만한 짧은 기간에 조직신학자들은 일찍이 칸트에게 받은 자극을 마침내 실행에 옮기는데 '성공하여' 실질적으로 성서를 해석하는 일을 그만두었다. 비슷한 시기에 계몽주의 당시에 시작된 발달양상이 절정에 올라 많은 성서학자들은 자신을 주로 역사가로 보기에 이르렀다. 따라서 조직신학자들과 성서학자들 사이의 간격이 크게 벌어졌다. 그리하여 조직신학자들은 성서을, 역사가로 변한 성서학자들에게 넘겨주었고, 성서학자들은 신학의 짐을 조직신학자들에게 떠넘겼다. 그 결과는? 학문적인 신학에 관한한, 성서는 머나먼 과거에 갇힌 나머지, 현재에는 실종하고 말았다.[7]

그렇다면 조직 신학에서 성서의 실종은 어떤 결과를 가져오는가? 볼프는 이것은 "마치 자기가 앉아 있는 가지를 잘라내는 꼴"이라고 한다.[8] "그 어떤 유형의 기독교 신학이라 할지라도, 성서에서 영양분을 공급받지 못하면 자신을 서서히, 하지만 확실히 죽음에

6) Volf, 『하나님의 말씀에 사로잡혀』, 13.
7) Volf, 『하나님의 말씀에 사로잡혀』, 16-17.
8) Volf, 『하나님의 말씀에 사로잡혀』, 20.

넘겨줄 것"이라고 볼프는 힘주어 말한다.[9] 이어서 그는 "성서를 치워 보라. 그러면 조만간에 교회를 '교회답지 못한' 공동체로 만들게 되리라."고 경고한다.[10] 그런데 다행히도 지난 20년간 새로운 조류가 발생했다. 성서학자들은 성서를 다시 신학적으로 읽기 시작했고, 조직신학자들은 성서 본문과 다시 씨름하기 시작했다는 것이다.[11] 볼프는 이러한 새 조류의 대표적 학자 중 하나로 성서 본문을 해석하는 방법을 제시하고 이를 시도한다.[12] 그 동안 여러 저서와 논문을 통해서 사실 이런 시도를 했는데, 이것은 주석과 해석이 아닌 성서본문에 대한 신학적 해석이다.[13]

2) 성서해석의 틀

볼프는 자신의 신학적 방법론으로 삼는 성서해석의 틀을 여섯 가지로 제시한다.

(1) 그 당시, 거기에서

이 원리는 신학적 성서해석 원리의 기본이다. 성서는 무엇보다도 우선적으로 기록된 본래의 자리에서 읽어야 한다는 것이다. 성서는 쓸 때의 본래 저자와 독자와 상황이 있게 마련인데 이렇게 읽는 것이 진부한 것 같지만 성서해석의 기본이라는 것이다. 성서는 하나님이 인간사에 어떻게 구체적으로 개입했는지를 보여준다는 것이다. 이렇게 성서를 읽는 것을 우리는 고전적 의미로 주석(exegesis)이라고 한다. 저자가 본문을 통해서 무엇을 말하고자 했는

9) Volf, 『하나님의 말씀에 사로잡혀』, 21.
10) Volf, 『하나님의 말씀에 사로잡혀』, 19.
11) Volf, 『하나님의 말씀에 사로잡혀』, 22.
12) Volf, 『하나님의 말씀에 사로잡혀』, 10.
13) Volf, 『하나님의 말씀에 사로잡혀』, 11.

가(이른바 what it meant)를 추구하는 것이다.[14] 이렇게 저자가 본문에서 무엇을 의도했는지를 찾아내는 방법 중에 오래 동안 사용해온 역사비평적 방법이 있는데, 볼프는 그 방법론 속에 내재되어 있는 세속적 성향을 버려야만 그것이 유용하게 사용될 수 있다고 한다. 이 방법은 "세속적인 인과관계만으로는 설명하기 어려운 세계관도 수용할 수 있도록 다시 설계되어야 한다."고 볼프는 역설한다.[15]

(2) 지금, 여기에서

이 원리는 성서는 과거의 한 시점에서 특정한 사람들을 위해서 특정한 목적으로 기록되었지만 동시에 지금 여기에 사는 사람들을 위한 책이라는 것이다. 성서가 오늘을 위한 책이라는 것은 실제로 성서가 역사상 가장 많이 읽히고 있는 현상에 대한 묘사이기도 하다. 하지만 볼프에 의하면 더 중요한 것은 이것이 기독교의 유일한 고전이며 동시에 거룩한 책이라는 것에 있다. 성서는 단순한 과거의 문서가 아니라 이것이 "오늘날 현대인의 삶 속에 하나님이 개입하시는 매체"이기도 하다는 것이다.[16] 성서를 현재의 문서로 읽는다는 것은 성서에 기록된 과거의 사실을 오늘에 적용시키는 것 이상이라는 것이다. 성서에서 인간이 하나님의 형상으로 창조되었다고 말할 때(창 1:26) 혹은 예수가 사람들을 위해서 대신 죽었다고 말할 때(5:14), 독자는 방관자로만 있을 수 없고 그것에 대

---

14) 하지만 볼프는 성서를 단순히 역사 문서로만 읽는 것에 머무르지 않고 "또한 이런 과거의 사건들이 지금 여기에서 일어날 수밖에 없는 사건과 어떤 관련이 있는지"를 밝혀내는 것이 신학적 성서해석이라고 한다. Volf, 『하나님의 말씀에 사로잡혀』, 25.

15) Volf, 『하나님의 말씀에 사로잡혀』, 25.

16) Volf, 『하나님의 말씀에 사로잡혀』, 29.

한 반응이 요청된다는 것이다. 성서는 우리에게 말을 걸어오고 독자인 우리는 지금, 여기에서 그것에 응답해야 한다는 의미에서 성서는 오늘의 사람들을 위한 책이라는 것이다. 결국 "성서는 오늘을 위한 책이기 때문에 우리는 성서의 다양한 주장들을 이해하고, 우리에게 주는 메시지를 파악하고, 책임 있는 자세로 그런 것들을 붙들고 씨름할 필요가 있는 것이다."[17]

(3) 통일성과 다양성

볼프가 주목하는 성서의 중요한 성격은 내용의 다양성과 통일성이다. 먼저, 그는 성서의 통일성에 집중한다. 성서는 같은 색깔의 책은 아니지만 다양한 책이 모여 통일성을 이루는 책이라는 것이다. 성서는 하나의 핵심 주제로 모아진 총서와 같다는 것이다. 예를 들면, 비록 요한복음 1:1에서 "태초에 말씀이 계시니라"라고 독립적으로 말하지만, 이것은 창세기 1:1에 "태초에 하나님이 천지를 창조하시니라"와 연결되어 있다는 것이다. 또 예수 그리스도라는 주제로 신구약 성서은-비록 구약에서는 약간은 불분명하지만-엮여져 있다는 것이다. 다음으로, 볼프가 힘주어서 말하는 것은 성서의 다양성이다. 그는 성서 내용의 다양성을 "다성(多聲) 음악(조화롭지 않은 면과 조화로운 면을 모두 지닌)"이라고 하면서 그것은 "성서의 강점이지 약점이 아니다"라고 한다.[18] 하지만 볼프는 건드리(Robert H. Gundry)의 주장을 인용하면서 성서는 "(통일된 조직신학을 낳는) 초(超)역사적인 포괄성을 위해 맞춤형으로 만들어진 게 아니라 역사 내적인 타당성을 위해 집필되었다"고 말한다.[19] 즉

17) Volf, 『하나님의 말씀에 사로잡혀』, 32.

18) Volf, 『하나님의 말씀에 사로잡혀』, 34-35.

19) Robert H. Gundry, "Hermeneutic Liberty, Theological Diversity, and Historical Occasionalism," *The Old is Better; New Testament Essays in Support of*

성서가 시스템적으로 완벽하게 구성되어 꼭 들어맞는다고 주장하는 근본주의적 입장에 대해서는 경계의 목소리를 낸 것이다.

(4) 본문의 다의성(多意性)과 의미

볼프는 성서는 다양성과 함께 한 성서 본문이 다의성도 가지고 있다고 한다. 여러 학자들과 함께 그는 성서 한 본문에 복수의 의미가 있다고 생각한다. 또 성서에서 본문이 말하는 것이 아니라 본문을 통해서 하나님이 말하는 것이 사실이라면 하나님은 변하는 상황에 따라 능동적으로 대응해서 독자의 구체적인 상황 속에서 말씀하고 있다는 것이다. 그런데 여기서 문제는 이렇게 되면 어떤 한 본문의 의미가 무한정으로 확대될 수 있는 것이다. 여기에 본문과 의미의 관계에 대한 숙고가 필요하게 된다. 볼프는 본문(text)을 "기호화된 의미를 지닌 사회적 관계"로 취급한다.[20] 그렇게 되면 독자는 본문에서 억지로 의미를 만들어내서는 안 되고 "기호화된 의미에 대한 개연성 있는 설명을 구성하는 작업"을 해야 한다는 것이다.[21] 어떤 사람이 친구와 편지를 주고받을 때도 그 편지에 대한 우리의 개인적 흥미보다도 그 친구와의 사회적 관계 속에서의 그의 의도들 먼저 생각해야 하는 의무가 있다는 것이다. 하나님과 관계를 맺고 있는 신자가 성서를 하나님의 계시의 처소요 방편으로 생각한다면 그는 자신에게 유익되는 관심보다도 본문에 나타난 의도를 파악하기 위해 진지하게 고민하게 될 것이라는 것이다. 결국 성서는 인간 저자들이 다른 독자들에게 실제 쓴 글인 만큼 신자는 "그 저자들의 관심사와 목적을 발견하려는 목표를 품

Traditional Interpretations (Tübingen: Mohr Siebeck, 2005), 17. Volf, 『하나님의 말씀에 사로잡혀』, chapter 1. 각주 52.(p. 247)에서 재인용.

20) Volf, 『하나님의 말씀에 사로잡혀』, 40.

21) Volf, 『하나님의 말씀에 사로잡혀』, 40.

고 성서를 읽을 의무가 있다는 것이다."[22] 이런 방식으로 성서 본문의 다의성은 통제될 수 있는 것이다.

(5) 자세

성서 본문은 강자들이 약자를 억압하는 도구로 사용해 온 오랜 역사가 있다. 이에 대한 대항적 해석으로서 우리는 이른바 "의심의 해석학"을 성서에 적용하여 주석한다. 그런데 이 방식은 결국 성서가 거룩하고 유익한 책이라기보다는 역사 속에서 인간의 의해 왜곡되고 편협된 책이라는 의미도 함께 전제로 하게 된다. 때로 과격한 학자들은 성서를 버리게까지 된다. 이에 대해 볼프는 온건한 제안을 한다. 바로 "존경의 해석학"이다. 이것은 성서가 하나님의 계시를 담고 있는 거룩한 책이라는 전제 하에 성서 본문에 대한 "수용적 태도"를 갖는 것이다. 이에 대해서 어떤 이들을 이러한 방식은 성서의 본문에 대해서 수동적이고, 또 독자에게서 비판의식을 없애버리는 것이라고 비판할 수 있다. 이에 대해서 볼프는 다음과 같이 자신의 입장을 방어한다. 첫째, "'존경'과 '수용적 태도'는 비판적 판단과 양립 가능하다"는 것이다. "오히려 비판적 판단은 그 양자를 동반해야 마땅하다는 것이다."[23] 둘째, 이러한 존경과 수용적 태도는 신앙 공동체가 더 적극적으로 성서를 읽도록 하게 한다는 것이다. 수용과 존경의 태도는 "능동적"으로 읽는 행위와 독자 "자신의 입장"에서 그것을 읽도록 인도한다는 것이다.[24]

(6) 기독교의 성서와 다른 종교들

22) Volf, 『하나님의 말씀에 사로잡혀』, 43.
23) Volf, 『하나님의 말씀에 사로잡혀』, 45.
24) Volf, 『하나님의 말씀에 사로잡혀』, 47.

마지막으로 볼프는 기독교 신앙이 없이도 성서를 읽으며 유익을 얻을 수 있을 것인가를 질문한다. 그 대답은 '그렇다'는 것이다. 여러 종교적 배경의 사람들이 타 종교의 경전을 비교하여 읽는 프로젝트에서 비생산적인 충돌이 있을 것이라는 예상과는 달리 성서 읽기에는 생산적 결과가 나타난다는 것이다. 이러한 과업은 타인의 이해를 통해서 스스로를 더 잘 이해하게 될 뿐 아니라 다른 전통의 사람들의 경전 해석을 통해서 자신의 해석의 본질을 더 알게 되고 때로는 오히려 그들의 해석을 통해서 동료 종교인들에게서는 잘 발견되지 않았던 사실들을 새롭게 발견하기도 한다는 것이다. 그래서 결국 볼프는 모든 이들에게 성서를 읽을 것을 권하고 그것이 유익하다는 것을 말하고 있다.

3) 볼프의 방법론 평가

조엘 그린(Joel B. Green)은 성서학과 조직신학 사이에 있는 "철의 장막"을 뛰어 넘으려는 학자들의 시도를 다음의 세 가지로 분류했다. i) 수입과 수출 모델, ii) 순수한 간학문 모델, iii) 보다 유기체적인 간학문 모델. 첫 번째 모델은 성서학자와 조직신학자가 서로의 방법론과 연구결과물을 단순히 수입해서 사용하는 것이다. 이러한 방법은 상대방의 방법론과 연구결과물의 정황을 정확히 분석하지 않은 채 자신의 필요에 따라 도입하는 것으로 그렇게 생산적이지 않다.[25] 두 번째 모델은 보다 순수한 간학문적 방법인데, 각 전문 분야의 학도가 타 분야의 방법을 습득하여 자신의 것과 다른 것을 균형 있게 사용하는 것이다. 그래서 결과물이 방법론적으로 양 분야에 다 부합하는 것이다.[26] 세 번째 모델은 앞의 모델

25) 그린은 이러한 방법의 전형적인 학자로 차일즈(B. S. Childs)를 든다.

26) 그린은 이러한 방법론을 사용한 학자들로 쉬바르츠(Hans Schwarz)와 페리스(Stephen Farris)와 헤이스(Richar B. Hays)를 예로 든다. Hans Schwarz,

에서 진일보 한 것으로 성서학과 조직신학의 본질을 재 개념화하여 하나의 신학적 해석학의 모델을 제시하는 것이다. 이것은 연구자가 성서로부터 자신의 신학을 위한 단순히 자료를 얻어오는 것이 아니며 단순히 성서 특정 본문에 나오는 메시지를 밝혀내고 그것을 적용하는 것도 아니다. 이것은 저자의 정황과 신학을 파고들어 그가 그의 정황에서 고민하며 제시한 신학을 오늘의 정황과 실천을 염두에 두고 탐구해 내는 것이다. 연구자가 단순히 제삼자적으로 본문을 연구하고 그것의 현재적 의미를 밝혀내는 것이 아니라 저자를 따라가서 그의 상황에 따른 신학을 찾아내고, 그것을 현재 교회와 세계에서 벌어지고 있는 정황에서 접촉점을 찾아내어 기꺼이 그 신학의 요청에 참여자요 실천자가 되고자 하는 것이다.[27]

그린이 제시한 모델로 볼 때 볼프는 위 모델 중 세 번째 모델로 성서학과 신학을 연결하는 사람이다. 그는 성서학의 데이터를 수집 해다가 자신의 신학을 건축하는 사람도 아니요(첫 번째 모델), 또한 두 분야의 방법을 철저히 공부해서 양자를 균형 있게 다루는 것도 아니다(두 번째 모델). 볼프는 본문과 정황에 따른 저자의 신학을 밝혀내어, 오늘의 상황과 연결점을 찾아내고 연구자가 이에 실천자로서 참여하는 신학을 생산해 내고 있다. 볼프가 『하나님의 말씀에 사로잡혀』라는 저술에서 다룬 네 가지 주제는 다 이런 방식으로 접근한 그의 "신학적 성서읽기"의 결과다. 뿐만 아니라 이러한 방법은 그의 저술 곳곳에 나타나 있는 것이다.[28]

Christology (Grand Rapids, MI: Eerdmans, 1998); Stephen Farris, *Preaching That Matters: The Bible and Our Lives* (Louisville: Westminster, 1998); Richard B. Hays, *The Moral Vision of the New Testament: Community, Cross, New Creation: A Contemporary Introduction to New Testament Ethics* (San Francisco: Harper and Collins, 1996).

27) Green, "Scripture and Theology," 38-42.

2. 볼프의 신학 하기: 성서의 신학적 해석

볼프는 『하나님의 말씀에 사로잡혀』라는 책에서 네 가지 주제로 성서의 신학적 해석을 시도하고 있다. 첫째, 그는 베드로전서를 통해 교회와 문화를 다루는데 여기에 나타난 견해는 그리스도인들이 교회 밖에 세계에 대한 온건한 차별성이라고 한다. 둘째, 그는 요한일서 4:7-12을 통해 하나님의 본질적 성품인 사랑의 성격을 이슬람과의 대화를 정황으로 전개하고 있다. 셋째, 그는 하나님과 돈의 신을 같이 섬길 수 없다는 마태복음 6:24을 중심으로 기독교 신앙과 경제성장의 역학을 다루고 있다. 마지막으로, 그는 요한복음의 이원론과 현대의 다원주의를 다루고 있는데 여기에서는 이 부분을 집중적으로 분석하여 볼프의 성서의 신학적 해석이 어떤 의의가 있는지를 밝혀내 보려고 한다.

1) 볼프의 신학적 해석의 실제

조직신학자인 볼프의 관심사는 성서 본문의 현대적 의미와 실천이다. 그는 성서를 해석하면서 현대 세계의 문제와 질문을 지속적으로 가져온다. 그리스도인은 세속 문화와 어떤 관계를 가져야 하는가? 그리스도인의 사랑은 이웃 사랑과 어떤 관계가 있는가? 인간의 돈에 대한 무한한 열망은 기독교 신앙과 어떻게 관계되는가? 그리스도인의 용서의 성서적 근거와 실천은 어떻게 이루어지는가? 삼위일체로 존재하는 하나님과 교회의 본질은 무슨 관계가 있는가? 우리에게 폭력을 가한 이웃을 배제하지 않고 어떻게 그들과

---

28) M. Volf, 『베풂과 용서』 (서울: 복있는 사람, 2008), idem, 『하나님의 말씀에 사로잡혀』 (서울: 국제제자훈련원, 2012); idem, 『삼위일체와 교회』 (서울: 새물결플러스, 2012); idem, *The End of Memory: Remembering Rightly in a Violent World* (Grand Rapids, MI: Eerdmans, 2008).

포옹할 수 있을까? 볼프는 우리 시대와 모든 시대의 그리스도인들에게 핵심적인 질문을 던진다.

볼프가 하려고 하는 것은 바로 위와 같은 질문을 성서에 던지는 것이다. 그는 그에 관한 가장 적절한 성서 구절 혹은 성서의 책을 찾는다. 그래서 그 본문과 책에서 저자가 이 문제를 가지고 어떻게 씨름했고, 그 해답은 무엇이었으며, 그것이 오늘 우리의 질문에 어떤 해답을 줄 수 있는지를 씨름한다. 그가 위 질문들에 대해서 지금까지 여러 저서와 논문에서 대답으로 제시한 것은 성서의 주석과 신학의 해석의 내용과 질에 의해서 놀라움을 줄 뿐만 아니라 그 자신이 그것을 실천하고자 씨름한 의지에 의해서도 깊은 깨달음을 준다.

여기에서 볼프가 연결시키려고 하는 주제는 요한복음에 나타난 이원론과 현대의 다원주의다. 얼핏 두 주제는 잘 어울려 보이지 않는다. 요한이 제시하는 이원론은 세상이 근본적으로 선과 악으로 나뉘어져 있다고 생각하기 때문에 현대의 다원주의와는 반대된다고 여겨지기 때문이다. 그래서 우리는 이러한 요한의 이원론을 도덕적으로 나쁜 것이고 현대 사회에 어떤 유익도 줄 수 없는 사상이라고까지 생각하게 된다. 하지만 볼프는 이러한 이해가 요한의 이원론 사상에 대한 오해라고 본다. 요한은 우리가 흔히 생각하는 의미로 이원론을 내세우지 않는다는 것이다. 게다가, 그가 제시하는 이원론은 다원 사회를 거부하기보다는 오히려 지원한다고 한다. 요한의 이원론에는 대립적인 것만 있는 것이 아니라 중간지대도 있다는 것이다.

우선, 볼프는 우고 비앙키(Ugo Bianchi)로부터 이원론에 대한 정의를 빌려온다. 비앙키에 의하면 선과 악과 같은 두 개의 반립관계가 단순히 존재하는 것으로 이원론이 성립되지 않는다. 이와 같은 이원성이 "세계와 사람을 존재케 할 책임을 진, 서로 상반된 존재론적 원리들"[29]과 직접적으로 관계되었을 때에야 비로소 이원론적이라고 할 수 있다는 것이다. 외견상 요한복음은 빛과 어둠, 위와 아래, 영과 육을 말하면서 이러한 원리를 지지하는 것 같다. 하지만 볼프에 의하면 요한복음은 위의 의미로 볼 때 이원적이지 않다. 빛과 어둠을 하나님이 다 창조하여 이것이 동시에 존재하게 한 것이 아니라 하나님이 빛을 창조했고, 인간의 타락으로 어둠이 생겼으며 빛이 어둠을 몰아낸다는 것이다. 또 요한복음에서 하나님은 구원자로서 여러 대립적인 상태를 해소시킨다는 것이다. 예를 들어 예수는 성육신해서 자신을 반대하는 세상을 사랑해서 구원하고자 한 것이다. 한마디로 말해, 요한복음은 그 신학이 이원론적이지 않다.

위에서 우리는 요한신학이 이원론적이지 않지만 대립적인 이원성은 가지고 있다고 했다. 그렇다면 위와 같은 요한의 이원성은 다원주의와 어떤 관계인가? 볼프는 다원주의를 "사회적 현실로서의 다원주의"와 "철학적 입장으로서의 다원주의"와 "정치 프로젝트로서의 다원주의" 등 세 종류로 나누고 요한이 각각과 어떤 관계인지를 묻는다. 첫째, 정치 프로젝트로서의 다원주의는 "문화적으로 또 종교적으로 다원주의 사회에 가장 어울리는 정치 제도들을 수립하려고 하는" 것인데, 다시 말하면 이것은 "다원주의적 민주주의"다.[30] 볼프는 요한의 이원성은 이것을 전혀 반대하지 않는다고 한다. 이런 다원주의는 요한 공동체와 같은 소수파를 허용했을 것이고, 요한 공동체의 특성으로 보아 요한 공동체도 이러한 체제에 반론을 제기하지 않았을 것이기 때문이라는 것이다.

---

29) Ugo Bianchi, "Dualism," in *Encyclopedia of Religion*, vol. 4, Mircea Eliade (ed.) (N. Y.: Macmillan, 1987), 506. Volf, 『하나님의 말씀에 사로잡혀』, 126에서 재인용.

30) Volf, 『하나님의 말씀에 사로잡혀』, 130.

둘째, 철학적 입장으로서의 다원주의는 절대적인 진리는 없다고 주장하는 입장인데 회의주의, 혼합주의, 무관심한 상대주의, 상황주의 등으로 분류할 수 있다. 요한의 이원성은 이런 다원주의와 반대된다고 한다. 요한은 선과 악의 대립을 긍정하고 그것을 해소하려고 하지, 그 자체를 그냥 놓아두지 않기 때문이다.

셋째, 볼프가 말하는 사회현상으로서의 다원주의란 한 문화로 다른 문화를 평가해야 한다거나 문화 간 상호 어떻게 관계를 맺을 것인가 하는 것이라기보다는 "오늘날의 세계에 존재하는 현실로서의 문화적 다양성을 뜻한다."[31] 또 여기서 문화적 다양성은 다른 입장에 있는 사람들과 다양한 방식으로 교류하는 것을 나타내는 말이다. 볼프는 이러한 사회현상으로서의 다원주의에 대해서 요한의 이원성은 이것을 충분히 인정한다고 한다. 요한복음 1:3에서 세상이 모두 말씀인 그리스도에 의해서 창조되었다고 보기 때문이다. 다원성은 근본적으로 하나님의 창조 행위에서 발생한 것이다. 요한은 다원성을 부인하는 것이 아니라 오히려 다원성이 하나님이 창조한 세계의 전제 조건이라고 말한다는 것이다.[32]

그런데 여기에 한 가지 의구심이 드는 것이 있다. 요한복음에 묘사된 "유대인들"과 예수의 대립적 관계다. 예수는 그들을 심지어 마귀로부터 난 자라고까지 부른다(8:44). 그렇다면 이것은 사회현상으로서의 다원성을 인정하지 않는 것 아닌가 하는 생각이 들게 한다. 하지만, 이 모든 것이 예수를 죽이려는 그들의 시도에 뒤따라 온 것이고, 여기서 "유대인들"은 유대 민족을 가리키기 보다는 유대인 당국자들을 지칭한다. 그런데 요한은 이들도 하나님의 구원 의지에 포함된 자들이며(3:16), 예수는 이들을 포함한 모든 이를 위해서 죽었다고 말하고 있다. 그렇다면 이것은 사회현상으로서의

31) Volf, 『하나님의 말씀에 사로잡혀』, 136.
32) Volf, 『하나님의 말씀에 사로잡혀』, 138.

다원주의를 충분히 용인하는 것이 된다.

볼프는 요한이 흔히 말하는 모든 종교에 구원이 동등하게 존재한다고 믿는 종교 다원주의를 포용하지 않을 것이라고 말한다. 그는 타 종교에 구원이 있다는 것에 반기를 드는 배타주의일 것이라는 것이다. 사람들은 이러한 요한의 태도가 '문젯거리'라고 쉽게 말한다. 하지만 이러한 배타성은 그 자신의 정체성을 분명히 해준다. 이것에 반대된 포용주의도 사실은 새로운 종교 사상을 만들어 내는 것일 뿐, 그것 자체도 사실상은 배타주의의 일종이라는 것이다. 오히려 배타주의는 자신의 정체성을 분명히 해서 다른 종교의 정체성을 인정하고 그것과 올바른 관계를 맺을 수 있다는 것이다.

마지막으로, 이러한 요한의 배타주의는 어떤 신학적 의미가 있는가 하는 질문이 남는다. 첫째, 유대교를 전반적으로 긍정적으로 묘사하는 것으로 보아 -부정적인 묘사는 주로 예수를 죽이려는 유대 당국자들에 해당- "요한의 대립적 이원성은 종교적 타자성을 부정함으로써 연마되는 게 아니라 타자성이 그 공동체의 경계선 내에 존재하는 것을 편하게 느끼는 그런 공동체적 정체성을 수용할 수 있는 것이다."[33] 둘째, 요한의 이원성이 요한을 이웃과 어울리지 못하게 하는 '섹트'였기 때문이라고 흔히 주장하는데, 요한에게 흑과 백 색깔의 사람들만 용인하는 것이 아니라 중간지대의 사람들이 있는 것으로 보아 이러한 판단은 잘못된 것이라고 한다. 셋째, 많은 학자들이 요한이 '세상'이라는 말로 표현하면서 외부인을 완전히 부정적으로 묘사한다는 견해에 대해서 볼프는 요한이 세상을 구원의 대상으로 묘사하고 있다는데 주목하면서, 요한이 외부 세계에 대해서 무조건적으로 경원시하는 입장이 아니었다고 한다. 넷째, 요한복음에 나오는 회색 지대의 사람들, 예컨대 불완

---

33) Volf, 『하나님의 말씀에 사로잡혀』, 151.

전한 믿음을 가진 사람들(6:60-66)과 니고데모(3:2; 7:53; 19:39)와 같은 인물들이 있는 것으로 보아 요한복음에서 모든 사람을 흑과 백으로 나누는 섹트와는 다르다고 한다. 다섯째, 요한 공동체에는 섹트적인 단체에 그 조직을 유지시키기 위해 반드시 존재하는 "도덕법에 대한 강조와 교회조직에 대한 강조"가 없다는 것이다.[34] 곧 요한은 흔히 말하는 섹트보다 다원성에 더 열려 있었으며, 세상을 향해서도 열려 있었다는 것이다.

결국, 이상을 통해서 볼 때 "요한의 대립적 이원성들은 정치 프로젝트로서의 다원주의와 사회현실로서의 다원주의 중 어느 것도 부정하지 않"는다.[35] 곧 요한복음은 지금까지 흔히 생각했던 것보다 더 사회 친화적이고, 다원적 사회에 맞는 복음일 수 있다는 것이다. 볼프는 이러한 종류의 이원성은 사회에 "유익한 것"이라고 주장한다.[36] 박해하는 유대인들과 또 요한 공동체를 외면하는 교회 외부사람들에 끼어 있는 상황에서 이렇게 그들을 용인하는 것으로 이원성을 유지했다는 것은 현대 사회 유익한 놀라운 것이 아닐 수 없다는 것이다.

2) 볼프의 해석에 대한 평가

(1) 성서와 신학을 연결

볼프는 오늘의 사회의 핵심 이슈와 관계하여 요한의 이원론 사상의 핵심을 잘 꽤 뚫어보고 있다. 그는 요한의 이원론을 주석적 방법에 의하여 별도로 연구하고 그것을 오늘의 상황에 적용하는 두 단계 분리된 연구를 하지 않았다. 그는 성서의 신학적 연구로

34) Volf, 『하나님의 말씀에 사로잡혀』, 161.
35) Volf, 『하나님의 말씀에 사로잡혀』, 164.
36) Volf, 『하나님의 말씀에 사로잡혀』, 164.

이것을 하나로 통합하여 다루고 있다. 하지만 이것은 비평 이전 시대의 연구처럼 오늘의 문제의 해답을 위해서 성서 본문을 끌어다 모으는 방식이 아니다. 또 비평이후 시대에 흔히 주석가들이 과거의 문제를 과거의 문제로만 연구하는 방식도 아니다. 그것은 성서 저자의 신학을 오늘에 되살리는 것이다.

오늘의 보수적 기독교의 문제 중 하나는 사회 부적응성이다. 사회를 교회와 대립된 단체로 보고 다원화된 사회에서 섹트로 살아가는 것이다. 그리고 그러한 삶의 근거가 되는 것으로 흔히 인용되는 것이 요한의 이원론 사상에 나타난 세상과 여타 종교에 대한 태도다. 하지만 볼프가 잘 밝혀낸 대로 이러한 태도는 요한의 이원론을 잘못 이해한 데서 비롯된 것이다. 요한은 사회현실로서의 다원주의를 배격하지 않는다. 요한이 처했던 상황을 볼 때 오히려 그는 적대자들을 포용하고 용서하는 "성 요한"이었다는 것이다.

그 동안 너무도 쉽게 요한 신학자들은 요한 공동체를 '섹트'(sect)로 간주해 왔다. 케제만(E. Käsemann)과 같이 요한 공동체를 가현주의와 경계선상에 있는 이단적 단체로 규정하는 사람은 많지 않았으나, 트랠취(E. Trölsch)가 말하는 사회학적 개념으로서의 '섹트'로 너무 쉽게 생각하는 경향이 있었다. 요한 공동체는 유대교와 밖의 세계와 여타 기독교 공동체와 관계해서 그 신학과 태도가 '섹트적'이었다는 것이다. 요한 신학자들 중 많은 이들이 이러한 견해를 따랐지만 최근에 여러 요한 학자들에 의해 이 견해는 반박되었다.[37] 볼프는 요한의 이원론이 섹트적이 아니었다는 것을 현대의 인류학을 비롯한 사회 과학의 이론을 빌어 설득력 있게 논증하고 있다.

---

37) 이에 관한 논의로는 졸고를 보라. 김동수, "정통과 이단에 대한 성서적 이해: 요한공동체는 과연 이단적이었나?" 『성결신학논총』 2(2005), 307-21.

볼프의 이와 같은 신학하기는 그 동안 철의 장막으로 여겨졌던 성서학과 조직신학을 연결하고 상호 소통케 하는 모범적인 사례를 보여준 것이다. 특별히 볼프의 공헌 중 하나는 이러한 연결을 흔히 하는 대로 '성서주석-성서신학-조직신학'의 삼 단계를 단절되게 연결하지 않고 하나의 통합된 신학적 성서읽기를 제안하고 그것을 구체적으로 보여주고 있다는 것이다. 사실 지금까지 그의 신학하기를 보면 모두 이런 원칙에 의해 이루어지고 있음을 볼 수 있다.

(2) 신학과 윤리를 연결

또 한 가지 볼프의 중요한 공헌은 그는 실천과 상관없는 공허한 이론만을 위한 신학을 하지 않고 신학과 윤리를 연결시킨다는 것이다. 특히 그의 신학에는 자신의 실존적 경험과 결단이 들어가 있는 경우가 대부분이다. 그가 하나님의 본질적 성품인 사랑과 용서의 문제를 다룬 『베풂과 용서』에서는 그 자신이 겪은 용서할 수 없는 실존적 경험이 들어 있다. 그럼에도 불구하고 그는 하나님의 사랑에서 용서가 가능하고 그렇게 해야 함을 역설하고 있는 것이다. 그가 『배제와 포용』을 쓴 것은 크로아티아인으로서 세르비아인들에게 당한 엄청난 인종 살해의 상황에서였다. 그는 그 현장에서 배제를 택하지 말고 포용하자고 말하고 있는 것이다. 그는 살해당한 동족을 위한 정의를 실현하는 것과, 가해자를 용서해야 한다는 성서의 진리 사이에서 투쟁과 고민을 하지 않을 수 없었다. 그의 이야기를 그대로 들어보면 이렇다.

> 나는 느슨하고 초연한 태도로 흥미로운 지적 퍼즐을 푸는 데는 관심이 없었으며, 불가능한 것은 시도조차 하지 않았다. 전쟁이 끊이지 않는 세상의 시민이자 예수 그리스도를 따르는 사람으로서 나는 서재에 들어가기 전에 헌신과 욕망, 저항, 분노, 불확실성을 외투처럼 옷걸이에 걸어

> 두었다가 하루의 작업이 끝나면 다시 집어서 입는 식으로 책을 쓸 수 없었다. 내 동족은 짐승처럼 짓밟히고 있었으며, 나는 십자가에 달리신 메시아를 따르는 사람으로서 적합한 반응을 생각해 내야만 했다.[38]

또 어떻게 보면 그의 책 중에서 가장 교리적이고 이론적인 내용을 다루고 있는 『삼위일체와 교회』에서도 사실 그는 공허한 신학을 하지 않았다. 삼위일체가 존재하는 방식이 오늘날 교회의 존재양식이 되어야 하며, 그래서 교회는 교제를 핵심으로 다중심성으로 나가야 한다고 역설하고 있는 것이다. 나는 일전에 이 책에 대해서 다음과 같이 서평을 한 바 있다.

> 본서가 질문하는 것은 교회의 본질이 무엇인가 하는 것이다. 교회는 어떤 모습을 가져야 하는가 하는 것이다. 한마디로 말해, 볼프는 삼위일체 인격체 간의 존재 양식이 교회의 본질이 되어야 한다고 주장한다. 영어 원서의 제목도 "우리[삼위일체 우리]처럼: 삼위일체의 이미지로써의 교회"이다.
>
> 볼프가 이해하는 삼위일체의 모습은 이른바 성부가 성자와 성령을 지배하는 군주적 삼위일체론이 아니다. 그는 그의 선생 몰트만(J. Moltmann)을 따라 이른바 삼위간의 민주적 삼위일체론이다. 즉 삼위일체 각 위격은 인격 간에 상호 의존적이고 상호 내재적이다.
>
> 볼프의 말을 그대로 빌리면, "하나님의 신적 인격은 단지 그 자신일 뿐만 아니라, 자신 안에 다른 신적 인격들을 동시에 담지한다. 그리고 오로지 그 안에 이러한 다른 인격들이 내주하는 것 가운데 그 인격은 진정한 인격이 된다"(349). 즉 삼위일체는 각 인격이 "융합이나 혼합 없이 상대방 안에 내재하는 것이다"(348).
>
> 볼프는 이러한 삼위일체가 교회의 원형이라고 말한다. 교회에서 각 개인은 하나님의 주신 고유한 특질을 잃지 않는다. 그러면서도 동시에 교회

38) Volf, 『배제와 포용』, 14-15.

> 내에 있는 개인은 개인의 연합이 아니라 상호 인격을 내재적으로 공유한다. 그래서 몸에 있어서 한 지체가 아프면 모든 지체가 그 아픔을 공유하게 된다.
> 그래서 "신앙은 교제 안으로, 즉 삼위일체 하나님과 또 다른 그리스도인들과의 교제 안으로 들어가는 것을 의미한다"(293). 볼프가 여기서 삼위일체의 존재 양식과 교회의 존재 양식에서 공유하고 있는 것으로 중요하게 본 것이 바로 코이노니아이다. 교회의 본질은 바로 예수를 그리스도로 신앙 고백하는 이들이 모여서 교제하는 데 있다(마 18:20)는 것이다.
> 그렇다면 그 교제를 깨는 것은 어떤 것일까? 첫째, 한 지체가 전체를 지배하는 것은 교제를 깨는 것이다. 둘째, 지체가 인격체 간의 상호 내주 없이 독립적 개인의 연합으로만 존재하는 것은 교회 안에 삼위일체적 모습이 없는 것이다. 그래서 교회는 한 사람 혹은 한 직분자 중심이 아니라 다중심으로 가야하는 것이다. 또 모든 신자는 서로 형제 혹은 친구의 관계로 서로 교제하고 개인의 특질이 없어지지 않으면서도 상호 내주에 의해 교회의 모습을 형성해 나가야 하는 것이다.[39]

볼프는 오늘의 삶의 한 가운데서 신학을 하기 때문에 신학이 윤리가 되고, 윤리는 신학에 근거한 것이 된 것이다. 비록 그것이 성서의 진리를 밝혀내는 작업이라도 결국은 연구자가 그것을 실천하는 것과 아무 연관이 없는 신학이 될 때, 또 자신이 실존적으로 그것을 실천하는 것과 무관하게 제삼자적으로 신학을 하는 것은 신학함의 오랜 관행이기는 하지만, 우리는 볼프에 의해 이러한 관행이 도전받고 있는 것이다. 그는 이론과 실천, 곧 신학과 윤리를 하나로 보고 성서를 신학적으로 읽는 신학자다.

---

39) 김동수, "서평: 미로슬라브 볼프의 『삼위일체와 교회』," <뉴스미션> (www.newsmission.com) 2012년 8월 11일에 게재.

3. 결론

본 장은 현재 성서신학과 조직신학 사이에 있는 "철의 장막"은 신학적으로 건전한 상태가 아니며 이 상태는 해소될 수 있다는 입장에서 출발했다. 이것을 제거하기 위해 특히 지난 20년간 성서학자들과 조직신학자들 양 진영 학자들은 각각의 영역에서 나름대로의 노력을 기울여왔다. 본 장은 그 중에서 조직신학자인 볼프가 어떻게 성서신학과 조직신학을 통전적으로 하나의 해석학을 만들어 사용하는지 그의 이론과 실제를 최근의 그의 저서를 중심으로 분석하고 평가하였다. 결과 그의 방법론은 성서 여기저기에 있는 진리를 조직신학자의 입맛에 맞게 요리해 내는 것도 아니요, 또 '성서본문주석-성서신학-조직신학'에 이르는 단계를 거치는 단절된 것을 연결하는 신학도 아니라는 것을 보았다. 그의 신학은 성서의 진리를 오늘에 되살리는 것으로 여기에는 주석과 해석과 실천이 모두 하나로 연결되어 있는 것이다. 이러한 신학하기는 성서신학과 조직신학과 단절은 물론 신학(이론)과 윤리(실천)의 단절도 좁혀주는 것이다.

이러한 볼프의 성서의 신학적 해석은 성서신학과 조직신학을 연결 혹은 이것을 하나의 해석 체계로 만드는 하나의 모델이라고 할 수 있다. 이러한 작업은 성서의 진리를 신학화를 통해 오늘의 상황과 삶까지 연결시켜주는 것으로 신학 내에서의 간학문적 연구의 중요한 예라고 할 수 있다. 이러한 신학하기가 성서신학과 조직신학 사이에 그 동안 있어왔던 "철의 장막"을 제거하는 하나의 시도라고 볼 때 매우 의미 있는 일이다.

참고문헌

참고문헌

강사문. "구약에 나타난 하나님의 교회." 『성서마당』 98(2011년 여름), 10-22.

______. "구약성경에 나타난 교회상." 『교회와 신학』 30(1997), 106-132.

강성모. 『유다복음, 그 허구성을 밝힌다』. 서울: 나눔사, 2006.

강요섭. "신약성서 해석의 동향." 『신학사상』 35(1981년 가을), 784-801.

강준민. 『강청기도의 능력』. 서울: 두란노, 2002.

고영민. "신약성서 신학의 과제와 미래적 전망." 『신학사상』 95(1996년 가을), 94-118.

공덕성. "효란 무엇인가." 『효사상과 미래사회』. 서울: 한국정신문화연구원, 1995, 117-26.

권성수. "문화와 성경해석." 『신학지남』 237(1993년 가을), 7-47.

권연경. "바울의 기도 I." 『그말씀』(2009년 2월), 66-77.

길성남. "만물을 충만케 하시는 자의 충만: 에베소서 1:23b에 관한 주석적 신학적 연구." 『개혁신학과 교회』 15(2003), 69-93.

김경일. 『공자가 죽어야 나라가 산다』. 서울: 바다출판사, 1999.

김경희. "갈라디아서 3장 27-28절을 통해 본 원시 기독교의 평등의 비전." 『신약논단』 7(2000), 48-82.

김경희 외. 『신약성서개론: 한국인을 위한 최신 연구』. 서울: 대한기독교서회, 2002.

김광수. "한 밤중에 간청하는 친구의 비유와 누가의 기도 신학: 누가복음 11:5-13을 중심으로." 『복음과 실천』 52(2013), 63-88.

______. "불의한 재판관과 끈질긴 과부의 비유(눅 18:1-8)에 나타난 누가의 기도 신학." 『복음과 실천』 54(2014), 96-97.

______. "예수의 감람산 기도 이야기에 나타난 누가의 신학적 관심사(눅 22:39-46)." 『복음과 실천』 50(2012), 63-90.

______. 『하나님의 나라와 치유사역: 예수의 치유사역과 사회정치적 해석』. 대전: 침례신학대학교출판부, 2012.

김균진. 『기독교조직신학 I』. 서울: 연세대학교출판부, 1984.

김덕기. "최신 신약학 동향: 예수의 비유 연구의 방법론을 중심으로." 『신학논단』 21(1993), 323-56.

______. "예수의 비유(parable)의 장르 규정에 대한 구조주의적 비평의 공헌." 『현대와 신학』 21(1996), 235-69.

김동수. 『요한복음의 교회론』. 서울: 대한기독교서회, 2005.

______. "서평: 윤철원의 신약성서의 그레꼬-로마적 읽기." 『신약논단』 8(2001), 205-210.

______. "대천덕 성령론의 공헌과 특징." 『영산신학저널』 36(2016), 101-128.

______. "정통과 이단에 대한 성서적 이해: 요한공동체는 과연 이단적이었나?" 『성결신학논총』 2(2005), 307-321.

______. "요한복음에 나타난 교회와 교직 이해." 『신약논단』 7(2000), 245-62.

______. "성서적 효(엡 6:1-4)." 『2001 예배와 강단』. 서울: 한들출판사, 2000, 288-94.

______. "요한복음에 나타난 삼위일체 사상." 『신약논단』 19(2012), 141-70.

______. 요한복음에 나타난 하나님과 신자의 부자 관계." 『성산효도대학원대학교 교수논총』 2(2001), 65-77.

______. "말할 수 없는 탄식(롬 8:26): 무언인가? 방언인가?" 『신약논단』 15(2008), 961-86.

______. "밤에 찾아온 친구의 비유(눅 11:5-8)." 『신약논단』 8(2001),

25-38.

______. "영산의 기도론: 강청(强請)하는 기도는 가능한 것인가?" 『영산신학저널』 3(2004), 122-43.

김동수, 차준희(편). 『효와 성령: 최성규 총장 회갑기념 논문집』. 서울: 한들출판사, 2002.

김득중. "1970년대 신약신학." 『신학사상』 36(1982년 봄), 37-57.

______. "역사비평 이전과 이후의 성서해석." 『신학과 세계』 21 (1990년 가을), 45-68.

______. "누가 문서에 나타난 기도의 주제." 『신학과 세계』 17 (1988), 251-78.

______. 『누가복음』. 서울: 대한기독교서회, 1993.

김명수. "성서해석의 여성신학적 패러다임." 『기독교사상』 476 (1998년 8월), 75-92.

김상기. "구약성서의 기도." 『성서마당』 114(2015년 여름호), 9-26.

김선영. "교황의 수위권에 대한 그레고리우스 7세와 마르틴 루터의 입장: 마태복음 16장과 요한복음 21장을 중심으로." 『한국교회사학회지』 35(2013), 7-40.

김영봉. "21세기 한국교회와 신약신학, 회고와 전망." 『성서마당』 45(2000년 11월), 7-11.

______. 『사귐의 기도』. 서울: IVP, 2002.

______. "요구의 기도에서 사귐의 기도로." 『기독교사상』(2003년 10월), 44-60.

김용옥. "신약학의 최근 동향." 『신학사상』 13(1976), 219-40.

______. 『기독교성서의 이해』. 서울: 통나무, 2007.

김이곤. "교회와 하나님의 백성." 『신학사상』 110(2000년 가을), 34-52.

김정우. "21세기 한국교회와 성서학, 회고와 전망." 『성서마당』 45

(2000년 11월), 4-6.

김중은. "구약에 있어서의 교회." 『성경과 신학』 7(1989), 286-302.

김지철. "민중신학의 성서읽기에 대한 비판적 고찰." 『신학사상』 69(1990년 여름), 439-65.

______. "그리스도와 이스라엘: 시온의 거침돌에서 시온의 구원자로!" 『신약신학저널』 8(2002), 7-27.

______. "예수의 치유." 『교회와 신학』 28(1996), 191-219.

김창락. "최근 신약신학의 동향." 『기독교사상』 331(1986년 7월), 30-37.

______. "20세기 후반기의 신약신학." 『신학연구』 36(1995), 51-90.

김창선. 『21세기 신약성서 신학』. 서울: 예영커뮤니케이션, 2004.

김철손. "계시록에 나타난 교회론." 『신약성서의 현대적 해석』. 서울: 감신대학교 출판부, 1992), 188-216.

김학철. "마태 공동체의 '땅'과 '하늘' 사이의 '메고 푸는' 권세." 『기독교신학논총』 49(2007), 67-91.

김희성. "누가의 역사화된 구속사적 종말론." 『말씀과 현존』. 서울: 한들, 2000, 121-53.

김형동. "성서비평의 어제와 오늘." 『역사와 해석학』. 서울: 한들, 2000, 157-77.

류호영. "교회의 본질과 사명: 마태복음 16:13-20의 석의와 고린도전서 3:10-15의 비평적 성찰을 중심으로." 『백석신학저널』 23(2012), 161-218.

도한호. "치유신학에 대한 바른 이해." 『목회와 신학』 46(1993년 4월), 36-45.

박동현. "구약성경의 기도에 대한 서론적인 고찰." 『장신논단』 10(1994), 304-306.

박명수. "근대복음주의의 중생이해에 대한 역사적인 고찰." 『성결교회와 신학』 1(1997), 9-62.
박수암. "20세기 한국 신약학의 회고와 전망." 『한국기독교신학논총』 22(2001), 119-42.
______. "장신대 신약학의 어제와 오늘과 내일." 『교회와 신학』 40 (2001년 봄), 32-43.
______. "신약성서의 교회관." 『말씀과 교회』 29(2001), 90-111.
박영돈. 『성령충만, 실패한 이들을 위한 은혜』. 서울: SFC, 2008.
박익수. "최근의 로마서 연구 경향." 『신학과 세계』 17(1988년 가을), 279-98.
박준서. 『십계명 새로보기』. 서울: 한들출판사, 2001.
박재순. "21세기와 생명 교회론: 신약시대의 과부들을 중심으로." 『신학사상』 110(2000년 가을), 53-77.
박창건. "바울의 기도 연구." 『신학과 세계』 26(1993), 115-43.
박찬웅. "예수 추종자 보도에 반영된 요세푸스와 누가의 교회 이해." 『신학사상』 114(2001), 129-52.
박태식. "참 하나님의 백성인 교회 – 사도 5,12-16." 『예수와 교회』. 서울: 우리신학연구소, 1999, 215-38.
박형용. "바울의 신학에 비추어 본 한국교회." 『국제신학』 3(2001), 10-53.
박혜란. 『목사의 딸』. 서울: 아가페북스, 2014.
방석종. "기도 찬양 감사," 편집부(편). 『기도와 현대 목회』. 서울: 감리교신학대학교출판부, 1996, 256-73.
박정수. "초기기독교적 권위구조의 변화." 『한국기독교신학논총』 31(2004), 123-55.
서인선. "수사비평이란 무엇인가?" 『신약논단』 2(1996), 191-214.
성산연구소(편). 『효실천』. 서울: 성산서원, 2002.
성산효도대학원대학교(편). 『효의 길 사람의 길』. 서울: 성산서원,

1999.
성종현. “신약성서의 교회관.” 『장신논단』 15(1999), 99-117.
______. “신약학의 어제와 오늘.” 『목회와 신학』 33(1992년 3월), 49-55.
______. “요한복음서에 대한 최근 연구동향(I).” 『교회와 신학』 22 (1990), 158-80.
소기천. “임마누엘 신앙과 공관복음서의 교회론.” 『신약논단』 7 (2000), 122-45.
송순열. “한국 성서 연구의 흐름과 전망.” 『신약성서개론: 한국인을 위한 최신 연구』. 서울: 대한기독교서회, 2002.
______. “신약성서 연구방법론으로서 서사비평의 이론과 실제.” 『신학연구』 43(2002), 47-80.
심상법. “사회-과학적 해석과 마가복음 설교.” 『신학지남』 254 (1998년 봄), 223-48.
______. “복음주의 신약연구의 동향.” 『성경과 신학』 21(1997), 37-70.
양명수. “기독교의 죄 개념과 효.” 『효학연구』 1(2004), 18-24.
______. “효와 인권.” 『활천』 546(1999년 5월), 22-26.
오덕호. “신약성서 연구를 위한 독자반응 비평.” 『성서해석학』. 서울: 한들, 1997, 185-211.
오우성. “전통적 권위의 폐기와 대안적 공동체: 마태복음 23:8-12을 중심으로.” 『신약논단』 9(2002), 787-812.
왕대일. “성서에서 본 현연, 혈연주의, 가정.” 『기독교사상』 473 (1998년 5월), 10-19.
______. “구약성서와 기도.” 편집부(편). 『기도와 현대 목회』. 서울: 감리교신학대학교출판부, 1996, 9-58.
유승원. “한국의 신약성서 연구에 관한 소고.” 『신학연구 50년』.

한국문화원(편). 서울: 혜안, 2003, 93-138.

______. "신약연구에 있어서 사회학적 방법론이 갖는 의미와 한계." 『나사렛논총』 4(1999), 147-74.

______. "그레코-로마 세계의 몸 메타포와 바울의 교회 공동체 개념." 『신약논단』 7(2000), 149-66.

윤성범. 『효와 종교』. 서울: 감신, 1998.

______. 『효』. 서울: 대한기독교서회, 1974.

이광진. "목회서신에 나타나는 목회자의 권위 문제." 『신학사상』 128(2005년 봄), 217-49.

이민규. "고대 팔레스틴 문화로 본 친구의 도움에 관한 비유(눅 11:5-8)." 『신약논단』 9(2002), 845-64.

이상선. "공자 효행의 현대적 의의." 『성산효도대학원대학교 교수논총』 2(2001), 251-67.

이상호. "요한신학연구의 최근 동향." 『신학사상』 13(1976), 298-323.

이성찬. "누가의 성령론적 윤리." 미출판 박사학위 논문; 장로회신학대학교, 2010.

이은선, 이정배. 『현대이후주의와 기독교』. 서울: 다산글방, 1993.

이필찬. "요한 계시록의 종말론적 교회의 모습." 『목회와 신학』 130(2000년 4월), 94-103.

이하천. 『나는 제사가 싫다』. 서울: 이프, 2000.

이한수. "오늘날의 신유에 대한 신학적 진단." 『목회와 신학』 72 (1995년 6월), 88-97.

임진수. "요한서신들의 영적 직제에 관한 연구." 『신약논단』 10 (2003년 여름), 455-84.

장동수. "에베소서의 교회론." 『복음과 실천』 27(2000), 103-144.

장석정. "구약성서에 나타난 예배 공동체." 『신학사상』 114(2001년 가을), 104-128.
장해경. "기도에 대한 예수의 두 가지 비유." 『설교를 위한 성서 연구』. 한국성서학연구소(편). 서울: 한국성서학연구소, 1999, 107-115.
전국신학대학협의회(편). 『한국신학교육자료집 2006/2007』. 부천: 서울신대, 2005.
전성용. 『칼 바르트의 성령론적 세례론』. 서울: 한들, 1999.
______. "유아세례 논쟁." 『신학과 선교』 24(1999), 33-63.
______. "칼 바르트의 반유아세례론." 『성결교회와 신학』 1(1997), 110-29.
조갑진. "신약에서의 유아 세례에 관한 연구." 『성결교회와 신학』 1(1997), 64-91.
조병수. "신약신학의 미래과제." 『한국개혁신학회 논문집』 8(2000), 57-75.
조병하. "초대교회 교회직제 발전에 대한 연구." 바른교회 아카데미(편). 『교회직제론』. 서울: 예영커뮤니케이션, 2012, 73-95.
조종남. "요한 웨슬레의 세례관." 『성결교회와 신학』 1(1997), 92-109.
조태연. "'학자들이 나를 누구라 하더냐?': 신약학 논의의 최신 동향." 『신학사상』 94(1996년 가을), 161-84.
차정식. 『마음의 빛을 부르는 기도: 신약성서의 기도 신학』. 서울: 대한기독교서회, 2003), 221-48.
______. "가룟 유다와 '유다복음'의 진실." 『현대종교』 (2006년 6월), 57-65.
최병철. 『공자가 살아야 나라가 산다』. 서울: 시아출판, 1999.
최성규. 『효가 살아야』. 서울: 성산서원, 1998.
______. 『최성규 목사 회갑 기념집. 설교집. 효자 축복』. 서울: 성

산서원, 2001.

_____. 『성령에 사로잡힌 사람』. 서울: 규장, 1998.

최성규(편). 『효학개론』. 서울: 성산서원, 2001.

최승락. "'가치중립적' 성경 주해에 대한 신학 해석학적, 언어 이론적 논박." 『국제신학』 7(2005), 213-50.

최진묵. "중국 고대 孝이념의 형성과 그 변화." 『효학연구』 1(2004), 304-317.

최혜영. "바울로 서간에 나타난 기도 연구." 『가톨릭신학과사상』 2(1998), 200-201.

최흥진. "바울 서신을 중심으로 한 교회의 직분과 영적 은사에 관한 연구." 『신학이해』 15(1997), 73-103.

한종호. "기도, 욕망이라는 이름의 전차: 강준민 목사의 '강청 기도론', 그 허상." 『기독교사상』(2003년 10월), 80-88.

현경식. "수사학적 비평이란 무엇인가?" 『신학사상』 102(1998년 가을), 147-66.

현요한. "기적과 신학." 『교회와 신학』 29(1997), 135-68.

홍인규. "바울과 가정교회." 『복음주의신약학연구』 2(2003), 227-57.

Aland, Kurt. *Did Early Church Baptize Infants?* Philadelphia: Westminster, 1963.

Arrington, French L. "The Indwelling, Baptism, and Infilling with the Holy Spirit: A Differentiation of Terms." *Pneuma* 3(1981), 1-10.

Bailey, K. E. *Poet and Peasant: A Literary-Cultural Approach to the Parables in Luke*. Grand Rapids, MI: Eerdmans, 1976.

Balz H. and G. Schneider. "πίμπλημι." *EDNT* 3, 88.

Banks, Robert and Julia. 『교회 또 하나의 가족』. 서울: IVP, 1999.

Bartchy, S. Scott. "Understanding Ancient Patriarchy: The Apostle Paul's Vision of a Society of Siblings." *BTB* 29(1999), 68-78.

______. "Jesus Tradition and Partria Protestas." *BTB* 33(2003), 135-47.

Barth, K. *The Teaching of the Church Regarding Baptism*. London: SCM, 1954.

Bauckham, Richard. "Prayer in the Book of Revelation." Richard N. Longenecker. ed. *Into God's Presence: Prayer in the New Testament*. Grand Rapids, MI; Eerdmans, 2001, 252-70.

Beasley-Murray, G. R. *Baptism in the New Testament*. Grand Rapids, MI: Eerdmans, 1962.

Berger, K. "Materialien zu Form und Überlieferunsgeschichte neutestamentlicher Gleichnisse." *NovT* 15(1973), 1-37.

Beutler, J. "Response from a European Perspective." *Semeia* 53(1991), 191-202.

Blomberg, C. L. "Healing." *Dictionary of Jesus and His Gospels*. Downers Grove, IL: IVP, 1992, 299-307.

Bockmuehl, Markus. *The Remembered Peter*. WUNT 262; Tübingen: J. C. B. Mohr, 2010.

______. *The Simon Peter in Scripture and Memory*. Grand Rapids, MI: Baker Academic, 2012.

Bockmuehl M. & M. B. Thompson. eds. 『초대 그리스도인들이 품고 있던 교회를 향한 비전』. 서울: 솔로몬, 2004.

Bordeianu, Radu. "Primacies and Primacy according to John Zizioulas." *St. Vladimir's Theological Quarterly* 58(2014), 5-24..

Bovon, F. *Luke*. 3 vols., Minneapolis, MN: Fortress, 2002, 2012, 2013.

______. *Luke The Theologian: Fifty-five Years of Research (1950-2005)*. Waco, TX: Biola University Press, 2006, 329-462.

______. "The Church in the New Testament, Servant and Victorious."

Studies in Early Christianity. WUNT 161; Tübingen: J. C. B. Mohr, 2003, 132-43.

Brown, R. E. *The Churches The Apostles Left Behind*. N. Y.: Paulist Press, 1984.

______. *An Introduction to the Gospel of John*. N. Y.: Doubleday, 2003.

Brown, R. E. et al. *Peter in the New Testament*. N. Y.: Paulist, 1973.

Bruce, F. F. "Luke's Presentation of the Spirit in Acts." *Criswell Theological Review* 5(1990), 15-29.

______. *The Book of the Acts of the Apostle*. rev. ed.; Grand Rapids, MI: Eerdmans, 1988.

Brueggemann, W. 『구약의 위대한 기도』. 서울: 성서유니온선교회, 2012.

Buller, Cornelius A. "Healing Hope: Physical Healing and Resurrection Hope in a Postmodern Context." *JPT* 10(2002), 74-92.

Catchpole, D. R. "Q and 'The Friend at Midnight' (Luke 11,5-8/9)." *JTS* 34(1983), 407-24.

______. "Q, Prayer, and the Kingdom: A Rejoinder." *JTS* 34(1983), 377-88.

Cheng, Anne. "Xiao." *Routledgecurzon Encyclopedia of Confucianism* 2, 680-81.

Clarke, Andrew D. *Serve the Community of the Church: Christians as Leaders and Ministers*. Grand Rapids, MI: Eerdmans, 2000.

Collins, C. John. "Ephesians 5:18: What Does πληροῦσθε ἐν πνεύματι Mean?" *Presbyterian* 33(2007), 2-30.

Crump, David. "Who gets What?: God or Disciples, human spirit or Holy Spirit in John 19:30." *NovT* 51(2009), 78-89.

Cullmann, O. 『기도』. 서울: 대한기독교서회, 2007.

______. *Peter: Disciple, Apostle, Martyr: A Historical and Theological Study*. Philadelphia: Westminster, 1962.

______. *Baptism in the New Testament*. London: SCM, 1950.

Davies W. D. and Dale C. Allison, Jr., *Commentary on Matthew* 2. 3 vols. Edinburgh: T & T Clark, 1987-1997.

De Bary, W. T. "유교적 효사상에 대한 소고." 『효사상과 미래사회』. 서울: 한국정신문화연구원, 1995, 37-54.

Delling, G. "πληρόω." *TDNT* 6, 283-311.

______. "πίμπλημι." *TDNT* 6, 128-34.

Derrett, J. D. M. "The Friend at Midnight: Asian Ideas in the Gospel of St. Luke." *Donum Gentilicium: FS D. Daube*. E. Bammel. ed. Oxford: Clarendon, 1978, 78-87.

de Waard, Jan. *From one Language to Another: Functional Equivalence in Bible Translating*. Eugene A Nida. ed. Nashville, TN: Thomas Nelson Publishers, 1986.

Dunn, James D. G. "Unity and Diversity in the Church: A New Testament Perspective." *The Partings of the Ways*. London: SCM, 1991, 260-80.

______. 『신약성서의 통일성과 다양성』. 서울: 솔로몬, 1999.

Evans, John H. "Primacy, Conciliarity and Infallibility." *Concilium* 20 (1987), 31-33

Farris, Stephen. *Preaching That Matters: The Bible and Our Lives*. Louisville: Westminster, 1998.

Fee, Gordon D. 『성령이 들려주시는 하나님의 말씀』. 서울: 좋은씨앗, 2002.

______. *The First Epistle to the Corinthians*. Grand Rapids, MI: Eerdmans, 1987.

______. “Toward a Pauline Theology of Glossolalia,” Wonsuk Ma and Robert P. Menzies. eds. *Pentecostalim in Context: Essays in Honor of William W. Menzies*. Sheffield: Sheffield Academic Press, 1997, 24-37.

Fitzmyer, J. *The Gospel according to John*, vol. 1, Garden City, N. Y.: Doubleday, 1981.

Ford, David. *Christian Wisdom: Desiring God and Learning in Love*. Cambridge: CUP, 2007.

Galvin, John P. “Papal Primacy in Contemporary Roman Catholic Church.” *Theological Studies* 47(1986), 653-57.

Gombis, Timothy G. “Being the Fullness of God in Christ by the Spirit: Ephesians 5:18 in its Epistolary Setting.” *Tyndale Bulletin* 53(2002), 259-71.

Green, Joel B. *The Gospel of Luke*. Grand Rapids, MI: Eerdmans, 1997.

______. “Scripture and Theology: Uniting the Two So Long Divided.” Joel B. Green and Max Turner. eds. *Between Two Horizons: Spanning New Testament Studies & Systematic Theology*. Grand Rapids, MI: Eerdmans, 2000, 23-43.

Green, M. *Thirty Years That Changed the World: The Book of Acts for Today*. Leicester: IVP, 2002.

Gundry, Robert H. “Hermeneutic Liberty, Theological Diversity, and Historical Occasionalism.” *The Old is Better; New Testament Essays in Support of Traditional Interpretations*. Tübingen: Mohr Siebeck, 2005.

Han, Kyu Sam. “Theology of Prayer in the Gospel of Luke.” *JETS* 43 (2000), 675-93.

Harper, M. 『예수의 치유』. 서울: 요단출판사, 1988.

Harrington, D. J. 『신약성서의 교회』. 서울: 대한기독교서회, 2007.

______. *The Gospel of Matthew*. Collegeville, MN: The Liturgical Press, 1991.

Hays, Richard B. *The Moral Vision of the New Testament: Community, Cross, New Creation: A Contemporary Introduction to New Testament Ethics*. San Francisco: Harper and Collins, 1996.

Heil, John Paul. "Ephesians 5:18b: 'but Be Filled in the Spirit'." *CBQ* 69(2007), 506-516.

Heiniger, B. *Metaphorik, Erzählstruktur und szenisch-dramatische Gestaltung in den Sondergutgleichnissen bei Lukas*. Münster: Aschendorf, 1991.

Hellermann, Joseph H. *The Ancient Church as Family*. Minneapolis: Fortress, 2001.

Hengel, M. "Tasks of New Testament Scholarship." *BBR* 6(1996), 67-86.

Hinson, Glenn. "Persistence in Prayer in Luke-Acts." *Review and Expositor* 104(2007), 721-35.

Holl, K. 외. 『신약의 교회 개념』. 서울: 한신대학교출판부, 1982.

Hollis, Wendall. "Become Full in the Spirit: A Linguistic, Contextual, and Theological Study of πληροῦσθε ἐν πνεύματι." unpublished Ph. D. thesis; Trinity International University, 2001.

Huffard, E. W. "The Parable of the Friend at Midnight: God's Honour or Man's Persistence." *ResQ* 21(1978), 154-60.

Hui, Archie. "Spirit-fullness in Luke-Acts: Technical and Prophetic?" *JPT* 8(2000), 24-38.

Hunter, W. B. "Prayer." G. F. Hawthorne, R. P. Martin, and D. G. Reid. eds. *Dictionary of Paul and His Letters*. Downers Grove:

IVP, 1993, 725-34.

Hurtado, Larry W. 『주 예수 그리스도: 초기 기독교의 예수 신앙에 대한 역사적 탐구』. 서울: 새물결플러스, 2010.

Hübner, H. "πλήρης." *EDNT* 3, 106-107.

______. "πληρόω." EDNT 3, 108-110.

Jeremias, J. *The Parables of Jesus*. London: SCM, 1958.

______. *Infant Baptism in the First Four Centuries*. Philadelphia: Westminster, 1960.

Jewett, Paul K. *Infant Baptism & the Covenant of Grace*. Grand Rapids, MI: Eerdmans, 1980.

Johnson, A. F. "Assurance for Man: The Fallacy of Translation *Anaideia* by 'Persistence' in Luke 11,5-8." *JETS* 22(1979), 123-31.

Johnson, Luke Timothy. *Religious Experience in Earliest Christianity*. Minneapolis: Fortress, 1998.

Jülicher, A. *Die Gleichnisreden Jesu*. 2 vols.; Darmstadt: Wissenschaftliche Buchgesellschaft, 1963.

Käsemann, E. "Unity and Mutiplicity in the New Testament Doctrine of the Church." *New Testament Questions of Today*. London: SCM, 1969, 252-59.

______. "Unity and Diversity in the New Testament Ecclesiology." *NovT* 6(1963), 290-97.

Kasser, R., M. Meyer, and G. Wurst, *The Gospel of Judas*. Washington D. C.: National Geographic Society, 2006.

Keener, Craig. *Acts: An Exegetical Commentary*. 4 vols., Grand Rapids, MI: Baker Academic, 2012, 2013, 2014, 2015.

______. *Miracles: The Credibility of New Testament Accounts*. 2 vols.; Grand Rapids, MI: Baker Academic, 2011.

______. *The Gospel of John: A Commentary*, vol. I. Peabody, MA: Hendrickson, 2003.

Kelsey, David. *Eccentric Existence: A Theological Anthropology*. Louisville: Westminster John Knox, 2009.

Kim, Dongsoo. "Lukan Pentecostal Theology of Prayer: Is Persistent Prayer Not Biblical?" *AJPS* 7(2004), 205-217.

Kingsbury, J. D. "The Figure of Peter in Matthew's Gospel as a Theological Problem." *JBL* 98(1979), 67-83.

Koenig, John. 『신약성경의 기도』. 서울: 도서출판 하늘향, 2014.

Köstenberger, Andreas J. "What Does It Mean to Be Filled with the Spirit?: A Biblical Investigation." *JETS* 40(1997), 229-40.

Koester, H. *Ancient Christian Gospels: Their History and Development*. London: SCM, 1990.

Krentz, Edgar. "The Egalitarian Church of Matthew." *Currents in Theology and Mission* 4(1977), 333-41.

Ladd, G. E. 『예수와 하나님의 나라』. 서울: 엠마오, 1985.

Leaney, A. R. C. *The Gospel according to Luke*. 2nd ed.; London: A and C Black, 1958.

Levison, John R. *Filled with the Spirit*. Grand Rapids, MI: Eerdmans, 2009.

Levison, N. "Importunity?: A Study of Luke xi. 8 (διά γε τὴν ἀναί-δειαν αὐτοῦ)." *ExpTim* 9(1925), 456-60.

Lincoln, Andrew T. "God's Name, Jesus' Name, and Prayer in the Fourth Gospel." Richard N. Longenecker. ed. *Into God's Presence: Prayer in the New Testament*. Grand Rapids, MI; Eerdmans, 2001, 155-80.

Lohfink, G. 『예수는 어떤 공동체를 원했나』. 서울: 분도출판사,

1985.

Longenecker, Richard N. *Community Formation in the Early Church and in the Church Today*. Peabody, MA: Hendrickson, 2002.

______. "Prayer in the Pauline Letters." Richard N. Longenecker. ed. *Into God's Presence: Prayer in the New Testament*. Grand Rapids, MI; Eerdmans, 2001, 203-227.

Luz, U. "The Primacy Text (Mt. 16:18)." *Princeton Seminary Bulletin* 12 (1991), 41-55.

______. *Matthew 8-20*. Minneapolis, MN: Fortress, 2001.

Malina, Bruce J. "Hospitality." *Biblical Social Values and Their Meaning*. John J. Pilch and Bruce J. Malina. eds. Peabody, MA: Hendrickson, 1993, 107-107.

Manson, T. W. *The Sayings of Jesus*. London: SCM, 1949.

Marcus, Joel. "The Gates of Hades and the Keys of the Kingdom (Matt 16:18-19)." *CBQ* 50(1988), 443-55.

Marshall, I. Howard. "Congregation and Ministry of the Church in the Pastorals." *CBQ* 66(2004), 582-96.

______. *The Gospel of Luke: A Commentary on the Greek Text*. Exeter: Paternoster, 1978.

Martin, James P. "The Church in Matthew." *Interpretation* 29(1975), 41-56.

Martin, T. "Assessing the Johannine Epithet: 'The Mother of Jesus'." *CBQ* 60(1998), 63-73.

Matera, Frank J. "New Testament Theology: History, Method, and Identity." *CBQ* 67(2005), 1-21.

Meeks, A. Wayne. "Why Study the New Testament." *NTS* 51(2005), 155-70.

Meier, Gehard. “마태복음에서의 교회: 현대의 논의에 대한 해석학적 분석.” D. A. Carson. ed. 『성경해석과 교회』. 서울: 기독교문서선교회, 1991, 55-79.

Menzies, Robert P. *The Spirit in Luke-Acts*. Sheffield: Sheffield Academic Press, 2001.

______. “누가-행전에서의 방언의 역할.” 『영산신학저널』 26(2012), 31-52.

Menzies, William and Robert. *Spirit and Power: Foundations of Pentecostal Experience*. Grand Rapids, MI: Eerdmans, 2000.

Merkle, Benjamin L. “The Meaning of in Matthew 16:18 and 18:17.” *BibSac* 167(2010), 281-91.

Metzger, James A. “God as F(r)iend?: Reading Luke 11:5-13 & 18:1-8 with a Hermeneutic of Suffering.” *Horizons in Biblical Theology* 32(2010), 33-57.

______. “Where Has Yahweh Gone?: Reclaiming Unsavory Images of God in New Testament Studies.” *Horizons in Biblical Theology* 31(2009), 51-76.

Michaels, J. Ramsey. “Finding Yourself an Intercessor: New Testament Prayer from Hebrews to Jude.” Richard N. Longenecker. ed. *Into God's Presence: Prayer in the New Testament*. Grand Rapids, MI; Eerdmans, 2001, 228-51.

Moo, Douglas. “Divine Healing in the Health and Wealth Gospel.” *Trinity Journal NS* 9(1988), 197-98.

Mshanga, Vitalis. “You are Peter: A Critical Analysis of the Orthodox View of Papal Primacy in View of an Alternative Way of Exercising Papal Primacy.” *Journal of Ecumenical Studies* 45(2010), 113-33.

Nida, Eugene A. *Bible Translating: an Analysis of Principles and Procedures with Special Reference to Aboriginal Languages*. N. Y.: American Bible Society, 1947.

O'Day, Gail R. "New Birth as a New People: Spirituality and Community in the Fourth Gospel." *Word and World* 8(1998), 53-61.

Ott, W. *Gebet und Heil: Die Bedeutung der Gebetsparanese in der lukanischen Theologie*. München: Kösel, 1965.

Pagels, Elaine. 『영지주의 신학』. 서울: 한국로고스연구원, 1997.

Penney, John M. *The Missionary Emphasis of Lukan Pnumatology*. Sheffield: Sheffield Academic Press, 1977.

Perkins, Pheme. *Gnosticism and the New Testament*. Minneapolis: Fortress, 1993.

Robinson, James M. ed. *The Nag Hammadi Library in English*. San Francisco: Harper, 1990.

Roloff, J. *Die Kirche im Neuen Testament*. Göttingen: Vandenhoeck & Ruprecht, 1983.

Schneemelcher, Wilhelm. ed. *New Testament Apocrypha*. 2 vols.; Louisville, KY: Westminster, 1991 and 1992.

Schwarz, Hans. *Christology*. Grand Rapids, MI: Eerdmans, 1998.

Schweizer, E. *Church Order in the New Testament*. London: SCM, 1961.

Schippers, R. "Fullness πληρόω." *New International Dictionary of New Testament Theology*, vol. 1, 733-41.

Schulz, S. *Q: Die Spruchquelle der Evangelisten*. Zürich: Theologischer Verlag, 1972.

Schweizer, E. *Church Order in the New Testament*. London: SCM, 1961.

Shelton, James B. "'Filled with the Holy Spirit' and 'Full of the Holy

Spirit': Lucan Redactional Phrases." *Faces of Renewal*. F. Elbert. ed. Peabody, MA: Hendrickson, 1988, 81-107.

Smalley, S. S. "Spirit, Kingdom and Prayer in Luke-Acts." *NovT* 15 (1973), 59-71.

Snodgrass, Klyne. "*Anaideia* and the Friend at Midnight (Luke 11:8)." *JBL* 116(1997), 505-513.

Stendahl, K. "Paul at Prayer." *Int* 34(1980), 240-49.

Stronstad, Roger. "'Filled with the Holy Spirit': Terminology in Luke-Acts." *The Holy Spirit in the Scriptures and the Church*. Roger Stronstad and Laurence M. van Klee. eds. Clayburn: Western Pentecostal Bible College, 1987, 1-13.

Thomas, John Christopher. "Healing in the Atonement: a Johannine Perspective." *JPT* 14(2015), 23-39.

Turner, M. M. B. "The Significance of Receiving the Spirit in Luke-Acts: a Survey of Modern Scholarship." *Trinity Journal* 2(1981), 131-58.

______. "Spirit Endowment in Luke/Acts: Some Linguistic Considerations." *Vox Evangelica* 12(1981), 45-63.

______. *Power from on High: The Spirit in Israel's Restoration and Witness in Luke-Acts*. Sheffield: Sheffield Academic Press, 1996.

_____. 『성령과 은사』. 서울: 새물결플러스, 2011.

Turner, Max and Joel B. Green, "New Testament Commentary and Systematic Theology: Strangers or Friends?" Joel B. Green and Max Turner. eds. *Between Two Horizons: Spanning New Testament Studies & Systematic Theology*. Grand Rapids, MI: Eerdmans, 2000, 1-22.

Twelftree, G. H. "Healing, Illness." *Dictionary of Paul and His Letters*.

Downers Grove, IL: IVP, 1993, 378-81.

Vanhoozer, Kevin J. "서론: 성경의 신학적 해석이란 무엇인가?" 『신약의 신학적 이해』. 서울: CLC, 2011, 19-36.

______. 『이 텍스트에 의미가 있는가?: 포스트모던 시대의 성서해석학』. 서울: IVP, 2003.

Verheyden, Joseph. "Rock and Stumbling Block: The Fate of Matthew's Peter." Donald Senior. ed. *The Gospel of Matthew at the Crossroads of Early Christianity*. Leuven: Uitgeverij Peeters, 2011, 263-311.

Viljoen, Francois P. "Matthew, The Church and Anti-Semitism." Donald Senior. ed. *The Gospel of Matthew at the Crossroads of Early Christianity*. Leuven: Uitgeverij Peeters, 2011, 665-82.

Volf, M. 『하나님의 말씀에 사로잡혀』. 서울: 국제제자훈련원, 2012.

______. 『베풂과 용서』. 서울: 복있는 사람, 2008.

______. 『배제와 포용』. 서울: IVP, 2012.

______. 『삼위일체와 교회』. 서울: 새물결플러스, 2012.

______. *The End of Memory: Remembering Rightly in a Violent World*. Grand Rapids, MI: Eerdmans, 2008.

Warfield, B. B. *Counterfeit Miracles*. London: Banner of Truth, 1918.

Welker, Michael. *God the Spirit*. Minneapolis: Augsburg Fortress, 2004.

Wiles, Gordon P. *Paul's Intercessory Prayers: The Significance of the Intercessory Prayer Passages in the Letters of Paul*. N. Y.: Cambridge University Press, 1974.

Woodcock, Eldon, "The Filling of the Holy Spirit." *Bibliotheca Sacra* 157(2000), 68-87.

Wright, N. T. 『신약의 모든 기도』. 서울: IVP, 2015.

Zizioulas, John. "Primacy in the Church: An Orthodox Approach." *Sourozh* 84(2001), 3-13.

한국성서학연구소는
종교개혁의 신학전통을 이어받아
다양한 성서해석 때문에 갈등을 겪는 한국교회를
하나님의 말씀 위에 바로 세우기 위하여 일하고 있습니다.
한국교회가 안고 있는 현실 문제에 대한 성서적이고
올바른 신학적 해석을 제시함으로써 이 땅의 문화가
그리스도의 이름 아래 세워질 때까지
이 일을 계속해 나가겠습니다.

신약성서해석

초판 1쇄 인쇄 2017년 4월 10일
초판 1쇄 발행 2017년 4월 24일
지 은 이 김 동 수
펴 낸 이 이 연 옥
펴 낸 곳 도서출판 한국성서학
서울 종로구 율곡로 190 여전도회관 1106호
TEL. 02-766-5220, FAX. 02-744-7046
출판등록 제1-1286호(1991.12.21)
총 판 도서출판 두란노(TEL. 749-1059 / FAX. 749-3705)
ISBN 89-86015-94-2 93230

※ 잘못된 책은 바꿔 드립니다.

책값 12,000원